作者简介

**宋 亮** 江苏连云港人，乐山师范学院文新学院教授。主要从事报刊新闻理论及文秘实务教学研究。出版学术专著2部、教材1部，发表学术论文近20篇，主持完成省级社科基金项目1项，参与省级社科基金项目2项。

**周洪林** 四川都江堰人，乐山师范学院文新学院副教授。主要从事传媒、应用写作及秘书学教学与研究。曾任四川省自考委秘书学主命题教师，担任北师大版《大学语文》编委，独立完成省厅科研课题一项，发表学术论文十余篇。

万象学术文库

宋 亮 周洪林 ◎编著

# 现代文秘工作实务

XIAN DAI WEN MI GONG ZUO SHI WU

中国书籍出版社
China Book Press

图书在版编目（CIP）数据

现代文秘工作实务/宋亮，周洪林编著 . —北京：中国书籍出版社，2015.3
ISBN 978-7-5068-4817-6

Ⅰ.①现… Ⅱ.①宋…②周… Ⅲ.①秘书学 Ⅳ.①C931.46

中国版本图书馆 CIP 数据核字（2015）第 058019 号

## 现代文秘工作实务

宋 亮 周洪林 编著

| | |
|---|---|
| 责任编辑 | 张翠萍 卢安然 |
| 责任印制 | 孙马飞 马 芝 |
| 封面设计 | 中联华文 |
| 出版发行 | 中国书籍出版社 |
| 地 址 | 北京市丰台区三路居路 97 号（邮编：100073） |
| 电 话 | （010）52257143（总编室） （010）52257153（发行部） |
| 电子邮箱 | chinabp@ vip. sina. com |
| 经 销 | 全国新华书店 |
| 印 刷 | 北京彩虹伟业印刷有限公司 |
| 开 本 | 710 毫米×1000 毫米 1/16 |
| 字 数 | 300 千字 |
| 印 张 | 15.5 |
| 版 次 | 2015 年 7 月第 1 版 2015 年 7 月第 1 次印刷 |
| 书 号 | ISBN 978-7-5068-4817-6 |
| 定 价 | 68.00 元 |

版权所有 翻印必究

# 目 录
CONTENTS

绪　论 ……………………………………………………………… 1

## 第一章　办公室工作实务 …………………………………………… 7
第一节　办公室环境的布置与管理　7
第二节　办公室通信实务　15
第三节　现代办公设备的使用　25
第四节　印章与信证管理　53
第五节　值班工作　64

## 第二章　现代会议与商务活动 ……………………………………… 69
第一节　现代会议概述　69
第二节　会务工作的程序　76
第三节　常见会议形式介绍　100
第四节　会见与会谈　108
第五节　商务活动　113

## 第三章　接待工作与礼仪 …………………………………………… 129
第一节　接待工作概述　129
第二节　接待工作的实施　132
第三节　接待的基本礼仪　140

## 第四章 时间管理与差旅安排 …… 152
   第一节 时间管理 152
   第二节 差旅安排 160

## 第五章 信息与调研工作 …… 166
   第一节 文秘与信息处理 166
   第二节 文秘与调研工作 185

## 第六章 文书档案管理 …… 199
   第一节 文书与档案 199
   第二节 文档管理 206
   第三节 电子文档的管理 219

## 第七章 保密工作 …… 227
   第一节 保密工作概述 227
   第二节 文秘的保密工作 231

# 绪 论

文秘作为一种职业有着悠久的历史,几乎各个行业都有文秘工作者。传统意义上的文秘多以文字工作为主,以辅助为基本职能,工作中缺少主动性。然而伴随着社会经济高速发展,信息传播急剧膨胀,对文秘人员在信息处理、商务活动安排、接待礼仪以及现代化办公用具和设备的使用等方面提出了更新、更高的要求,文秘工作越来越趋于现代化、科学化和专业化。英国伦敦工商会考试局负责行政管理方面的主考官 Shirley Taylor 女士认为,在过去的几十年中,文秘的角色变化得很快,他们不再是打字员或是办事员,开始被归入行政管理工作范畴,其工作职能将涉及项目管理、计算机软件应用、组织会议和出差、外部网和内部网的通信、文件信息整理、办公室管理等方面。这充分说明,面对科技高速发展的信息社会,那种能写、善写的"笔杆子型"文秘已经无法胜任现代企事业单位和政府机构的办公室工作;信息时代需要的是能紧扣时代发展的脉搏,熟练掌握专业技能、技巧和拥有完善的知识结构的现代文秘。

### 一、文秘的含义

在我国很多政府机关、企事业单位,经常把文秘人员称为"秘书",认为"秘书"同"文书"一样,是对文秘人员的不同称呼而已,之所以把"文秘"称为"秘书"或"文书",原因之一就是为突出文秘的特点——以文字工作为主。其实这是对"文秘"的一种片面的理解。文秘,仅从字面看,就包含有文员和秘书两个意思。文员是指在办公室中没有管理职务或其他专门职务名称的一般员工,在机关、事业单位往往被称为办事员、科员等。他们主要从事操作性、服务性的工作,如打字、速记、复印、接待、接听电话、文件存档、数据录入、电脑操作、各种办公设备操作、传递信息、装订文件等。同时他们可能还要根据需要承担起更多的例行事务工作。而秘书的主要职责则是协助领导人处理综合情况，主要指调查研究、辅佐决策、协调关系、会议管理、文电办理等。因而我们认为，文秘作为一种职业，既包括协助领导处理行政事务及日常事务，并为领导决策及其实施提供服务的专职秘书，还包含从事记录、打字、文书制作、管理工作，以及兼做接待、收发、接打电话等事务性工作的办公室文员。如美国企业界把打字员、接待员、录音员、复印员、文书制作、管理员等办公室内单纯技术性操作人员统称为"文员"，而把"文书、事务、一般管理"（三合一）的人员称为"秘书"。在英国，政府机关的秘书被分为四个级别：行政级、执行级、文书级、助理文书级。前两级为高级秘书，可担任秘书长、秘书处长等行政长官，后两级为中、初级文秘工作人员。在英联邦国家和地区（包括加拿大、澳大利亚、新加坡、回归前的香港等）规定：高中毕业生经过一年左右的专业培训，通过打字、速记、办公室事务、人际关系等5门基础课程考试，即可担任"文员"，而经过 ICSA（英国皇家特许公司秘书及行政主管协会，英文全称 Institute of Chartered Secretaries and Administrators）等权威机关系统培训，取得17门专业课程的及格证书，并有5年以上文员工作经历的人员，才能担任正式秘书。据国际行政管理职业协会一项调查表明，秘书职业的称谓也在发生变化，只有18%的会员如今还使用秘书这一称谓，其他会员使用行政助理、协调经理、专业经理、执行秘书或执行助理等。近年来，在国内现代企业中，人们已逐渐开始有意识地把办公室普通工作人员称为"文员"，以明确其与"秘书"的区别。

综上所述，文秘就其人员构成来看，包含了从记录、打字、文书制作、办公室事务处理文员到专职秘书的一个完整的行政辅助人员体系。本书所指的文秘正是建立在此范畴之上，它不仅包括以办文和参谋为主的专职秘书，还包括那些各级各类行政机关、企事业单位中以处理办公室日常事务、为领导提供辅助服务的办公室文员。

### 二、文秘的职责

有人认为，文秘工作的内容就是六个字：办事、办文、办会，这种认识过于笼统、简单。国际秘书协会（The National Secrtaries Association International）在它的申请入会卡上标明了文秘人员所从事的主要工作有22项，该规定有助于我们进一步认识文秘的工作内容和职责，因而特摘录如下：

1. 以速记记下上司交代的任务;
2. 执行上司留在录音机中的吩咐;
3. 档案管理(个人的、机密的);
4. 阅读并分类信件;
5. 以电话往来维持和外界的良好公共关系;
6. 替上司定约会并做好记录;
7. 按上司的口头或书面指示完成信函;
8. 在权限内按自己的意思发出信函;
9. 接待来访宾客;
10. 替上司接待外界人士,例如记者、工会职员等;
11. 自动处理例行的事物;
12. 为上司安排旅行或考察;
13. 替公司宾客订酒店的房间、订机位、发电报、打电话;
14. 准备好公司要公开的资料;
15. 替上司收集演讲或报告的资料;
16. 协助上司准备书面的财务报告、研究报告;
17. 整理并组织好粗略的材料;
18. 替上司保管私人的、财务的或其他的记录;
19. 协助上司申报缴纳所得税及办理退税;
20. 督导一般职员或速记员;
21. 安排会议事务,并做会议记录及纲要;
22. 复印资料。

在我国,一些行政机关、事业单位把文秘工作的内容概括为15项:
1. 文书撰写(上司口述或会议记录、整理、文件起草、修改、润色等);
2. 文书制作(打字、复印、编排、装订等);
3. 文书处理(收发、传递、办理、立卷等);
4. 档案管理(归档、鉴定、管理、提供等);
5. 会议组织(准备、记录、文件、善后等);
6. 调查研究(计划、实施、分析、研究等);
7. 信息资料(收集、整理、提供、储存等);

8. 信访工作(群众来信来访或顾客投诉处理等);

9. 接待工作(日常来访与计划来访的接待、安排、服务等);

10. 协调工作(政策、工作、地区、部门、人际关系等);

11. 督查工作(政策推行或决议实施的督促、检查等);

12. 日程安排(为上司安排工作日程、会晤或差旅日程等);

13. 日常事务(通讯、联络、值班、生活、管理等);

14. 办公室管理(环境、设备、经费等);

15. 其他临时交办的事项。

不管是国外的22项还是国内的15项工作内容,它们不仅强调会"办文、办事、办会",还要求能处理信息、开展调研、协调督查。由此可见,要想成为一名合格的文秘人员,尤其是处身于科技高速发展的信息时代的文秘工作者,在"办文、办事、办会"的基础上,还必须能够熟练地使用现代化办公设备,了解现代商务活动安排程序,掌握现代接待礼仪,借助互联网等新兴媒体及时了解行业前沿信息,运用科学的调查研究方法分析问题。唯有如此,才能真正成为领导的"左膀右臂"。

### 三、文秘工作的特征及其原则

办公室通常是一个单位或组织的枢纽部门,它直接为领导工作与服务,是领导的参谋和助手,同时又与基层关系紧密。文秘人员作为办公室重要组成者,既贴近于领导、服务于领导,同时又是领导联系上下左右各方和群众的桥梁、纽带。特殊的职能与地位决定了文秘工作的特征和原则。

(一)文秘工作的特征

1. 繁复性

文秘工作头绪多、范围广、繁杂、琐碎,同一类事务往往反复出现、反复处理,很容易使人产生厌倦和烦躁情绪。因此,文秘人员处理事务应当做到耐心、细致、周到,善于计划统筹、总结经验、摸索规律,不断提高办理事务的能力。

2. 程序性

文秘工作虽然繁杂、琐碎,但却具有一定的程序性。这些程序包括:

(1)自然程序,即按工作活动的自然进展程序处理事务。如准备、计划、执行、检查、总结。

(2)理论程序,即在总结经验和规律的基础上制定的程序。

(3)指令程序,即根据领导规定的步骤处理事务。

(4)法定程序,即根据法律、法规和规章所确定的程序办理事务。

(5)技术程序,即根据有关技术要求办理事务。

(6)习惯程序,即按以往的习惯和惯例办理事务。

程序性特征要求文秘人员精通业务知识,熟悉有关规定,掌握操作技能,勇于实践探索,善于总结规律,不断提高办事程序的科学性。

3. 突击性

文秘人员处理事务按其发生的频率可以分成两大类:一类是经常反复出现、有规律可循,可事先预见并做出计划安排的事务。处理这类事务,往往有章可循、有案可援。另一类事物具有偶然性,即事先无法预料、无法做出计划安排,亦无章可循、无案可援的事务,如领导临时交办的事项,或突发性重特大事件等等。这类事件一旦出现和发生,文秘人员必须立即行动起来,投入紧张的工作中。尤其是对突发性重特大事件的处理,要求文秘人员能沉着冷静、反应敏捷、果敢细致、灵活应变,有效地控制事态的发展。

4. 服务性

为领导系统服务,是文秘开展工作的出发点和落脚点。服务性特征要求文秘人员应随时了解领导系统的需求,积极主动地做好各项事务工作,为领导系统的各项活动提供切实的保障。

(二)文秘工作的原则

1. 政策性原则

文秘人员办理事务的过程,往往是执行政策、宣传政策的过程。如办理外事工作,就必须按照国家的法律和法令或有关部门的方针政策办事,绝对不允许做出任何有损国格、人格的事。政策是有层次的,譬如中央政策、地方政策、各级社会组织的内部政策等。文秘人员应当熟悉政策、研究政策,在办理事务的过程中,按政策办事,维护政策的权威性和严肃性。

2. 计划性原则

文秘工作繁杂而重复、面广且量大,如果事先没有一定的计划,不分主次、轻重、缓急,胡子眉毛一把抓,势必精力分散、效率低下。因此,对于经常反复出现以及可以预见的事务,一定要事先订出工作计划,统筹安排,做到目标和任务明确、个人职责明确、完成时限明确,使事务办理具有一定的预见性和条理性。

3. 协调性原则

文秘人员的事务活动往往牵涉多方面的关系,要使各方相互了解对方的立场、态度和意见,形成整体合力,实现共同目标,就需要文秘人员运用自己的良好的人际关系,采取沟通、协商、疏导、调节等策略,或淡化各方的矛盾,或消除各方的分歧,使之达成共识、携手合作。积极主动地开展协调,既可以减少文秘人员办理事务的难度,同时也会让各部门之间的关系更和谐。

4. 规范性原则

所谓规范性原则就是文秘办理事务要按照规范的程序或操作规范进行。当然,程序和规范并不是固定僵化、一成不变的。文秘人员在办理事务中要勇于改革创新,革除那些实践证明与现代文秘活动不相适应的旧程序和旧规范。但是,旧的程序和规范一旦革除,必须由新的程序和规范取而代之。没有规范的程序或者程序不规范,都将会导致文秘办理事务活动的混乱,从而影响领导系统活动的正常进行。

5. 公共性原则

文秘人员的事务活动还具有一定的公共关系的意义,如通过新闻媒体,向公众介绍本单位的情况、宣传解释政策等。因此,文秘人员在事务活动中应当树立公共意识,掌握公关技巧,通过办理事务展示个人的公关才华,为树立本组织良好的社会形象做出贡献。

# 第一章

# 办公室工作实务

## 第一节 办公室环境的布置与管理

办公室是文秘人员开展公务活动、办理日常事务的主要场所。在一个单位中,办公室不仅是各种信息的交汇点和集散地,也是沟通上下、协调左右、联系各方、保证机关工作正常运转的枢纽,更是机关、部门的"门面"和"窗口"。因而良好的办公室环境既有助于提高文秘人员的工作质量和效率,也利于树立组织的形象。

### 一、什么是办公室环境

办公室环境又称为办公环境,是办公场所、办公人员、办公设备等各种因素的综合。从广义上说,办公环境是指一定组织机构的所有成员所处的大环境;从狭义上说,办公环境是指一定的组织机构的文秘部门工作所处的环境,它包括自然环境和人文环境。自然环境主要是指办公室所在地、建筑设计、室内空气、光线、装饰颜色、办公设备和办公室的布局、布置等因素,因而也称为硬环境。人文环境则是指办公室的工作氛围、工作人员的个人素养、团体凝聚力等软环境。对于文秘人员来说,办公环境的布置主要是办公环境中自然环境的布置。

### 二、办公环境的构成要素

随着社会的发展,现代文秘工作对于办公环境的要求越来越高。优良的办公环境不仅能够提高办公效率,且有利于组织的沟通和文秘人员的身体健康。办公环境包括工作区的空间、温度、采光、通风、吸音设施和条件等,还包括办公室墙壁、门窗装修和装饰的样式、色彩,办公桌椅、柜架的样式和摆放方式以及各种办公设备、办公用品耗材和饮水设备的摆放方式等。一般来说,健康安全的办公环境应包括以下六个基本要素:

(一)空气

办公室内良好的空气条件能够提高工作的效率,"良好的空气条件"是从温度、湿度、流通与清洁四个方面来考量的。

1. 室内温度要适宜

一般来说,办公室最适宜的温度是:春秋季在22℃左右,夏季在26℃左右,冬季则在18℃—20℃。如果温度过高或过低,办公人员会有胸闷、头晕、乏力等不舒适的感觉。

2. 办公室相对湿度的范围应保持在40%—60%

过于潮湿的空气,会使人感觉沉闷和疲倦,而特别干燥的空气又会使人焦虑和急躁。

3. 办公室通风不畅会令人感到头昏、疲倦

办公室不宜整天封闭使用空调器,应有一定的时间打开窗户,换取自然清新的空气。

4. 卫生清洁的办公环境

这样可以使人保持一种舒适愉快的心情,从而提高工作效率。

(二)光线

光线是人与人之间、人与物之间沟通以及空间舒适的重要因素。充足舒适的光线,能够使办公人员减轻疲劳,减少工作失误。一般来说,办公室要尽可能采用自然光照明,注意光线不能太强或光线直照人双目,必要时可用百叶窗或窗帘调节采光。有些现代化的办公大楼采用电脑控制灯光,不同办公处所有不同的照明控制,效果较好。

(三)声音

人的听觉受声音的强弱、高低、音色三种因素影响,即使是优美的音色,如果声音太大,也会变成噪音。噪音会使人心情烦躁不能镇定、思维模糊、注意力无法集中。办公室的噪音一是来自室外,如过往的车辆声音、邻近办公室作业的杂音

等;一是来自室内使用办公设备产生的声音,如打印机、复印机作业的声音,用电的交流声等。对于来自外界的噪音,可以采取装双层窗解决,也可以在地面、墙面、天花板安放一定的吸音、静音装置;对于办公室内部的噪音,应加强设备的维护和更新,将易发出声响的设备与机器分散布置,如果条件允许,可以放在一个单独的房间。

(四)颜色

色彩对人的心理和生理都有着重要影响。目前,办公室颜色设计的趋势是单色调,即地板、墙壁、窗帘之间的颜色基调统一,然后再添加一种比较鲜亮的颜色,这样可以减轻眼睛疲劳和舒缓心情紧张,增强思维能力,提高工作效率。此外,办公室色彩的选择也要与企业文化相适应。

(五)空间

办公设备的摆放应整齐,布局要合理。一般来说,办公家具和设备应尽量利用墙边、屋角位置,中间留出较多空间用于行走。座位间要留有通道,在通道的拐角处要注意桌椅、设备摆放的安全。

(六)绿化

办公室内摆放一些花草,会使办公室内空气更清新,布局更优雅。但是必须注意,花草所占空间不宜太大,布局要合理,早晚要开窗通风,因为植物一般在夜间吸收氧气,放出二氧化碳。

### 三、办公室的布局类型

办公环境是一个复杂的开放系统,为了更好地认识办公环境,我们可将其分为开放式办公室布局和封闭式办公室布局。

(一)开放式办公室布局

办公场所开放式布局的概念始于德国,是指按照工作职能、业务活动和技术分工来确定组织员工的工作部门和工作团队、小组的区划布局,因而又称之为灵活布局。开放式布局又可分为全开放式办公室和半开放式办公室。全开放式办公室是指一个完全敞开的大空间,没有任何隔板,整个办公室空间一览无余,可以在办公室的任何一个角度看到每位员工的座位。半开放式办公室一般是用高低不等的软包装隔板区分开不同的工作部门,因为隔板通常只有齐胸高,因此,当人们站起身来时,仍然可以看到其他部门员工的座位。

开放式办公室内的每个办公位置通常包括办公桌椅、电脑、电话、文件柜、档案柜和办公文具等设备和用具。在开放式办公室里,所有单个工作位置的组合主要是按工作运转流程和信息的流程来安排的,而每位员工的工作位置是由分配的任务决定的,而不是按地位、级别确定的,一般不设传统的领导座位。

开放式办公室的工作空间通常是由可移动的物件来确定的,因而工作位置可以根据需要移动、变化。这种设计为组织降低了成本,提高了工作效率。

1. 开放式办公室的优点

(1)降低建筑成本和能源成本。开放式设计提供了较大的灵活性,减少了照明等能源成本的损耗。

(2)提高了办公室的空间利用率,节省了面积,使有限的空间能够容纳更多的员工。

(3)减少了交流的心理障碍,易于沟通。开放式的设计,使管理者有更多的机会和员工接触,便于加深与员工的交流。

(4)更易于管理者对员工进行监督和指导。没有墙壁,管理者能更直接地观察员工的行为,了解他们的工作状况。

(5)可以共享办公设备,形成集中化的管理和服务。

2. 开放式办公室的不足

(1)容易分散注意力。员工在一个很大的办公区域里跟许多人一起工作,难于集中工作的注意力,或感到自己的一举一动都在别人的监控之下,从而产生不适感。

(2)办公区域噪音太大。开放式设计会使隔壁工作人员的谈话声、电话铃声、办公设备的嘈杂声不绝于耳。

(3)难于保密。文秘工作往往会涉及一些保密内容,开放式办公设计不利于保密。

(二)封闭式办公室布局

封闭式办公室又称为传统式办公室,是指用墙壁将办公空间分隔成若干有门、窗的独立房间的办公室布局形式。每个房间都有一人或多人办公,一般是按照工作任务或职能分工划分办公室。每个办公室配有办公桌椅、电脑、传真机、文件柜、书架、绿色植物、饮水机等。封闭式办公室是一些单位办公场所主要采用的设计方式。

1. 相对于开放式办公室布局,封闭式办公室布局的优势

主要表现为:

(1)可满足单独办公和无噪音办公环境的理想办公要求,比较安全,保密性强。

(2)易于从事精细或专业工作的员工集中精力,避免受到外界干扰。

2. 封闭式办公室的不足

主要体现为:

(1)建筑成本和能源成本高、费用大,影响管理经营的效益。

(2)员工被分割开,难于交流,不利于形成融洽的工作氛围。

(3)管理层难以监督员工的活动。

**四、办公室布置原则及具体要求**

(一)办公室布置的原则

办公室的布置不是简单的设施摆放,还需要考虑工作人员在其间工作的舒适感、与办公环境的协调以及有利于工作人员之间的沟通和监督等要素。其布置应遵循以下四个原则:

1. 利于沟通

沟通是人与人之间思想、信息的传达和交换,通过这种传达和交换,使人们在目标、概念、意志、兴趣、情绪、感情等方面达到理解、协调一致。办公室作为一个工作系统,必须保证工作人员之间充分的沟通,唯有此,才能实现信息及时有效地流转,系统内各因子、各环节也才能协调地运行。

2. 便于监督

办公室的布置必须有利于监督,特别是有利于员工的自我监督与内部监督。所谓自我监督,是指进行自我约束和控制,自觉遵守组织的规章制度等。而内部监督主要是指领导与部属之间,部属与部属之间的相互监督,它是一种群体内部的监督,具有双向和多维监督的特点。因此,自我监督的有效性有赖于群体之间的良好沟通与协调。

办公室是集体工作的场所,上下级之间、同事之间既需要沟通,也需要相互督促检查。由于精力、学历、性格等方面的差异,每个人都有各自的特点,有优点和长处,也有缺点和不足,而个人的缺点往往又是自己难以觉察到的,如不及时纠

正,便会给工作带来损失。同事之间的相互监督能够有效地避免这一问题。因此,办公室的布置必须有利于在工作中相互督促、相互提醒,从而把工作中的失误减少到最低限度。

3. 协调、舒适

协调、舒适是办公室布置的基本原则之一。这里所讲的协调是指在办公室的布置和办公人员之间配合得当;舒适是指人们在布置合理的办公场所中工作时,身体各部位没有不适感或不适感最小。协调是舒适的前提,只有协调,才会有舒适。

协调的内涵是物质环境与工作要求的协调,它包括办公室内设备的空间分布、墙壁的颜色、室内光线、空间的大小等与工作特点性质相协调;人与工作安排的协调;人际关系的协调。

4. 安全

确保工作人员、办公物品及信息的安全,是办公室布置不可忽视的原则。如座位之间应有充足的通道;办公室的文件、资料要防盗、防失密、泄密等;文件柜要背对背或靠墙放置;办公设备的操作应符合规范、注意安全。

(二)办公室布置的具体要求

办公桌的排列应按照直线对称的原则和工作程序的顺序,其线路以最接近直线为佳,防止逆流与交叉现象。同一办公室的工作人员应朝向同一方向办公,不宜面面相对,以免相互干扰和闲谈。各座位间通道要适宜,应以事就人,不以人就事,以免往返浪费时间。

开放式办公室布置,应保持公共空间和私人空间的独立。领导与员工同处一室办公时,领导的办公桌应位于后方,以便于监督,同时要注意不要因领导接洽工作而转移和分散工作人员的视线和精力。

办公室的用具设计要精美、坚固耐用,适应现代化要求。办公桌是工作人员的必备工具,应注意大小统一、美观、实用。有条件的可采用自动升降办公椅,以适应工作人员的身体高度的不同。同时,应根据不同的工作性质,设计不同形式的办公桌、椅。另外,办公室应根据不同情况,设置垂直式档案柜、旋转式卡片柜和推拉式挡槽,以便存放必要的资料、文件和卡片等,便于随时翻看。这些设备和桌椅一样,应装置滑轮,便于移动,平时置于一边,用时推至身边,方便实用。档案柜应与其他柜子的高度一致,以增进美观。

办公室光线应来自左方,以保护视力。常用设备应放在使用者近处。

**五、办公室的整理**

对于文秘人员来说,办公室整理不仅要清洁与整理自己的办公区域,还包括公共办公区域和上司办公室。

1. 本人办公桌的整理

(1)办公桌桌面力求简洁。一般说来,桌面主要放置电脑显示器、电话机、文件夹、文具用品盒、常用参考书等,切记不放个人非办公用品,如化妆盒。办公用的零散物品如各种笔、胶水、剪刀、回形针等应分门别类放在文具用品盒中。文件夹应装在文件盒中,并在盒上贴上标签。

(2)办公桌抽屉物品要井然有序。办公桌抽屉物品要摆放整齐,东西不要放得太满,不要将胶质物与文件等放在一起,避免两者粘在一起。办公桌抽屉最好有一个能加锁的,以便放些要求保密的东西。

2. 公共区域的整理

(1)办公室文件柜整理主要是将文件分门别类摆放,并贴上标志。如果在整理文件时发现有保密文件,应放在保险柜中,以防泄密。

(2)物品柜整理除了要做到整齐外,还要注意安全。一般大的重的物品应放在最下一层,化学液体、墨水、油墨等也应放在底层。较小物品集中装在盒子中,然后放在中间几层,并贴上标志。轻的、不常用的物品可以放在最高层。

(3)现代办公设备的整理。现代办公设备接线较多,如电脑、打印机、复印机、传真机、碎纸机等都有接线。如果不注意整理,"蜘蛛网"式的接线,不仅让办公室显得零乱,而且也带来安全隐患。为了让设备接线整齐,可以将相关设备存放在同一区域,或选用一体化设备。

(4)其他物品的整理。现在的办公室除了现代办公设备外,还有传统办公室物品如书报架、废纸篓、沙发、茶杯等。这些物品的整理要注意及时清理,保证这些物品不积灰尘。

3. 上司办公室的整理

(1)上司办公室的整理应在上司上班前完成。

(2)主要工作包括:开窗换气、调好空调的温度、给植物浇水、清除残叶;整理桌面、检查办公用品;准备好茶水、搞好清洁卫生。

### 六、办公室安全隐患的排查与处理

1. 办公室存在的安全隐患

(1)工作区环境隐患:门窗、天花板、地、墙的破损;办公室光线、空气、温度不适,噪音较大;空间过小,地面打滑,电话线铺设在通道上。

(2)办公家具与设备隐患:办公家具破损、有突出的棱角;办公家具摆放不当,办公家具中堆放东西太多太高,随意放置锋利及尖锐的文具等;办公家具不符合人体力学;电器设备超期使用、插头松动、线路老化或拖线太长;办公电器太多,电磁辐射较强、电荷过大,消防设施失灵等。

(3)工作人员行为习惯隐患:由于办公室工作人员安全意识不强或行为习惯不良,也会带来一些安全隐患,如坐姿不正确,站在转椅上存放或拿取物品,乱扔烟头,文件柜的抽屉、柜门用完后不关,离开办公室不锁门、下班回家不关电源等。

(4)消防隐患:如乱扔烟头,存放大量的易燃物品,把易燃物品堆放在电器旁边,灭火设备已损坏或过时,灭火器上堆放物品,火灾警报失灵等。

2. 办公室环境安全隐患的排查与记录

(1)办公室环境安全隐患的排查。办公室门窗是否清洁、牢固,门锁窗扣是否能用,天花板、墙面是否完好干净;办公室光线是否充足,灯光是否稳定,太阳光是否直射人的眼睛;办公室空气是否有异味,是否摆放适当的绿色植物;办公室温度是否适宜;办公室空间是否足够,一般平均每人应有 5 ㎡;办公室是否安静;办公家具是否符合安全标准,摆放是否安全;办公设备安装和操作是否符合要求,接线是否规范;电器设备电磁辐射是否较大,是否定期检修;消防设施能否使用;办公室是否准备有急救用品。

(2)文秘人员在排查办公室安全隐患时,应注意填写《安全隐患报告表》(如表 1-1)和《设备故障表》(如表 1-2)。

表 1—1　办公室安全隐患报告表

| 序号 | 时间 | 地点 | 发现的隐患 | 造成隐患的原因 | 隐患的危害和后果 | 处理人 | 预处理意见 | 处理结果 |
|---|---|---|---|---|---|---|---|---|
| 1 | | | | | | | | |
| 2 | | | | | | | | |
| 3 | | | | | | | | |

表1—2 设备隐患及故障记录表

单位： 编号：

| 序号 | 设备名称 | 设备编号 | 日期 | 故障时间 | 修复时间 | 故障原因或故障说明 | 维修细节描述 | 修理人 | 备注 |
|---|---|---|---|---|---|---|---|---|---|
| 1 | | | | | | | | | |
| 2 | | | | | | | | | |
| 3 | | | | | | | | | |

## 第二节 办公室通信实务

现代通信技术的发展及互联网的兴起,使通信方式和能力得到了极大的增加和提高。现代通信工具可以分为有线和无线两大类,有线通信主要是电通讯和光通讯,前者以有线电话为主,包括电话、传真机;后者则是以光缆为通道的电话和网络通信。无线通信主要有电报、对讲机、移动电话等,而人造卫星的出现为全球性的通讯提供了强有力的手段。人们运用现代通信设备,可以在任何时间、任何地点,以最快的速度向全世界传递各种信息,从而彻底打破了传统通信的时空限制。

现代通信与现代文秘有着极其密切的关系。现代文秘工作的一个重要内容就是传递信息。现代社会,信息的传递离不开现代通信工具。一旦失去现代通信技术、工具的支持,任何一个国家、一个组织,甚至个人,都会在激烈的信息竞争中失势、失利。因此,作为以信息处理为重要职责的现代文秘,了解并掌握现代通信基本知识和技能,具有极其重要的意义。

### 一、现代通信的信号传输方式

现代通信是将符号、文字、语音、图像、数值转换成光、电、无线电等信号,在线路上(信道)进行传输。其转换的方式有两种,即"模拟信号传输"和"数字信号传输"。

（一）模拟信号传输

模拟信号传输又称"模拟传输",是一种随着非电信号(如声、光)的强度的变化而调制成相似的连续变化的电信号。以电话通信为例,模拟信号就是使人的语音强弱的变化与线路上的电流强弱的变化相一致,当发话者对着送话器说话时,电话机产生相应的电信号,通过传输线路送到受话者一方,然后电话机再将电信号转成声音。一百多年来,人们基本上使用这种模拟信号的传输方式进行通信。模拟通信的优点是直观且容易实现,但存在两个主要缺点:

(1)保密性能差。如使用有线明线通信,只要在中途把它接受下来,经过简单处理,便可知道通信内容。

(2)抗干扰能力弱。模拟信号在沿线路的传输过程中会受到外界的和通信系统内部的各种噪声干扰,影响通信质量。当传输线路较长时,电流强度减弱,噪声的积累也就越多,信号会出现畸变而失真。

(二)数字信号传输

数字信号传输又称"数字传输"。数字信号是对连续变化的模拟电信号每隔一段时间进行抽样,然后将每次抽样得到的信号样值划分成若干等级,用二进制数值编制而成的信号。以电话通信为例,送话器先把人的语音转换成模拟信号,再送到数字电话终端机转换成一串相应的数字化的脉冲信号,然后再通过线路传输到对方;对方收到信号后,必须重新将数字化的脉冲信号转换成模拟信号,才能听到发话方的说话声音。由于数字信号是用"1"和"0"组成的二进制系统,尽管在传输中也会受到干扰,但可以利用电子电路构成的门限电压(称为阈值)衡量输入的信号电压,只有达到某一电压幅度,电路才会有输出值,并自动生成一整齐的脉冲(称为整形或再生)。较小杂音电压因低于阈值而被过滤掉,不会引起电路动作。因而数字信号具有极强的抗干扰和保真的能力,而且保密性能大幅提升。此外,数字信号传输线路可以同时传输几十路,甚至上百路信号,大大提高了信道传输的容量,节省了架设通信线路的费用。当然,数字信号传输也有缺陷,这就是技术要求复杂,在模拟与数字转换中不可避免地会产生量化误差等。

### 二、现代办公通信工具

现代办公通信工具种类繁多,根据实际工作需要,我们主要介绍以下几种:

(一)电话

广义的电话通信包括所有利用电话线路传输信号的系统,如电传、传真等;狭义的电话通信指传递声音信号的现代通信系统。以下所指的电话通信如无特别说明,均指狭义的电话通信。

电话通信是由电话交换机、中继线、用户线和话机终端组成的通信系统。通话时,电话终端将信号通过用户线送至交换机。交换机接收信号,并加以识别、判断、放大,然后准确地发送到被叫方的终端。现代电话通信是有线、无线、微波、卫星相互贯通的通信网络。由于电话通信方便、简单、灵活,因此成为现代文秘办公重要的通信工具。电话机的种类较多,下面就文秘人员常用的几种电话机做一介绍:

1. 程控电话机

程控电话机是在电子计算机程序的控制下进行自动转接的自动电话机,具有自动拨号、多次重拨、自动计时、储存电话号码、免提通话等多种功能,在我国使用广泛。

2. 移动电话

移动通信是指移动点与固定点或两个移动点之间的通信,这是一种有线通信和无线通信相结合的通信方式。目前,移动智能电话在我国已广泛使用,它借助互联网技术,在满足人们通讯的同时,还具备强大的资料查询、信息发布等功能,具有广阔的发展前景。

3. 电视电话

电视电话也叫可视电话,它是利用电话线路实时传送人的语音和图像的一种通信方式。可视电话设备是由电话机、摄像设备、电视接收显示设备及控制器组成的。其中,电话机是用来通话的;摄像设备的功能是摄取本方用户的图像传送给对方;电视接收显示设备的作用是接收对方的图像信号并在荧光屏上显示对方的图像。

(二)传真

传真属于非话通信,它是将文字、图片、数据等记录在纸面上的静止图像,通过扫描和光电变换,变成电信号,经各类信道传送到目的地,在接收端通过一系列逆变换过程,获得与发送原稿相似记录副本的通信方式。

传真的主要技术包括扫描技术、记录技术、同步同相技术和传输技术。传真的通信过程包含扫描、光电变换、图像信号的传输、记录变换、收信扫描和同步同相。

伴随着网络技术迅速发展,电子网络传真逐渐成为取代传真机的新一代通信工具。其工作原理是通过互联网将文件传送到网络传真服务器上,由网络传真服务器转换成传真机接收的通用图形格式后,再通过 PSTN(公用电话交换网,即我们日常生活中常用的电话网,英文全称为 Public Switched Telephone Network)发送到全球各地的普通传真机或任何的电子传真号码上。

(三)电子邮件(E-mail)

电子邮件(英文全称为 Electronic Mail,通常称为 E-mail),是指利用计算机网络交换的电子媒体信件,即依靠互联网(Internet)实现普通邮件信息的传输。它为世界各地的互联网用户提供了一种极为快速、简单和经济的通讯和交换信息的方法。与常规信函相比,E-mail 非常迅速,把信息传递时间由几天到十几天减少到几分钟甚至几秒,而且 E-mail 使用非常方便,即写即发,省去了粘贴邮票和跑邮局的烦恼;与电话相比,E-mail 的使用是非常经济的,传输几乎是免费的。此外,它可以包含声音、图像等,比常规意义的信件具有更多的内容,携带更多的信息。正是基于这些优点,电子邮件服务成为互联网上应用最广泛和使用最频繁的一项服务。它的使用,加速了世界范围内的数据交换和信息传播。

(四)网络即时聊天工具

网络即时聊天工具是利用计算机网络建立的即时信息交流平台系统。它是随着计算机网络的发展而出现的,依靠网络的通信技术手段实现信息的快捷传输。当前通用的网络即时聊天工具主要有 MSN 信使、yahoo 信使、腾讯 QQ 等。网络即时聊天工具自出现到现在已有十多年时间,通过不断的改进,已逐步发展成为集即时聊天、在线文件传输、网络电话功能于一身的信息交流系统。如,腾讯 QQ 不仅支持在线聊天、视频电话、点对点传文件、共享文件、网络硬盘、自定义面板、QQ 邮箱、远程协助等多种功能,而且还可以与移动通讯终端、IP 电话网等多种通讯方式相连。目前腾讯 QQ 用户已上亿,是国内最为流行、功能最强的即时通讯软件之一。

作为一种在线的网络通信工具,即时聊天可以实现互联网上每一位用户之间的信息交换,包括工作业务、友谊、生活、科研、教育等各个领域的信息交流,还可以通过系统提供的论坛进行针对某一专题的集体讨论。

与普通信件、电话、传真、电子邮件等通信方式相比,网络即时聊天工具具有显著的传播优势:在传统以文字交流为主的基础上,增加了文本文件、音频文件、视频文件和多媒体文件的传输;通信量大,效率高,费用却相对低廉;更迅捷的信息发送和接收,非专业的计算机用户也可以完成信息的发送、接收,实现文件的准确传输;通信双方的信息在同一窗口出现,基本上克服了时滞障碍,实现双方的及时互动交流。

下面如表1-3所示,我们从使用效率、费用、接受度与应用面、易用性等几个方面,对比这几种通信方式,以进一步了解这几种现代通信方式的优劣。

表1—3  现代通信工具对比表

| 通信方式 | 效率 | 费用 | 接受度和应用面 | 易用性 |
| --- | --- | --- | --- | --- |
| 电话 | 高。可即时沟通,解决问题,但不易表述大量的文字,对图片、图表等难以沟通和表达,较难有详细的沟通记录。 | 高。本地的通话费用已经不菲,而外地长途及国际通话的费用更为高昂。 | 广。传统通讯方式,接受度高,基本上任何人都会使用。但可能发生找不到人,或者占线等。 | 高。传统的通讯方式,容易使用。 |
| 传真 | 较低。传统通讯方式,需专用设备,传送处理能力弱,效率较低且传送内容有限。 | 高。除需电话方式的费用外,还涉及纸张、耗材等费用。 | 窄。普及率低于电话,且设备使用操作较复杂,处理能力不高。 | 中。由于设备的专用性,处理能力与处理效果都一般。 |
| E-mail | 中。传递速度取决于服务器的处理能力与网络状况,且较多的因素可导致通信障碍(如对方邮箱满、病毒等)。 | 低。一次投资可以终身使用,费用主要是初期投入和后期维护。目前多为免费服务。 | 中。比较新的通讯方法,已为大多数个人及单位、组织所接受。 | 中。较为容易使用,只要掌握相应的电脑使用基础,就可以使用。 |
| 网络即时聊天工具 | 高。即时性较强,效率较高,永不占线,可以留言。缺点主要是易被利用为聊工作以外的事情。 | 极低。目前的服务为免费提供。 | 越来越广。新兴的通讯方式,近年来迅速走红。 | 中。较容易使用,而且实用,交互性非常强,可以比得上电话。 |

通过以上的比较可以看到,以 MSN 信使、yahoo 信使、腾讯 QQ 为代表的网络即时聊天工具有比较高的综合性价比,其系统合理的设计、良好的易用性、强大的功能,稳定高效的系统运行,已赢得了广大用户的青睐,包括个人用户与企业用

户。但是应用在办公通信环境中,其缺点也是显而易见的,归纳起来主要有以下几点:

(1)保密性较差,存在安全隐患。传输数据和通信记录的服务器,一旦被攻破,各类通信记录将暴露在攻击者的面前。另外,即时通讯自身具备完善的联系人列表,为蠕虫病毒传播提供了很好的传染目标获取机制,而即时通讯用户之间较高的信任程度,又无形中为病毒传播提供了社交工程方面的基础。

(2)难以监控通讯内容。由于MSN信使、yahoo信使、腾讯QQ等聊天工具属始终在线的即时通信工具,一旦允许员工使用这种通信方式,就只能靠其自觉使用,无法阻止其在上班时间内涉及与工作无关的事情。

(3)网络即时通信工具在线时,有可能被无关人员打扰,特别是与工作无关的外部人员,影响工作的思路与进展。

目前,一些OA办公系统也具备即时通信功能,它们充分利用网络即时通信工具在通信上的优势,减少甚至消除它的不良影响,其便利、保密、不受外界打扰等特色已越来越受到办公室文秘人员的青睐。

### 三、文秘通话的程序

接打电话是文秘人员办公室日常事务的重要工作内容,是进行公务活动的主要手段之一。文秘人员要经常运用电话沟通信息,联系工作等,正确得体的通话方式,有助于文秘人员进行有效的沟通,促进人际关系的发展。

电话通话是主叫方与被叫方双方沟通的过程,因此,文秘通话的程序又可分成主叫程序和被叫程序。

(一)主叫程序

主叫方是通话的发起者和信息的发送者,其通话程序如下:

1. 准备通话提纲

为保证通话内容的准确性和完整性,提高通话的效率,主叫方应当事先准备好书面提纲,避免遗漏重点,特别是打长途电话时。如果是传达领导者的口头指示,应当做好详细记录;一般内容的通话应事先打好腹稿。具体而言,拨打电话前要考虑好以下几个问题:

要说的事情有几件?

事情之间的顺序怎么样?

要准备哪些文件资料？

对方可能会问什么样的问题？该如何回答？

2. 查记对方电话号码

文秘人员在拨打电话之前要确认对方姓名、电话号码，做到准确拨打电话。切不可先摘听筒，再查号码，因为这样等于使你的电话占线，不仅无效占用了电话设备，而且会使别的电话打不进来。

3. 拨打电话进行通话

摘机后应立即拨号，听到对方回应后，应先主动通报自己的单位、部门和姓名，然后请对方转叫受话人。确认对方是要找的人后，将通话的内容准确、清楚、完整、简洁地告诉对方。

对方电话无人接听时，不要急着挂断，或许受话人就在电话附近。如果确实无人接听，可转至该单位其他部门，若要找的人不在，应请接电话者代为转告。转告时应简明扼要地陈述重点内容，请传话人做好记录，并请对方在方便的时候回话，同时还要告知自己的单位、姓名，问清传话人的姓名。重要的情况和事项，不能随便托别人转告。

通话内容陈述完毕后，应向对方询问是否记清楚，可请对方复述一遍来核对。若对方一时听不清，或对某些方面提出疑问，要耐心地进行解答。

通话过程中出现掉线，应马上重拨并向对方解释，如"非常抱歉，刚才电话掉线了"。如果通话过程中遇有紧急事项需马上办理，须向对方道歉，处理完毕接着通话时，应再次致歉。如果处理事情时间较长，可与对方另约时间通话。

替上司拨打电话时，如自己上司的职务比对方职务高，则在听到对方回应后，再把电话转给己方上司；如果对方的职务与己方上司的地位相同或比己方上司职位高，应先拨通对方秘书的电话并请求转接后，马上把电话转给己方上司。

4. 礼貌结束通话

结束通话前应先提出请求，在征求对方同意的前提下结束通话，并有礼貌地告别，等对方挂上电话后，再挂上听筒；如果对方也在礼貌地等待，可以说："还有事吗？我可以挂断电话了吗？"以表示对对方的尊重。

5. 补充整理记录

文秘人员对打出的电话都应当记录在案，并根据通话内容的变动来补充整理通话记录，以备后查。具体如表1-4所示。

表1—4 电话打出记录表

电话打出记录表

通话人： 　　　　　　　通话时间：

去电号码： 　　　　去电单位： 　　　　接听人：

去电内容：

通话结果：

备注：

(二)被叫程序

被叫方是通话的接听方和信息的接收者,其通话程序如下:

1. 迅速接听电话

通常在电话铃响第二声之后迅速接听。如正与客人交谈,应先向客人道歉,然后再接电话;如因故未能及时接听,应主动向对方表示歉意:"对不起,让您久等了。"

由于通话时首先说话的是被叫方,因此,被叫方应当首先主动自我介绍:"您好!这里是××公司,我是×××。"这样做可以便于主叫方直接判断电话拨打是否正确。如果不是打给你的电话,应该告诉对方正确的号码或者帮助对方转接。如果对方需要你替他人转话,接听电话时应问清对方的单位、姓名、转告的具体内容,并填写"电话留言条"(参见表1—5)。

填写电话留言时,应掌握以下三个要点:

(1)简洁,即要抓住要点,让收受人一看就明白。

(2)完整,即记全日期、时间、数字等重要信息。

(3)准确,即确保双方的姓名、单位、电话号码、来电日期、时间、内容等准确,及时送达留言。

表1—5　电话留言条

| 电话留言条 | | | | | | | |
|---|---|---|---|---|---|---|---|
| 致： | | 先生/女士 | | | | | |
| 时间： | 年 | 月 | 日 | 上午/下午 | | 时 | 分 |
| 留言人： | | 公司 | 部门 | | 先生/女士来电 | | |
| 请回电☐　　再打来☐　　盼会面☐ 来电内容摘要： | | | | | | | |
| 对方电话：办公电话　　　　　手机 家庭电话 | | | | | | | |
| 记录人： | | | | 日期时间： | | | |

2. 听记对方陈述

文秘人员应该养成良好的习惯：左手持电话，右手持笔记下通话内容。在听记对方陈述的同时，要弄清对方的来话意图，抓住要领、记住细节。凡有不清楚、不明白的地方，一定要请对方重复或解释。

做完记录后，应复述来话内容，以便主叫方检查记录是否准确、完整以及与主叫方的理解是否一致。一般的通话内容可以作简要复述，重要的通话内容应作详细复述。在复述过程中，如还有疑问，应再向对方提出，直至彻底弄清楚为止。

3. 整理来电记录

来电内容通常先记在便条或记录本上，通话结束后应及时整理，重要的通话应填写在专门的"电话记录单"上（参见表1—6），这样既便于送请领导批示，又便于考查和存档。

表1—6　电话记录单

电话记录单

| 来电时间 | | 来电号码 | |
|---|---|---|---|
| 来电人姓名 | | 来电人单位 | |
| 来电内容 | | | |
| 拟办意见 | | | |
| 领导批示 | | | |
| 处理结果 | | | |
| 受话人姓名 | | | |

## 四、文秘通话的基本要求

（一）清楚准确

电话交谈主要依靠口头语言进行，因而通话的清楚准确显得尤为重要，具体要求是：

1. 口齿清楚，发音准确，语速适中，掌握好说话的节奏，必要时，可适当放慢语速。

2. 陈述和表达的内容要清楚准确，不能含糊笼统，模棱两可。

3. 理解要清楚准确，即清楚准确地理解对方的意思。对于通话中的问题，或请对方重复，或请对方解释，不能不懂装懂、一知半解。

4. 电话记录要清楚准确。电话记录是重要的凭证和依据，应当认真做好。重要的通话要填写"电话记录单"，书写应规范端正，符合存档要求。

（二）文明礼貌

文秘通话的过程，也是对外交往的过程。文秘人员应当通过自己的努力，融洽与对方的关系，推动相互合作，并为本组织树立良好的形象。为此，应当在语言和行为两方面做到文明礼貌。

1. 语言方面的文明礼貌：

（1）用语礼貌。接听时要用"您好"致意，并主动自我介绍；迟接或打错电话应表示抱歉；询问对方身份或要求重复内容时，应用"您贵姓""请"等礼貌用语；挂机前可根据不同对象分别采用"再见""谢谢""请多联系"等告别用语。

(2)态度温和热情,语音语调轻婉,要努力营造一种相互信任和尊重的气氛,即使对方语言粗俗或双方话不投机也要以礼待人。

(3)注意自我称谓。一般在商务场合不要称自己为"先生"或其他头衔,以免引起对方反感,接电话时可直接介绍自己的姓名。

2. 行为方面的文明礼貌

(1)回电或铃响后接电话要迅速,以免让对方久等。

(2)不随意打断对方的说话,要在听对方讲完之后再发表自己的意见。如果自己说话内容较长,可适时停顿,看看对方反应,给对方提问的机会。

(3)通话中不应与第三方随便交谈,如果必须交谈时,应请对方稍候并表示歉意。

(三)安全保密

电话保密是文秘通信保密的重要内容,应严格把好电话通信的保密关。具体做到:

(1)凡是涉及秘密事项的,一律使用保密电话;

(2)如果对方在普通电话中问及秘密事项,应婉言谢绝,或答非所问,或借故岔开话题;

(3)如果只涉及单位内部的不宜公开的事项,可使用普通电话,但必须注意周围环境是否安全,有无不该了解情况的人在场。必要时,可留下对方的电话号码,去另外无人的办公室接打,若使用手机可转移到安全的地方继续通话。

## 第三节 现代办公设备的使用

文秘人员办理事务时,经常会利用一些现代化办公设备,了解和掌握这些设备的工作原理及使用方法,有助于文秘提高办事效率。

### 一、现代办公设备的分类

办公室是信息集散的枢纽,办公活动过程本质上就是处理信息流的过程。因而,现代办公设备的最主要的功能就是检索、处理、存储和发送信息。根据设备对信息的作用形式,可以把现代办公设备分为信息处理、信息传递、信息复制、影像设备和办公辅助五类。

（一）信息处理设备

信息处理设备包括微型计算机，以及各种联机外部设备。这类设备的主要功能就是对文字、数据、图形、图像、声音等信息进行加工处理，并将处理后的信息加以保存。

（1）微型计算机是现代办公活动中的关键设备，缺了它就谈不上办公自动化。它能综合处理数据、文字、声音、图形和图像等多种形式的信息，人们用它可以收发电子函件、浏览互联网、看电视、听广播以及处理各种办公事务。随着互联网技术的不断发展进步，微型计算机在现代办公活动中发挥的作用也将越来越重要。

（2）联机外部设备主要包括一些计算机的输入、输出设备和外存储器。计算机输入设备除常用的键盘和鼠标外，还有光笔、光学字符阅读器、数字图像扫描仪和语音输入设备等；计算机输出设备包括显示器、打印机和自动绘图机等。外存储器主要是硬盘、U盘和光盘。光盘的读写功能分为三种类型：只读型、一次写入型和可重写型。

（二）信息复制设备

静电复印机是最常用和最为人们熟悉的信息复制设备，此外，高速数码一体化油印机、光盘刻录机等也会在办公中用到。当然，信息在计算机的软硬盘及光盘之间也经常进行复制，传真机的收发过程也可看成是复制过程，广义上讲，它们也是信息复制设备。

（三）信息传输设备

现代办公活动中几乎每时每刻都在进行某种形式的通信，如收发文件、打电话、发传真、发电子邮件等，所以通信设备在办公自动化中是必不可少的。此类设备主要包括通信网络设备和用户终端设备。

（1）通信网络设备。通信网络设备主要有程控交换机、长距离数据收发器、调制解调器、计算机局域网、公用电话网、公用分组交换数据通信网和综合业务数字网等。

（2）通信用户终端设备。通信用户终端设备与文秘人员的关系最为密切，而且操作方便，人人会用，是办公系统中的"信使"。这类设备主要包括各种电话机（如按键式电话机、录音电话机、可视电话机、磁卡电话机、移动电话机等）、图文传真机等。

(四)信息影像设备

数码相机、摄像机、激光影碟机等都是现代办公常用的影像信息获取、存储和播放设备。近年来,随着数码相机和数字摄像机技术的飞速发展,使其在信息设备和办公中的作用越来越重要。

(五)办公辅助设备

幻灯机、投影器、视频展示仪、碎纸机、装订机等是现代办公中时常用到的办公辅助设备。

### 二、现代办公设备的使用与操作

现代办公设备品种繁多,门类庞杂。目前在各类办公机构中,应用较为广泛的现代办公设备主要有传真机、复印机、打印机、数码相机、扫描仪、投影仪、一体化速印机等。下面依次介绍这些设备的工作原理和使用的有关知识。

(一)传真机

传真机(fax machine)是应用扫描和光电变换技术,把文件、图表、照片等静止图像转换成电信号,传送到接收端,以记录形式进行复制的通信设备。如图1-1所示。目前市场上的传真机可分为四类:热敏纸传真机(也称为卷筒纸传真机)、热转印式普通纸传真机、激光式普通纸传真机和喷墨式普通纸传真机。随着大规模集成电路、微处理机技术和信号压缩技术的应用,传真机正朝着自动化、数字化、高速、保密和体积小的方向发展。

传真机传送文件时,先扫描需要发送的文件,并将其转化为一系列黑白点信息,进而转化为声频信号并通过传统电话线进行传送,接收方的传真机"听到"信号后,会将相应的点信息打印出来,这样,接收方就会收到一份原发送文件的复印件。

热敏纸传真机是通过热敏打印头将打印介质上的热敏材料熔化变色,生成所需的文字和图形;热转印传真机是在热敏技术基础上发展而来,它通过加热转印色带,使涂敷于色带上的墨转印到纸上形成图像,最常见的传真机应用了热敏打印方式;激光式普通纸传真机是利用碳粉附着在纸上而成像的一种传真机,其工作原理主要是利用机体内控制激光束的一个硒鼓,凭借控制激光束的开启和关闭,从而在硒鼓上产生带电荷的图像区,此时传真机内部的碳粉会受到电荷的吸引而附着在纸上,形成文字或图形图像;喷墨式传真机的工作原理是由步进电机带动喷墨头左右移动，把从喷墨头中喷出的墨水依序喷布在普通纸上完成工作。

传真机的通信任务主要由传真发送机、传真接收机与电话线路三个部分共同完成。在传真通信过程中，每台机器既能发送图文信息，也能接收图文信息。对一台机器而言，不能同时发送和接收图文信息。所以，当两台传真机进行通信时，若其中一台传真机进行发送操作，则对方的传真机便进行接收操作。

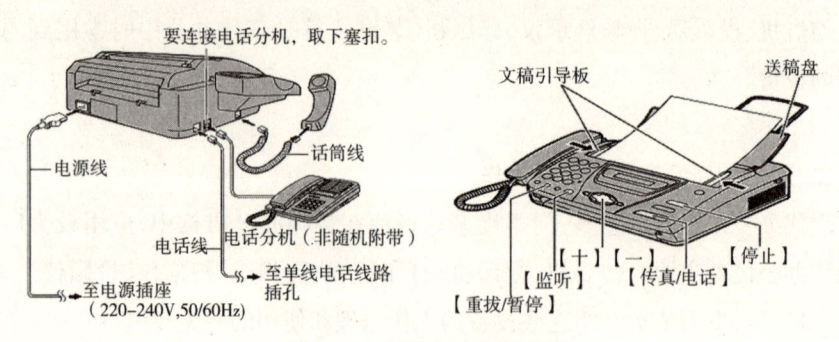

**图 1—1 传真机外部示意图**

1. 传真机的操作方法

（1）调整传真机的工作状态。传真机和电话机使用的是同一条电话线路，当开展传真业务时，若传真机后板上有"传真/电话"开关的，必须将开关拨向"传真"的位置。

（2）装入记录纸。记录纸有传真纸（热敏纸）和普通纸（一般复印纸）两种。热敏纸纸面有一层化学涂料，常温下无色，受热后变为黑色，所以热敏纸有正反面区别，安装时须依据机器的示意图进行，如新机器出现复印全白时，故障原因可能是原稿放反或热敏纸放反；如果使用普通复印纸，纸张一定要符合规定大小。传真机容易出现卡纸故障，多数由于纸的质量引起。

（3）检查原稿。一台传真机收到文件的质量主要取决于发送的原文件质量，选择原稿文件时最好使用打印机打印的或用黑色墨水书写的原稿，并且使用白色或浅色的纸作为介质。凡出现下列情况之一的原稿都不能使用：

①大于技术规格规定的最大幅面的原稿；

②小于最小幅面（两侧导纸板之间的最小距离），或小于文件检测传感器所能检测到的最小距离的原稿；

③有严重皱折、卷曲、破损或残缺的原稿；

④过厚（大于 0.15mm）或过薄（小于 0.06mm）的原稿；

⑤纸头有大头针、回形针或其他硬物的原稿(在装入待传真的文件之前应取下,并确认纸张上的胶水、墨水或涂改液已经变干)。

(4)放置文件。放置文件要注意以下事项:①将待发送的文稿正面朝上放入传真机的送稿盘,并按尺寸调整文稿引导板,使之紧挨文件边缘;②文件页数不能超过规定页数;③文件顶端要推进到能够启动自动输纸机构的地方;④发送多页文件时,两侧要排列整齐,靠近导纸器,前端要撅成楔形。

(5)发送传真。

发送传真前应先根据原稿情况选择发送参数(扫描线密度、对比度),然后拨通对方传真机的号码,听到回答信号后,表明对方已经开机准备接收,这时可按下"启动键"(START)开始发送,放下话筒,等待发送结束。若发送出现差错,则会有出错信息显示,应重发,若传输成功,此时将会显示"成功发送"信息,传真机自动回复到待机状态。

发送操作时应注意:

①若按下"停止"(STOP)键时,发送马上停止,这时卡在传真机中的原稿不能用手强行抽出,只能掀开盖板取出;

②在发送传真期间,不允许强抽原稿,否则会损坏机器和原稿;

③当出现原稿被卡时,要先按"停止"键,然后掀开盖板,小心取出原稿。若原稿出现破损,一定要将残片取出,否则将影响机器的正常工作;

④若听到对方的回铃音,而听不到机器的应答信号时,不要按启动键,应打电话问明情况后再做处理。

(6)接收传真。传真机的接收功能有两种方式:一种是自动接收;一种是手动接收。

自动接收时,首先要检查接收机内是否有记录纸,各显示灯或液晶显示是否正常,只有当接收机处于"准备好"(READY)状态时才能接收。自动接收时,无须操作人员在场。具体过程为:电话振铃若干声后,机器自动启动转入自动接收状态,液晶显示"RECEIVE"接收状态或接收指示灯亮,机器自动输出传真副本。接收结束后,液晶显示"RECEIVE"消失或接收指示灯熄灭,机器自动回到"准备好"(READY)状态。凡具有自动接收功能的传真机都能按此方式操作。

手动接收时,首先接收方接听发送方的电话,同意接收后放下话筒,按"启动键"(START),开始接收,直到接收完毕。

2. 使用传真机的注意事项

(1)使用匹配的、标准化的交流电源插头和插座,插头在插座中不能松动,勿与产生噪声的电器(如空调机)共用电源,而且接地一定要好,否则会造成误码率高、传真质量差的不良现象。

(2)避免阳光的直射和灰尘的侵害,不要堵塞或遮盖住(背面和底面的)通风口,以保证热敏纸不会变质和机器良好地散热。

(3)放置于水平平稳的工作台上,避免倾斜而影响正常工作。

(4)传真机在发送、接收或复印时,绝不可打开传真机的机盖。

3. 传真机常见的故障及处理办法

(1)"卡纸"。

"卡纸"是传真机容易出现的故障,普通纸传真时尤其容易"卡纸"。为减少"卡纸"现象的发生,对传真机应该定期保养,定期进行全面的清洁保养,可以减少"卡纸"率。另外,要选好纸张。纸张的好坏对传真机的"卡纸"率及使用寿命都会产生至关重要的影响。有下列情形者,不要选用:

①同一包纸厚薄不均,尺寸不一,甚至有缺损。

②纸的边缘有毛茬。

③纸毛太多,在干净的桌面上抖过后会留下一层白屑,纸毛太多的纸会影响机器内部清洁,加速机件磨损。

当出现"卡纸"后,在取纸时只可扳动传真机说明书上允许动的部件,不要盲目拉扯上盖;尽可能一次将整纸取出,不要把破碎的纸片留在机器内。

(2)复印或接收文件中有一条或数条竖白线。

这通常是因为热敏头断丝或沾有污物造成的。传真机有专门测试热敏头的程序,若有断丝,则应更换相同型号的热敏头。一般情况下,断一条丝不会影响使用。若有污物可用棉球清除。

(3)不能自动进稿。

可能的原因有两个:一是进稿器部分有异物阻塞,原稿位置扫描传感器失效,搓纸滚轴间隙过大等;二是电路的问题,可检查发送电机是否转动,如不转动则须检查与电机有关的电路及电机本身是否损坏。

(4)记录纸输送走斜。

检查内容:一是送稿盘,看其是否转动灵活;二是检查搓纸滚轴两端是否均匀地与记录纸导轨接触;三是检查热敏头与记录纸接触是否良好。

(5)传真机接通电源后,报警声响个不停。

出现报警声通常是主电路板检测到整机有异常情况,可按下列步骤处理:

①检查纸仓里是否有记录纸,且记录纸是否放置到位。

②纸仓盖、前盖等是否打开或合上时不到位。

③各个传感器是否完好。

④主控板是否有短路等异常情况。

(6)开机后液晶显示器无任何显示,电源指示灯也不亮

这种情况可作如下分析处理:

①首先应检查电源保险丝是否烧毁。

②电源全主板的连接线是否插好。

③如各组电压正常,线路也连接完好,则有可能是液晶显示器本身损坏。另一个可能是主板有故障。

(7)复印、发送文件中有一条(或几条)竖黑线。

采用线状电荷耦合器件(CCD)的机器一般为反射镜头上有污物;采用接触式图像传感器(CIS)的机器是其透光玻璃上有污物。出现这种情况用棉球或软布蘸酒精清洁即可。

(二)复印机

复印机是集静电成像技术、光学技术、电子技术和机械技术于一体的办公设备。目前常用的复印机工作原理有两种:一是美国施乐公司于1949年推出的模拟式复印机(目前市场上大多是模拟式复印机);二是日本佳能公司于1991年推出的数码式复印机。

模拟复印机的工作原理:通过曝光、扫描的方式将原稿的光学模拟图像通过光学系统直接投射到已被充电的感光鼓上,产生静电潜像,再经过显影、转印、定影等步骤,完成整个复印过程。如图1-2所示。

数码复印机的工作原理:首先通过电荷耦合器件将原稿的模拟图像信号进行光电转换成为数字信号,然后将经过数字处理的图像信号输入到激光调制器,调制后的激光束对被充电的感光鼓进行扫描,在感光鼓上产生静电潜像,再经过显

影、转印、定影等步骤,完成整个复印过程。数码式复印机相当于把扫描仪和激光打印机融合在了一起。

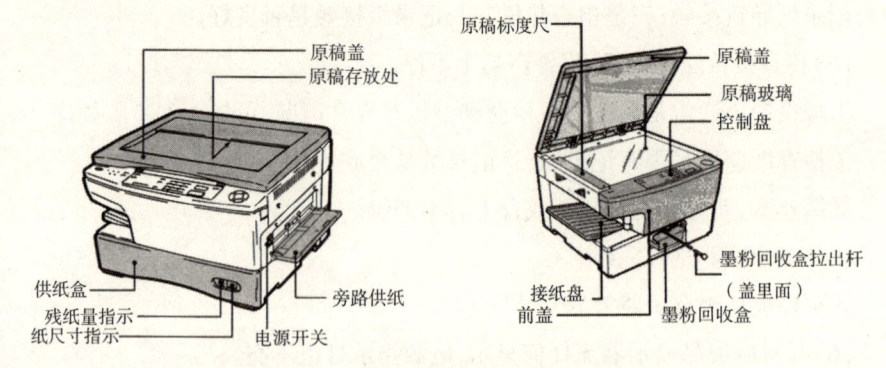

图1—2 模拟式复印机外部示意图

1. 复印机的操作步骤

(1)开机预热。

打开电源开关,此时复印机进入预热状态,操作面板上指示灯亮,出现预热等待信号。操作面板上相应的指示灯亮或发出声音,表示机器预热结束,接下来便可以进行复印。如果机器没有装入纸盒、纸盒没有纸或机器有卡纸等故障时,复印机将不能进入待机状态,操作面板将显示相应的符号或故障代码。

(2)检查原稿。

拿到复印原稿后,应当检查原稿的纸张尺寸、质量、数量、装订方式等,做到心中有数。可以拆开的原稿应当拆开,这样复印时不会产生阴影。

(3)放置原稿。

不同型号的复印机放置原稿的方法不同,一般有两种:一种是将原稿放置在稿台的中间;另一种是靠边放置在定位线上。复印前应对复印机的放稿方式进行了解。原稿正面朝下向着玻璃板放置,轻轻盖紧盖板,以防漏光而出现黑边。

(4)选择复印纸尺寸。

一般复印机具有自动选择纸张模式,在这种模式下,若将原稿放置在原稿输送装置或玻璃板上,复印机会自动检测到原稿的尺寸,并选用与原稿相同的纸张。这种模式只适用于按实际尺寸复印。

当复印尺寸不规则时,例如复印报纸、杂志时,不能自动检测到纸张尺寸时,可以指定所要的尺寸。方法是:根据所需复印件的尺寸要求,将纸装入相应的纸盒里,按纸盒选择键,选中所需复印纸尺寸的纸盒即可。

(5)缩小与放大。

通常复印机都带有复印缩放功能,复印机的缩放倍率有以下三种方式:

①使用固定的缩放倍率。缩放只有固定的几档,将一种固定尺寸纸上的稿件经过放大或缩小后印到另一种固定尺寸的纸上去。例如 A4—A3,即将 A3 规格的原稿复印到 A4 纸上。

②使用无级变倍键进行无级变倍复印。使用这种方式,可对原稿进行 50% ~ 200%、级差为 1% 的无级变倍缩放。

③使用自动无级变倍键自动无级变倍。使用这种模式,机器会根据原稿和供纸盒内的纸尺寸自动设置合适的复印倍率。

(6)调节复印浓度。

根据原稿纸张、字迹的色调深浅,适当调节复印浓度。可以选择自动浓度选择方式进行调整,当采用自动方式仍不能满足复印的要求时,可以用手动的方式进行调整:原稿纸张颜色较深的,应将复印浓度调浅些;字迹线条细、不十分清晰的,则应将浓度调深些。

(7)设定复印份数。

复印前,利用复印份数键或旋钮将所设定的复印份数表示出来,若预置有误,可通过清除键清除后重新设定。

(8)开始复印。

按下复印键,复印机开始复印操作,自动复印出设定数量的复印件。复印数量显示屏的数值将逐渐递增或递减计数,直至复印结束,显示复位。

(9)复印完毕。

一次复印结束后,从接纸盘上取出复印品,进行整理、装订,并将原稿从稿台上取下整理好,放回原处。对于使用次数频繁的复印机,在每次复印完毕后可不必切断电源,使其保持待印状态,这样可缩短以后的预热等待时间。

2. 提高复印品质量的技巧

(1)复印空白处有钢笔、铅笔、圆珠笔字迹或符号的非原始打印件时,可采取增大复印曝光量的办法弥补,即用"手动控制"来增大反差,使字迹显出。

(2)复印纸张较薄而两面均有文字的底稿时,要使用手动调节将曝光量减小,一般是在该页背后垫上一张厚纸防止背面字迹透印出来。

(3)复印无法拆开的厚本文件和书籍时,可在两页中间夹一张厚白纸,遮挡暂不印的一页和中缝。必要时可进行第二次复印。

(4)复印彩色图片、照片、选票或年代久远的历史资料时,因字迹和纸张的曝光量较小,复印后易发黑,可采用增大曝光量的办法。

(5)复印超出复印机稿台的容纳范围的大幅面文件或图片时,可将原稿缩印成小幅复印,亦可采用多次缩印的办法,直至达到要求为止。

3. 复印机的保养和维护

(1)经常性保养。在静电复印机的复印份数达到一定数量时,应对复印机中易污染的部件进行清洁保养。主要包括清除感光板、电极丝、屏蔽罩、镜头、反射镜、搓纸轮、输纸辊、稿台玻璃板等易污染部位的污垢和灰尘,对其进行吹拂或擦拭。

(2)定期检查和维护。静电复印机经过长期使用后,应对其机件进行全面检查和维护,主要是做好机件的全面清洁、润滑、调整以及更换易损件和失效的零部件等工作。

(3)消耗材料和易损件的更换与补充。在静电复印机的日常使用中,需要对各种消耗材料和易损件进行定期的更换和补充。主要包括感光鼓的更换、墨粉的补充、复印纸的补充等。

(三)打印机

打印机(printer)作为各种计算机的最主要输出设备之一,用于将计算机的处理结果打印在相关介质上。随着计算机技术的发展以及用户对打印速度和质量的需求提升,近年来,各种新型实用的打印机应运而生,一改以往针式打印机一统天下的局面,形成了针式打印机、喷墨打印机、激光打印机三足鼎立。如图1-3所示。

图1—3 针式、喷墨式、激光打印机外观图

1. 打印机的特点及适用范围

针式打印机通过打印头中的钢针打击色带,在打印纸上以点阵形式构成字符。针式打印机的优点是耐用、耗材(包括打印色带和打印纸)便宜,可以打印多种类型的纸张,如穿孔纸、多层纸、蜡纸等。缺点是打印速度慢、精度不高并且噪音大、容易卡纸、打印针易损坏。针式打印机主要适用于打印报表、程序清单等。

喷墨打印机是在针式打印机之后发展起来的,采用非击打的工作方式,将墨水直接喷到纸上实现印刷。它的优点是价格低,打印效果优于针式打印机,噪音小。喷墨打印机有宽行和窄行之分,还可以打印彩色图像,且机体小,价格相对较低。缺点是打印速度较慢,耗材较贵。喷墨打印机适合打印单页纸,其打印质量很大程度上取决于纸张的质量。由于其可输出彩色图案,因而常用于广告和美术设计。

激光打印机是激光技术与电子照相技术相结合的产物,主要是利用电子成像技术进行打印。其工作原理为,调制激光束在硒鼓上沿轴向进行扫描,根据点阵组字的原理,使鼓面感光,构成负电荷阴影,当鼓面经过带正电的墨粉时,感光部分就吸附上墨粉,然后将墨粉转印到纸上,纸上的墨粉经加热熔化形成永久性的字符和图形。激光打印机的优点是噪声低、分辨率高、打印速度快,在各种打印机中打印效果是最好的。激光打印机也有宽行、窄行、彩色、黑白之分。其缺点是价格高。激光打印机分页输出,所以常用于文档的打印,也可以产生高质量的图像及复杂的图形输出。目前广泛应用于办公系统和桌上印刷系统。

2. 打印机的安装

打印机的安装主要有两个步骤,一是进行硬件连接,二是进行软件安装。

(1)硬件连接。

打印机有信号电缆线与电源线两条连接线,信号电缆线用于与计算机的连接。目前打印机的接口方式主要是 Centronics 并行口和 USB 接口两种,它们都可以很方便地与计算机连接。Centronics 并行口的一端是 36 芯插头,应插在打印机的 36 芯插座上。另一端是 25 芯插头,应插在计算机主机背板上的 25 芯插座上。USB 接口连接时,将电缆的 A 型(扁平型)插入计算机的 USB 端口,B 型(方型)插入打印机的 USB 端口即可。

连接之前要确认打印机和计算机的电源都已经关闭，否则容易造成设备的损坏。接好信号电缆后，再把电源线连接到打印机上。

(2) 软件安装。

硬件连接好后，还必须在计算机上安装打印机驱动程序才能正常使用打印机。具体安装步骤如下：

第一步，单击 Windows 操作系统的"开始"菜单，选择"打印机和传真"选项，出现"打印机和传真"窗口。

第二步，单击窗口左侧"打印机任务"栏下的"添加打印机"，出现"添加打印机向导"对话框。

第三步，单击对话框中的"下一步"按钮。单击选择"本地打印机"单选项，取消选择"自动检测并安装即插即用打印机"复选框，然后单击"下一步"按钮，显示选择"打印机端口"对话框。

第四步，在"打印机端口"对话框中，选择"使用以下端口"单选项，然后选择 LPTI 端口。单击"下一步"按钮，显示"设置打印机类型"对话框。

第五步，在"厂商"列表中选择欲安装的打印机制造厂商，然后在"打印机"列表中选择打印机的型号。如果不清楚打印机的型号，可以单击"从磁盘安装"按钮，显示"从磁盘安装"对话框，然后将安装盘插入软盘驱动器或光盘驱动器，使用"浏览"找到驱动程序即可。

第六步，根据打印机型号选择好软件后，单击"下一步"按钮，出现"命名打印机名称"对话框。输入一个打印机名，单击"下一步"按钮，屏幕显示"是否打印测试页"对话框。

第七步，选择好后，然后单击"下一步"，出现"打印设置完成"对话框，标明了打印机设置状况，单击"完成"按钮即完成驱动程序的安装。

3. 打印机的维护

为了使打印机保持良好的工作状态，定期检查和清洁打印机是很重要的，虽然打印机不需要周期性维护，但为了打印机的使用寿命和保持在最佳工作状态，有几点是必须要注意的：

(1) 打印机的安放要合适，周围空间充足。打印机要远离灰尘多、有液体的地方，灰尘和液体对打印机的寿命有很大影响。另外，打印机放置地应避免阳光直射，避免放置在有磁铁或能产生磁场的装置附近。

(2)经常保持打印机的清洁和环境清洁,不要在打印机上堆放重物,这样会妨碍散热以及可能对打印的机械部分造成压损。

(3)较长时间不用打印机时,应把电源线拔下来。

(4)使用针式打印机时,为了防止对打印头的损害,没有纸或色带时,不要打开打印机;不要重复地使用同一根针打印。

(5)激光打印机的感光鼓在整个激光打印过程中起着重要作用,价钱也较高,因而要注意保养。感光鼓中的墨粉将用完时必须马上加粉或更换感光鼓,否则影响打印出来的文件质量。

4. 打印故障原因及排除方法

在软件中选择"打印"命令,有时打印机不响应,产生此问题的原因有多种:

(1)电源线未接到打印机上或没有电源。检查电源线连接情况和电源是否打开;

(2)打印机和计算机之间的数据线连接不正确。断开并重新连接二者间的数据线;

(3)打印机可能被暂停。从状态窗口或打印管理器恢复打印,将"打印机"菜单下的"暂停打印"选择前的对勾取消;

(4)打印机可能处于手动送纸方式。按一下前面板按钮即可;

(5)打印机软件未配置正确的打印端口。检查软件中的打印机选择菜单,确保它在访问正确的打印机端口,若计算机有多个并行端口,要确保并行电缆连在正确的端口上。

(四)数码相机

数码相机,英文全称 Digital Still Camera(DSC),简称 Digital Camera(DC),是一种利用电子传感器把光学影像转换成电子数据的照相机。它集成了影像信息的转换、存储和传输等部件,具有数字化存取模式,与电脑交互处理和实时拍摄等特点。如图1-4所示。

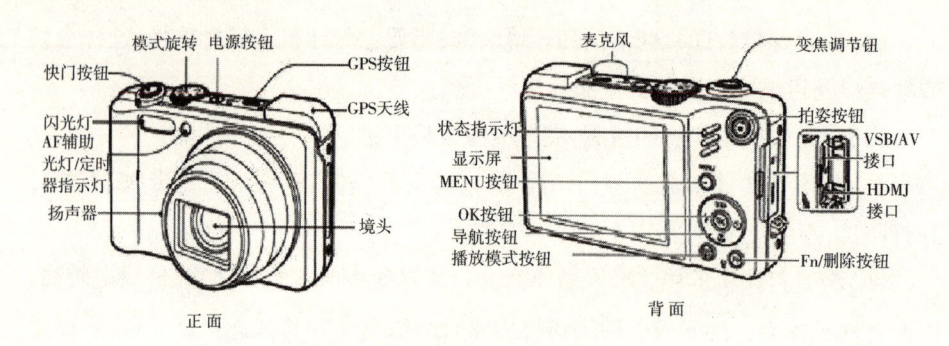

图1—4　数码相机外部结构示意图

1. 数码相机的常见性能指标

（1）分辨率。数码相机的分辨率指的是像素。它是由相机里光电传感器上的光敏元件数目所决定的，一个光敏元件对应一个像素。因此像素数越多，意味着光敏元件越多，也就意味着拍摄出来的相片越细腻。

（2）变焦。数码相机的变焦分为光学变焦和数码变焦两种。光学变焦是指相机通过改变光学镜头中镜片组的相对位置来达到变换其焦距的一种方式。而数码变焦则是指相机通过截取其感光元件上影像的一部分，然后进行放大以获得变焦的方式。

（3）镜头。数码相机的镜头由多片镜片组成，材质则分为玻璃与塑料两类。与塑料镜头相比，玻璃镜头透光率佳、投射图像更清晰。

（4）测光系统。数码相机的测光系统一般是测定被摄对象反射回来的光亮度，也称之为反射式测光。测光方式按测光元件的安放位置不同可分为外测光和内测光两种方式。外测光方式是指测光元件与镜头的光路是各自独立的，这种测光方式广泛应用于平视取景镜头快门照相机中，它具有足够的灵敏度和准确度。内测光方式是通过镜头来进行测光，即所谓 TTL 测光，这种测光方式在更换镜头或摄影距离变化、加滤色镜时均能进行自动校正。目前单镜头反光相机大都采用这种测光方式。

（5）相当感光度（等效 ISO 额定值）。ISO 值是标明感光材料对光线敏感程度的单位，基本上与传统摄影胶片所标注的 ISO 值相同。一般来说，数码相机的 ISO 值一般在 100 至 400 之间，专业级数码相机的 ISO 值的变化范围则为 50 至 1600 之间。在相同的快门和光圈值下，ISO 值越大，表明其感光能力越强，反之则弱。但 ISO 值越大，拍摄出的影像的图像噪声（图像中的较均匀的白点）及颗粒感也越大,清晰度也越差。与传统相机不同,数码相机的 ISO 值是可调的,因此数码相机在拍摄时就较传统相机更加灵活机动,可应对不同明暗程度的拍摄环境。

(6)图像的存储格式。图像的存储格式即图像文件存放在记忆卡上的格式,通常有 RAW、TIFF、JPEG 等。

RAW 格式是将没有经过饱和度、锐度、对比度处理或白平衡调节的原始文件存储在存储卡上,并且没有经过压缩。其优点是图像的质量不受损失,缺点是文件所占用的空间比较大,而且该格式不是非常通用。

TIFF 格式也是一种对图像无损的文件格式,优点是图像的质量不受损失,缺点是文件所占用的空间比 RAW 格式的文件还大。

JPEG 格式是一种有损压缩文件格式,优点是图像文件所占用的空间较小,缺点是图像的质量会受一定的损失。

(7)存储卡。存储卡是用于手机、数码相机、笔记本电脑、MP3 和其他数码产品上的独立存储介质,一般是卡片的形态,又称为"数码存储卡""数字存储卡""储存卡"等。

(8)光学取景器。通过光学的组件来完成取景的构件,拍摄者从取景器中能看到所要拍摄的图像,实现"即见即所得"。

(9)LCD 显示屏,即"液晶显示屏"。LCD 的主要功用就是"即拍即得",拍摄之后马上就能查看具体的拍摄效果。

(10)闪光灯。闪光灯是加强曝光量的方式之一,尤其在昏暗的地方,打闪光灯有助于让景物更明亮。

(11)电池。数码相机主要是靠电池提供电源,目前数码相机多采用镍氢(Ni–MH)和锂离子电池(Li–ion)。

(12)连接方式。配备 USB 端口的数码相机可以通过导线与计算机直接连接。

(13)白平衡。白平衡是指在不同色温的光线条件下,调节色彩设置以使颜色尽量不失真,使颜色还原正常。这种调节通常以白色为基准,故称为白平衡。在数码相机上,此功能是用来矫正拍摄影像的偏色性的。

(14)色彩位数。色彩位数又称彩色深度,数码相机的彩色深度指标反映了数码相机能正确记录色调有多少,色彩位数的值越高,就越可能更真实地还原亮部及暗部的细节。

（15）连续拍摄。连续拍摄模式简称连拍，是指将数码相机快门钮按下不松时，数码相机的快门可连续开启曝光的方式。连续拍摄时，拍摄到的数字影像文件先暂时存放在高速缓冲存储器中，在连拍结束后再存入储存卡中。

2. 数码相机的操作步骤

（1）拍摄照片。

数码相机和普通相机的构造基本是一样的，只是大部分数码相机在装有普通光学取景器的同时，还配置了一个高清晰度的彩色液晶显示屏，光学取景器可以节省用电，而液晶显示屏取景直观方便，实现"即拍即得"的效果。因而数码相机拍摄照片的步骤主要为：取景、构图、对焦、按动快门。

（2）数码相机与计算机的连接。

一般数码相机只要通过 USB 接口即可将相机存储卡中的数据导入计算机，计算机能够通过操作系统直接识别相机，而不需要安装相机的驱动程序。具体步骤如下：打开计算机，用数码相机的随机 USB 连线把相机与计算机进行连接。确认连接好后，将数码相机电源打开。随后计算机会自动检测到相应的设备，系统会自动弹出提示，在提示对话框中，选择相应的程序打开数码相机中的文件。也可以通过点击"我的电脑"，在打开的页面中"有可移动存储的设备"之下会出现一个新的图标，打开这个图标就可以看到数码相机中的照片了。用"复制"或"剪切"将照片存放在已建好的文件夹中即可。

（3）存入计算机中的照片可利用相关软件进行编辑。

3. 数码相机手动功能的运用

一般数码相机都有自动模式，然而恰当地运用手动功能则有助于提升拍摄的质量。

（1）按物体运动速度调节快门。

快门时间是指使用者按下快门后在多长时间内完成光电信号的转换，一般从几千分之一秒到几分之一秒不等。实践告诉我们，快门速度会影响到图像的清晰度，不同的快门速度，拍摄出的效果会有所不同，特别是对照片曝光量的影响。一般来说，照相机的快门速度与所拍摄的物体移动速度成正比，景物距离的远近又与快门成反比。如在抖动环境（车内）或拍摄运动类照片时，最好使用快速快门（通常须在 1/500 秒以上）；而想拍有动感的影像（如流水、瀑布等）或拍摄风景等静物照片，最好使用慢速快门，甚至手动控制快门。而景物越远，需要的快门速度越慢,反之景物越近快门也要越快。

(2)按物体距离远近调节光圈。

在摄影中,光圈的改变可改变图片的景深。所谓景深,就是景物从前面到后面的深度。数码相机摄影所用的光圈越小,景物的清晰部分就越多。例如想要拍摄出的照片由远到近的物体都是清晰的,就需要大的景深,即使用较小的光圈。如果想突出照片中某个单独的物体,如肖像摄影,就需要刻意模糊背景而达到突出主题的效果,这样就要使用大一点的光圈来减少景深,被摄物体才会非常清晰。

(3)按照片质量调节分辨率。

数码照片的质量与分辨率有关,分辨率越高图像质量就会越好,但存储照片的空间也会相应地增大。数码相机储存空间都有限,因此我们在实际应用时须因地制宜,合理选用分辨率。数码相机的分辨率是靠相机内部处理器对照片的压缩比例来决定的,因而很多相机的压缩设置项有与质量相关的名字,如最佳、好、较好,或一般、普通、精细、超精细等等档位。如果需要拍摄最佳图像,一定要用最高质量的设置项。

(4)自动模式注意白平衡调节。

白平衡功能可防止在拍摄时出现偏色的情况,如在荧光灯的房间里拍摄的照片偏绿,在日光阴影处拍摄的照片却偏蓝等,但数码相机不能自动补偿,因此拍摄时如果留意到白色光区里的色彩与实际色彩不同,就需要手动调节白平衡来进行补偿了,尤其在进行夜景摄影时,选择不同的白平衡,将直接影响到照片的色调以及所表达的意境,因为夜晚中的建筑物及景物的泛光灯所产生的光线,在数码相机上可呈现比肉眼更为艳丽的色光。

(5)按环境情况调节曝光量。

数码相机通常都带有自动曝光控制。它可以自动测量光线的亮度,然后设置正确的快门速度和光圈。但是,在有些情况下自动曝光系统通常会表现出能力不足的情况,如拍摄大雪覆盖旷野等很亮的物体时,自动曝光系统往往会以为当时的光线已经足够强,这样本身很明亮的景色在自动曝光系统的设定下就会显得曝光不足,拍摄出来的效果会比实际的要暗;在黑暗的树林里,自动曝光系统会认为需要增加光线的数量,但这样拍出来的图像往往失去了其本身暗色的效果。所以,通常在摄影中,拍摄者都需要增加或减少曝光量来还原景物的真实光亮。

(6)按情况适当应用闪光灯。

使用数码相机时,光线的强弱对拍出照片的质量非常重要。如果在室内或是黄昏等光线较弱的环境下拍照,没有闪光灯的配合,很难拍出高质量的照片。此外,闪光灯还有一个重要的作用,就是在全日光状态下补强阴影区的光。如为一个背对着蓝天的人物拍照时(背光环境),相机会把人和蓝天的光线平均,从而使曝光平和。但是这种曝光会使人物看起来短小,天空看起来过长,因此可能会得到一张在明亮背景下有一黑色轮廓的照片。解决此问题的方法就是使用闪光灯进行填光。这样不但使人物变亮,同时也可降低曝光度,使天空看起来不过于明亮。此外,在阳光强烈的时候,要注意阴影可能会使关键景物显得黯淡。这时也可以通过使用闪光灯来弥补,把光线照到阴影区,减小反差。

4. 使用数码相机的注意事项

数码相机的使用寿命除了本身的制造因素之外,关键还在于保养。为了保持相机良好的工作状态,延长使用寿命,必须精心地加以维护。

(1)机身保护。

数码相机应放置在防潮防水的相机包内,远离高温、强磁场、强电场及阳光直射的环境,否则容易对相机内部造成损害。如果机身不小心沾到污渍,应关掉电源后擦拭,再用橡皮吹球将各细缝吹干。平时不要随便用酒精等溶剂擦拭相机,否则会破坏相机上的保护层。数码相机不用时,最好将调焦环旋到无穷远"∞"的位置,缩回镜头,释放快门,放置防潮箱内,并定期检查,替换或烘干失效的干燥剂。

(2)电池保养。

必须使用指定的电池,电池完全充电后不宜马上使用,这是因为电池完全充电后其闭路电压会超过额定电压值,马上使用可能烧坏数码相机内的电路元件。长期不用,最好取出电池,防止电池内的电解液外漏腐蚀机内电路。

(3)镜头维护。

如果镜头污染了灰尘等,可用镜头刷或吹气球除去表面的灰尘,然后再用擦镜纸或擦镜水拭去镜头上的污痕。

(4)液晶屏的保护。

由于数码相机很多都是电子取景器,因此对显示屏的保护也非常重要。除了触屏式,尽量避免用手指按压屏幕,最好贴上防护贴进行防护。

（五）扫描仪

扫描仪是一种计算机外部仪器设备,是通过捕获图像并将之转换成计算机可以显示、编辑、存储和输出的数字化输入设备。它可以对照片、文本页面、图纸、美术图画,甚至纺织品、标牌面板、印制板样品等不透明物体进行扫描,因而被广泛应用于各类图形图像处理、出版、印刷、广告制作、办公自动化、多媒体、图文数据库、图文通讯、工程图纸输入等领域。

扫描仪可分为滚筒式扫描仪、平板扫描仪和手持式扫描仪三大类型。就使用寿命来说,平板扫描仪最长,其次是滚筒式扫描仪,手持式扫描仪的使用寿命相对较低,这主要是因为三种扫描仪的内部结构不同,使用方式不同所致。

扫描仪获取图像的方式是先将光线照射到要扫描的材料上,光线反射回来后由电荷耦合器件(CCD 光敏元件)接收并实现光电转换。扫描不透明的材料如照片、打印文本以及标牌、面板、印制板等实物时,由于材料上黑的区域反射较少的光线,亮的区域反射较多的光线,而 CCD 器件可以检测图像上不同光线反射回来的不同强度的光,通过 CCD 器件将反射光波转换成为数字信息,用 1 和 0 的组合表示,最后控制扫描仪操作的软件读入这些数据,并重组为计算机图像文件。扫描透明材料如制版菲林软片、照相底片时,扫描工作原理相同,有所不同的是此时不是利用光线的反射,而是让光线透过材料,再由 CCD 器件接收,扫描透明材料需要特别的光源补偿——透射适配器(TMA)装置来完成这一功能。

1. 扫描仪的安装

扫描仪的安装一般分为三个环节,即硬件连接、驱动程序安装、扫描软件安装。安装的主要步骤如下:

(1)关闭计算机以及与其相连接的所有设备(如显示器、打印机和调制解调器等)。

(2)将扫描仪信号线的一端连接到计算机主机背面接口上,另一端连接到扫描仪上的计算机接口。连接时需注意,除 USB 接口的扫描仪外,其他接口形式的扫描仪在连接时必须关闭电源。

(3)将扫描仪电源插头插到合适的电源输出插座上,接通扫描仪电源。

(4)打开计算机电源,等待计算机启动完毕。Windows 操作系统将自动检测出扫描仪,弹出一个"找到新的硬件向导"窗口,提示安装驱动程序。

(5)如果有扫描仪的驱动软盘或光盘,就把驱动盘放入电脑的软驱或光驱里面,单击"下一步",此时操作系统会自动找到软盘或光盘里面的驱动程序并且安装好。如果没有扫描仪的驱动盘,则可以登录这个扫描仪生产厂家的网站,从网络上下载这个扫描仪的驱动,并解压到硬盘上。选择好已下载的驱动所在路径后,单击"下一步"按钮,系统会自动在刚才指定的路径下查找驱动,并自动安装软件。

(6)驱动程序安装完毕后,再安装扫描软件 OCR(Optical Character Recognition,即光学字符识别)。购买扫描仪时一般都附赠有扫描应用软件,这些软件的安装较为简单,按系统提示按回车键即可完成。

2. 扫描仪的使用方法

办公用扫描仪经常使用的功能主要有两项:一项是图像扫描功能,另一项是文字识别功能。

(1)扫描图像。

扫描图像最简单方便的方法就是用 Windows 系统自带的"画图"软件来进行,也可以用专业的图形图像软件,如 Photoshop 来获得扫描的图像。下面以"画图"软件为例来讲解如何获得扫描的图像。

第一步,在 Windows 操作系统下,单击"开始"→"所有程序"→"附件"→"画图",弹出"画图"软件的窗口。

第二步,单击"文件"菜单栏上的"从扫描仪或照相机"命令,弹出扫描仪的窗口。

第三步,窗口里面有 4 个选项,分别对应要扫描的原稿类型。如果要扫描一张彩色照片,就选择"彩色照片"项,把照片放到扫描仪中,盖上盖子,并单击"预览"按钮。此时扫描仪就开始预览,预扫描的图片出现在右侧的预览框中。

第四步,移动、缩放预览框中的矩形取景框至合适大小、位置,选择要扫描的区域。选择好后,单击"扫描"按钮,此时扫描仪就开始扫描,屏幕会显示扫描进度。

第五步,扫描完成后,图片就出现在"画图"软件窗口中小的图片编辑区域,此时可以对图片进行修改、保存等操作。

(2)扫描文字。

借助文字识别 OCR 技术,扫描仪可以把印刷体上的文章通过扫描,转换成可以编辑的文本。要实现文字识别,除了安装好扫描仪的驱动和扫描仪的应用软件外，还要安装OCR文字识别软件才可以。OCR软件的种类虽然很多，但其使用方法大同小异，一般说来，有以下几个步骤：

第一步，扫描文稿。

为了利用OCR软件进行文字识别，可直接在OCR软件中扫描文稿。运行OCR软件后，计算机窗口会出现OCR软件界面。将要扫描的文稿放在扫描仪的玻璃面上，使要扫描的一面朝向扫描仪的玻璃面并让文稿的下端朝下，与标尺边缘对齐，再将扫描仪盖子盖上。点击视窗中的"扫描"键，即可进入扫描驱动软件进行扫描，其操作方法与扫描图片类似。扫描后的文档图像出现在OCR软件视窗中。

第二步，适当缩放画面。

文稿扫描后，刚开始出现在视窗中的要识别的文字画面很小，首先选择"放大"工具，对画面进行适当放大，以使画面看得更清楚。必要时还可以选择"缩小"工具，将画面适当缩小。

第三步，调正画面。

各类OCR软件都提供了旋转功能，使画面能够进行任意角度的旋转。如果文字画面倾斜，可选择"倾斜校正"工具或旋转工具，将画面调正。

第四步，选择识别区域。

选择"设定识别区域"工具，在文字画面上框出要识别的区域，这时也可根据画面情况框出多个区域。如果全文识别则不需设定识别区域。

第五步，识别文字。

单击"识别"命令，则OCR软件会先进行文字切分，然后进行识别，识别的文字将逐步显示出来。识别完成后，一般会转入"文稿校对"窗口。

第六步，文稿校对。

各类OCR软件都提供了文稿校对修改功能，被识别出可能有错误的文字，用比较鲜明的颜色显示出来，并且可以进行修改。有些软件的文字校对工具可以提供出字形相似的若干字以供挑选。

第七步，保存文件。

用户可以将识别后的文件存储成文本(TXT)文件或Word的RTF文件。

3. 使用扫描仪应注意的事项

(1) 不要忘记锁定扫描仪。

由于扫描仪采用了包含光学透镜等在内的精密光学系统，使得其结构较为脆弱。为了避免损坏光学组件，扫描仪通常都设有专门的"锁定/解锁"设置，移动扫描仪前，应先锁住光学组件。但要特别注意的是，再次使用扫描仪之前，一定要先解除锁定，否则很可能因为一时的疏忽而造成扫描仪传动机构的损坏。

（2）注意扫描仪的清洁。

扫描仪内如果有灰尘或污痕，就会影响扫描时的反射光线的强弱，从而直接影响扫描的效果。清洁时注意不要用有机溶剂来清洁扫描仪，以防损坏扫描仪的外壳以及光学元件。

（3）不要带电接插扫描仪。

安装扫描仪时，特别是采用 EPP 并口的扫描仪，为了防止烧毁主板，接插时必须先关闭计算机。

（4）注意更新扫描仪驱动程序。

许多用户平时只注重升级显卡等设备的驱动程序，却往往忽略了升级扫描仪的驱动程序，而驱动程序直接影响扫描仪的性能，并涉及各种软、硬件系统的兼容性，为了让扫描仪更好地工作，应该经常到其生产厂商的网址下载更新的驱动程序。

（5）不要使用太高的分辨率。

使用扫描仪工作时，不少用户会把扫描仪的分辨率设置得很高，希望能够提高识别率，但事实上，在扫描一般文稿时选择 300DPI 左右的分辨率就可以了，过高的分辨率反而可能降低识别率，这是因为过高的分辨率会更仔细地扫描印刷文字的细节，更容易识别出印刷文稿的瑕疵、缺陷，导致识别率下降。

（6）不要让扫描仪处在震动的环境中。

扫描仪如果摆放不平稳，那么扫描仪在工作的过程中需要消耗额外的功率来寻找理想的扫描切入点，即使这样也很难保证达到理想的扫描仪垂直分辨率。

（7）不要频繁开关扫描仪。

有的扫描仪要求在每次使用之前要先确保扫描仪在计算机打开之前接通电源，而人们一般习惯于先打开计算机，这样的话就要频繁开关扫描仪和启动计算机，而且频繁地开关扫描仪和启动计算机对设备本身是极为不利的。

4. 扫描仪常见故障及处理办法

（1）扫描仪发出的噪音很大：把扫描速度设置成中速或低速即可；

（2）找不到扫描仪：检查是否开启扫描仪的电源；如果指示灯不停闪烁则表明

状态不正常,先检查与电脑的接口电缆是否有问题,以及是否安装了驱动程序,还应检查是否与其他设备冲突,若有冲突可更改 SCSI 上的跳线;

(3)扫描仪指示灯为橘黄色:关闭电源,检查电源是否插紧在插座上以及是否接地;

(4)扫描仪的 READY 灯不亮:检查内部灯管或是与室温有关;

(5)扫描仪扫出来的画面颜色模糊:擦拭平板玻璃;检查分辨率;检查显示器设置。

(六)投影仪

投影仪是能将物品、图像或者视频以精确的放大倍率放大后投射在屏幕或者墙体上的供观看或者测量的仪器。投影仪主要通过三种显示技术实现,即阴极射线管投影技术(CRT)、液晶投影技术(LCD)、数字光处理投影技术(DLP)。

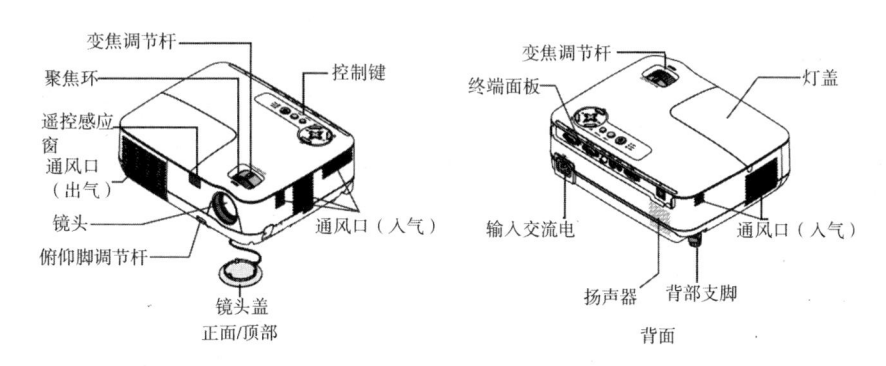

图1—5 NEC 便携式投影仪外部结构示意图

1. 投影仪的性能指标

选择投影仪主要着眼于分辨率、亮度和均匀度等性能指标。

(1)分辨率。

投影仪的分辨率是指内部核心电光器件的物理分辨率(又称真实分辨率),可能是 VGA(640×480)、SYGA(800×600)、XGA(1624×768)、SXGA(1280×1024)、UXGA(1600×1200)、QXGA(2048×1536)中的一种或接近其中的一种。投影仪还有兼容分辨率(又称最大分辨率)。兼容分辨率是指投影仪最大可接受分辨率,通常比其物理分辨率高一级。一般来说,分辨率越高投射出的图像画面就越清晰。

47

(2)亮度。

亮度是指投影仪投射在银幕上的光亮度,通常用 ANSI 流明表示。投影机的亮度不宜过低或过高。若投影仪的亮度很低,在会议室中只有拉上遮光很好的窗帘,并关闭室内照明,投射的画面才有较好的呈现效果;若投影仪的亮度非常高,长时间观看其投射内容会目眩、眼花。投影仪的合适亮度,取决于环境光线条件、场地的大小、银幕的种类和应用目的(如观看时需不需要记笔记、呈现画面有无丰富的细节、连续观看时间的长短)等因素。投影仪亮度一般在 2000ANSI 流明左右较为合适。

(3)均匀度。

均匀度反映投射画面边缘亮度与中心亮度的差别,均匀度好,呈现画面的效果越好。

2. 投影仪的安装方式

投影仪安装方式分为正投、背投、吊顶、桌面四种方式。在实际安装过程中,这四种方式是相互交叉存在的,即一款投影仪只支持背投,那就意味着这款机可以以吊装方式或者桌面方式进行背投,而不支持任何形式的正投。具体来说,正投与背投对应,吊顶与桌面对应。

正投,也称为前投,是观众和投影仪相对投影幕是同侧的。由于正投较节省空间,所以是使用最广和最多的一种安装方式。相比较而言,正投受环境光的影响较大。

背投,指的是观众和投影仪分居投影幕两侧。这样安装的好处就在于它受环境光的影响较小,因为观众看到的是透射光线,从而避免了因为投影幕反射而造成的模糊现象。选择背投是需要有足够的空间的,在投射同样大小的画面尺寸时,理论上背投需要比正投多出一倍的纵深距离,这就对应用场地提出了更高的要求。

吊装是指通过安装吊架,用螺丝螺母等把投影仪固定吊装在天花板上。吊装的好处在于免除了每次使用时搬移、安装的"颠簸之苦"。

桌面投影是把投影仪放置在房内一个水平面上,它与吊装的区别主要在于固定与否。因而,空间大小及使用要求是选择投影仪安装方式的最主要依据。

2. 投影仪的使用技巧

(1)开启投影仪电源之前,要确认投影仪电缆正常连接,同时要确保视频源已经正常输出。完成投影连接并开启投影仪后,还需要切换好输出方式。因为投影仪的输出方式有三种,可以同时按住 Win 徽标键与 F5 键(与笔记本电脑相连接时,可以按下 Fn 键与 F8 键),来选用合适的屏幕输出方式。使用便携式投影仪时,确定输出方式后,还应对焦、设置好分辨率。

(2)在不熟悉投影仪的用户眼里,投影仪就像一台普通电视机,想开就开、想关就关;要关闭时,多半也是直接切断电源。殊不知,这样的操作是使用投影仪的"大忌",因为投影仪在长时间使用的情况下直接关机会严重影响投影仪灯泡的使用寿命。正确的开机顺序是:先将投影仪电源按钮打开,再按下投影仪操作面板上的 Lamp 按钮,等到闪烁的绿色信号灯停止闪烁时,开机完成。正确的关机顺序是:先按下 Lamp 按钮,当屏幕出现是否真的要关机的提示时,再按一下 Lamp 按钮,随后投影仪控制面板上的绿色信号灯开始闪烁,等到投影仪内部散热风扇完全停止转动、绿色信号灯停止闪烁时,再将投影仪关闭,切断电源。

此外,在每次开、关机操作之间,最好保证有 3 分钟左右的间隔时间,目的是让投影仪充分散热。开、关机操作太频繁,容易造成投影仪灯泡炸裂或投影仪内部电器元件被损坏。

(3)投影仪镜头干净与否,将直接影响投影屏幕上内容的清晰程度。投影仪在不用的时候需要盖好镜头盖避免粘落灰尘,清洁时应该使用专业镜头纸或其他专业清洁剂来清除投影仪镜头上的灰尘。

(七)多功能一体机

多功能一体机又称为 AIO(all in one),是高速数码一体化油印机的一种,简而言之,就是集传真、扫描、打印、复印与油印等功能为一体的机器。如图 1-6 所示。其显著的优势在于它功能全,将多种办公设备进行有效的资源整合,提高了工作效率。

多功能一体机虽然是集多种功能于一身,但最主要的功能还是印制。它的工作原理与传统油印机相似,即让油墨穿过蜡纸上的细微小孔(小孔组成了与原稿相同的图像),将图像印于纸上。但其蜡纸并非传统油印机上用的蜡纸或扫描蜡纸,而是热敏蜡纸,由一层非常薄的胶片和棉脂合成的。在这些胶片上有制作非常细小的孔,这使得它能印出非常精细的高质量印刷品。

一体机的传真、扫描、打印与复印的使用方法与传真机、扫描仪、打印机、复印机的使用方法基本相同，因而不再赘述。

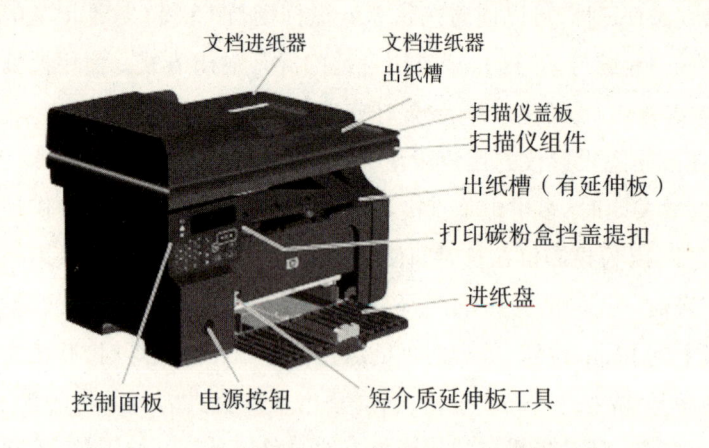

图1—6 多功能一体机外部结构示意图

（八）刻录机

刻录机，即 CD‐R，是英文 CD Recordable 的简称，其专业用途就是备份资料和制作光盘。刻录机所用 CD‐R 盘的容量一般为 700MB，它上面所记载资料的方式与一般 CD 光盘片一样，也是利用激光束的反射来读取资料，所以 CD‐R 盘片只能放在 CD‐ROM 上读取。CD‐R 盘只可以写入一次，而目前出现的 CD‐RW 光盘则能反复擦写，反复使用。理论上来说，好的 CD‐RW 光盘可以反复擦写约 1000 次，对于小文件的备份十分适合，而用 CD‐R 光盘来刻录一些经常需要并且不会改变的东西较为适宜，如刻系统盘等。

1. 刻录机的工作原理

刻录机在工作时，通过大功率激光照射 CD‐R 盘片的染料层，在染料层上形成一个个平面和凹坑，光驱在读取这些平面和凹坑的时候就能够将其转换为 0 和 1。由于这种变化是一次性的，不能恢复到原来的状态，所以 CD‐R 盘片只能写入一次，不能重复写入。

CD‐RW 的刻录原理与 CD‐R 大致相同，只不过盘片上镀的是一层由银、铟、硒或碲等制成的结晶层，这种结晶层能够呈现出结晶和非结晶两种状态，等同于 CD‐R 的平面和凹坑，通过激光束的照射，可以在这两种状态之间相互转换，所以 CD‐RW 盘片可以重复写入。

2. 刻录机的使用操作

(1)连接计算机。

因刻录机的接口不同,与计算机的连接分为内置和外置两类。较常用的有内置式 IDE 接口刻录机、外置式 EPP 接口刻录机,按随机说明将其与计算机主机连接。现在微型计算机自身大都带有刻录功能,无须外接。

(2)安装驱动程序。

驱动程序在随刻录机附送的光盘中,应先安装驱动程序,再安装刻录软件,启动"SETUP"程序,根据"提示"进入,逐步安装即可。

(3)制作数据光盘。

将刻录光盘放入刻录机中,启动刻录程序,按程序提示就可以进行刻录了,最常用的是刻制数据盘和复制光盘。

3. 刻录机使用注意事项

(1)灰尘对任何光盘驱动器来说都是致命的杀手,尽量不要将弹出的光盘托滞留在外时间太久,以免灰尘进入机内。

(2)刻录机工作时发热量很大,一定要及时将这些热量从刻录机内部散发出去;另外,不要把刻录机和其他发热量大的设备放置在一起,如硬盘、CD-ROM。

(3)刻录机的读盘性能往往很一般,不要用它经常看 VCD 影碟和读盗版光盘。

(4)避免长时间的持续刻录,以减缓刻录机的老化。

(5)不要使用质量较差的刻录盘片,它们对刻录激光头伤害很大。

(6)光盘不用时不要长期放置在驱动器中,刻录机工作时不要移动刻录机或机箱。

(九)碎纸机

碎纸机是由一组旋转的刀刃、纸梳和驱动马达组成。纸张从相互咬合的刀刃中间送入,被分割成很多的细小纸片或纸沫,以达到保密的目的。根据碎纸刀的样式,目前的碎纸方式一般可分为粒状、段状、沫状、条状、丝状等。

1. 碎纸机的工作原理

"切纸刀"和"电动马达"是碎纸机的两大主要部件,它们通过皮带和齿轮紧密地连接在一起,马达带动皮带、齿轮,把能量传送给切纸刀,而切纸刀通过转动,用锋利的金属角把纸切碎。

### 2. 碎纸机的操作使用

（1）检查机器是否放平，接通电源，按下启动开关。

（2）将纸张插入碎纸机进纸口。

（3）根据需要选择将纸碎成纸条或纸沫，碎纸机工作，碎纸完毕。

（4）关闭电源。

（5）清理纸屑。

### 3. 碎纸机使用注意事项

（1）拆装碎纸机时要断电，不用时及时关掉电源，更不要带电去抠入纸口的纸或漏纸屑处的堵纸。

（2）一次碎纸量不要过多，一般为最大碎纸量的 70% 碎纸较为理想。

（3）经常在切割装置上涂抹润滑油以减少磨损。

（4）避免在极限容量下长时间使用，连续使用时间不超过 15 分钟。

（5）碎纸前应先清除纸张上面的固定物，如订书订等，切勿将毛发带入碎纸机进纸口。

（6）及时清理纸箱。

（7）清洁碎纸机外壳时，勿将清洁溶液滴入机器内部，更不要使用漂白粉、酒精或稀释液洗刷元件。

（十）移动存储设备

移动存储设备是通过 USB（Universal Serial Bus，即通用串行总线）接口连接到计算机上，并以逻辑磁盘方式进行数据存取的存储设备，如 U 盘、移动硬盘以及具有数据存储功能的 MP3 播放器、手机、录音笔等。

### 1. 移动存储设备工作原理

以移动硬盘和 U 盘为例，移动硬盘工作原理类似于硬盘，U 盘是用集成芯片来存储数据的，这一点和移动硬盘有着本质的区别（移动硬盘一般用磁介质来存储）。与移动硬盘相比，U 盘体积和容量都较小，使用和携带较为方便，并且随着技术的发展，U 盘的容量也将越来越大。但如果需要存储大量的数据，移动硬盘是不可替代的。

### 2. 移动存储设备使用操作

移动存储器的使用操作非常简单，只需将移动存储器数据线接口的一头与计算机主机箱上的 USB 接口相连即可。如果连接成功，则在计算机右下方任务栏中出现可移动存储器的图标;退出时,只需关闭所使用的文件,点击屏幕右下角设备图标,单击选择要退出的移动存储器,系统询问"是否要移除该设备",单击"确定",等待系统提示"可以安全的移除该设备"后即可移出存储器。

3. 注意事项

U盘、移动硬盘等移动存储器轻巧、便捷的存储介质已经成为数字时代不可缺少的一部分,但如果在日常使用中不注意正确操作,会导致存储介质损坏、数据丢失。

(1)移动存储器退出时,要按正常结束程序将其弹出后,再从计算机的接口上拔出。

(2)尽量不要选购过于廉价的产品,因为价格将决定移动硬盘的用料情况,而用料过于简省则无法保证移动硬盘的稳定运行。

(3)移动存储器是用来临时交换或存储数据的,不是一个本地硬盘,所以不易插在计算机上长期工作。

(4)不要给移动存储器整理磁盘碎片,否则会使其受损伤。如果确实需要整理,可采用将整个分区里面的数据都"COPY"出来再"COPY"回去的方法。

## 第四节　印章与信证管理

文秘人员的办公室事务活动量大、种类繁多,其中尤以印章、信证管理最为普遍。印章、信证是一个单位或部门行使职权的凭证和对外联系的标志,其基本功能就是保证组织正常有效地运转。

### 一、印章管理

(一)印章释义

印章是印与章的合称,是刻在固定质料上的代表机关、组织或个人权力、职责的凭据。中国历代对印章有很多不同的称呼。秦以前,无论官印、私印都称"玺";秦统一六国后,规定皇帝的印独称"玺",臣民的只称"印";至汉魏,将军印称"章",因而有了"印章"之称;唐代以后,又有宝、记、朱记、关防、图书、花押等名称。

东汉许慎的《说文》对"印"的解释为:"执政所持信也"。可见印章最初之意是用来表示信用,让人不疑。现代机关、单位的印章具有三个特性:一是法定性,我国党政机关、企事业单位都是依法成立的,合法的机关才能依法刻制印章,即使是公安部门管理着印章刻制行业,但其自身公章的制发也必须按规定办理;二是权威性,印章是机关权威的象征;三是效用性,有了以上两点,印章才有效用,印发的文件才能被承认和执行。

(二)印章的种类

印章按其性质、作用、质量可分为正式印章、专用印章、套印章、钢印、签名章、戳记六大类。

1. 正式印章

正式印章是按照国家有关规定由上级领导机构正式颁发给所属领导机构使用的代表一定职责、权力的印信凭证。

2. 专用印章

专用印章是各级各类领导机构为履行某一项专门职责,经过一定批准手续,颁发给所属某一专门机构使用的印章,这种印章不代表整个领导机构,只代表领导机构某项专门业务内容和权力。它包括财务专用章、合同专用章、业务专用章等。

3. 套印章

套印章是根据需要,按照正式印章或专用印章的原样复制而成、专供印刷用的模印。它主要用于印刷需加盖印章的文件、颁发的通和、布告以及经缩微后在各种凭证的印刷品上。套印章用制版印刷的方式代替手工盖印,因而适用于大宗公文与凭证用印。

4. 钢印

钢印是用钢材制作的印章,适用于加盖各种证件。加盖钢印就是使用加压设备,采用模压方法加盖无色印章,只显出印章凸出的字样、式样和图样,而不显出图样、字样的颜色。钢印一般加盖在证件与照片的交接处。

5. 签名章

签名章是由单位的主要负责人或法人代表亲笔手书,并据以刻制的领导人名章,又叫手章。它代表法人、象征职权,因此具有权威性。主要用于签订合同、签发聘书或毕业证书等。

6. 戳记

戳记是刻有一定字样的、带有标识性质的印章。这种印章字迹醒目,常加盖在显要的位置上,起着提示的作用。例如,财务单据上盖的"现金收讫",文书处理中所盖的"急""特急"等。

(三)印章的规格

根据国务院规定,国家行政机关和企业事业单位、社会团体的印章为圆形,外资单位通常为椭圆形。其他印章如收发章、财务章可用长方形、三角形或椭圆形。领导人和法人代表的印章一般用方形。

公章的文字按规定使用国务院公布的规范简化汉字,字形为宋体,自左向右环形排列。民族自治机关的公章应并列刊有汉字和当地民族文字。外资单位公章一般外圈用外文,内圈用汉字。港、澳、台资单位公章可用繁体汉字。领导人签名章则由个人书写习惯而定。

国务院的印章,直径6厘米,中央刊国徽,国徽外刊机关名称,自左而右环行,由国务院自制。

各省、自治区、直辖市人民政府和国务院办公厅、国务院各部委的印章,直径5厘米,中央刊国徽,国徽外刊机关名称,自左而右环行,由国务院制发。

国务院直属机构、办事机构的印章,正部级单位的直径5厘米,副部级单位的直径4.5厘米,中央刊国徽,国徽外刊机关名称,自左而右环行,由国务院制发。

国务院直属事业单位的印章,正部级单位的直径5厘米,副部级单位的直径4.5厘米,经国家机构编制管理部门认定具有行政职能的单位的印章中央刊国徽,没有行政职能的单位的印章中央刊五角星,国徽或五角星外刊单位名称,自左而右环行,由国务院制发。

国务院议事协调机构和临时机构的印章,直径5厘米,中央刊五角星,五角星外刊机关名称,自左而右环行,由国务院制发。

国务院部委管理的国家局的印章,直径4.5厘米,中央刊国徽,国徽外刊机关名称,自左而右环行,由国务院制发。

国务院部委的外事司(局)的印章,直径4.2厘米,中央刊国徽,国徽外刊机关名称,自左而右环行,由国务院制发。

国务院部门的内设机构和所属事业单位,法定名称中冠"中华人民共和国"或"国家"的单位的印章,直径4.2厘米,中央刊国徽,国徽外刊单位名称,自左而右环行,由国务院制发。

自治州、市、县级(县、自治县、县级市、旗、自治旗、特区、林区)和市辖区人民政府的印章,直径4.2厘米,中央刊国徽,国徽外刊机关名称,自左而右环行,由省、自治区、直辖市人民政府制发。

地区(盟)行政公署的印章,直径4.5厘米,中央刊五角星,五角星外刊机关名称,自左而右环行,由省、自治区人民政府制发。

乡(镇)人民政府的印章,直径4.2厘米,中央刊五角星,五角星外刊机关名称,自左而右环行,由县级人民政府制发。

驻外国的大使馆、领事馆的印章,直径4.2厘米,中央刊国徽,国徽外刊机关名称,自左而右环行,由外交部制发。

国家行政机关内设机构或直属单位的印章,直径不得大于4.5厘米,中央刊五角星,五角星外刊单位名称,自左而右环行或者名称前段自左而右环行、后段自左而右横排,分别由国务院各部门和地方各级国家行政机关制发。

企业事业单位、社会团体的印章,直径不得大于4.5厘米,中央刊五角星,五角星外刊单位名称,自左而右环行。制发办法由公安部会同有关部门制定。

(四)印章的颁发和刻制

印章的刻制是印章工作一个重要环节。印章的刻制必须按照有关规定执行,不得私自刻制。刻制公章有两种情况:一种是由上级机关刻制颁发。颁发印章的对象必须是有使用印章的实际需要的法定机构。制发印章单位颁发印章时,要进行详细的登记,并要留下印模。颁发印章时,可以派专人送给受印单位,也可以通知受印单位派专人领取,取送印章要按照取送机密文件一样对待。取送重要印章时必须两人同行。另一种是由本单位法人代表申请,开具公函,并详细写明印章的名称、式样和规格,经上级单位批准,到单位所在地的公安部门办理登记手续。

印章必须在持有公安部门颁发的特种行业营业执照的刻字单位制作。承担刻制印章的单位和刻字者一律不许留样和仿制。刻制本单位的业务用章,也须持有本单位的正式公函,刻字单位才能办理刻制手续。公安部门虽然管理着刻制印章的行业,但其自身公章的制发,也必须按规定办理。

对于伪造印章和使用伪造印章者,应当依法惩处。我国《刑法》第一百六十七条规定:伪造、变造,或者盗窃、抢夺、毁灭公文、证件、印章罪的,处三年以下有期徒刑、拘役、管制或者剥夺政治权利;情节严重的,处三年以上十年以下有期徒刑。

（五）印章的启用

印章的启用是指印章从何时开始生效使用。受印单位在收到上级单位颁发的印章后，是不能随便启用的，应该从便于工作的衔接上考虑，来确定印章的启用时间。在选择好启用印章的时间时，应该提前向有关单位发出正式启用印章的通知，注明正式启用日期，并附印模，同时报上级单位备案。颁发机关和使用机关、单位都要把启用日期的材料和印模立卷归档，永久保存。在启用印章通知规定的启用日期之前，该印章是无效的，只有在规定日期开始后，印章才能使用，产生效力。启用通知上的印模应用蓝色印油，以表示第一次使用。启用通知的印发范围视该印章的使用范围而定。如图1-7所示。

业务用章的启用可以由各单位的领导自行决定。对外产生效用的印章，如财务专用章、收发文件专用章等，在启用时，应该将启用的时间、印章式样通知有关单位。

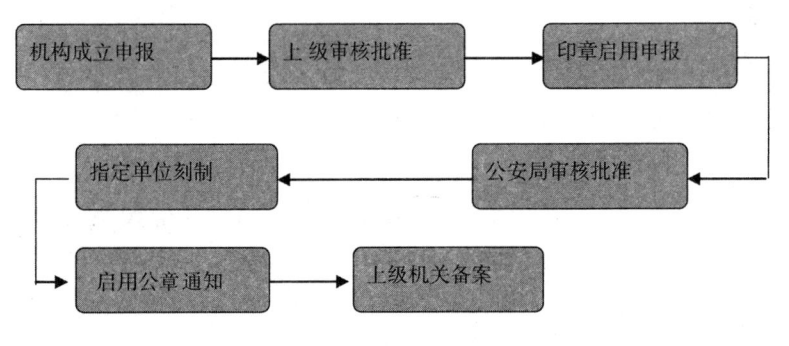

图1—7　印章启用工作流程图

（六）盖章的位置与效用

使用不同的印章，或印章加盖在不同位置，其意义、作用也各不相同。

1. 落款章

加盖于文书作者落款处，表明法定作者及文书的有效性。凡文书都应加盖落款章，无印的机构可以借印。例如，派出机构可以借用所驻机关（单位）的印章，共同机构（如在水利局设抗洪指挥部）可借用实体机关（水利局）的印章等。

2. 更正章

对文书书写中的夺（脱字）、衍（多字）、讹（错字）、倒（颠倒）进行改正后，要加盖更正章，以作为法定作者自行更正的凭信。一般不要使用刊有"校对"字样的小色章作为更正专用章，以避免作弊现象。

3. 证见章

对以他人名义出现的文书盖章作证,例如,两单位签订合同,须请双方上级主管部门加盖证见章;旁证材料由旁证人所在单位证见,摘抄档案内容要由档案保管部门证见。

4. 骑缝章

带有存根的公函、介绍信,在正本与存根衔接处须加盖印章,以便必要时查核、对同。

5. 骑边章

重要案件的调查、旁证、座谈记录等材料很多是由调查人自作笔录,为完备手续起见,除了应由当事人盖落款章、所在单位盖证见章外,还必须将该材料多页沿边取齐后均匀错开,从首页至末页骑页边加盖一完整公章,以证明该材料各页是同时形成的,避免日后改易之弊。

6. 密封章

在公文封套封口处加盖公章以确保在传递中无私拆之弊。调查档案时,于封口处用盖有印章的纸条加以密封。

7. 封存章

在封条上加盖印章,以封存账册、文件橱、财物、仓库、住房等。常在节假日前夕或特殊情况下使用。

(七)用印

机关、单位在使用印章时要十分谨慎,每次用印都要履行批准手续,并进行登记。印章管理人员在使用印章时应做到以下几点:

1. 检查批准用印的签字

用印时,首先应检查是否有机关、单位负责人批准用印的签字。原则上,机关或单位都制定有用印的规定,用印应由这个机关或单位的有关负责人批准。但是,有的机关或单位为避免使领导人陷入一般性行政事务,对一些不涉及重大问题的事项用印时,如开具一般性证明等,往往将权力下放给办公室负责人或印章管理人员。但这也有一定的规定范围,超出范围的用印,仍应请示领导人批准。

2. 审阅、了解用印内容

要求不能不看内容就盲目盖印。同时,还要检查留存材料是否交全。一般用印要保留的材料有：

一般信件应保留有领导人签批的草稿；协议书、合同应保留一份文本；毕业证书、荣誉证书等各类证书要附有颁发文件或领导人批准的书面材料、名册及证书的样本。要逐一核对证书与名册的姓名是否相符，并清点证书数量与名册的人数是否相同。

若实在没有留存材料的，要详细地记载用印情况。这主要有两种情况：一种情况是机关或单位领导人在某份文字材料或文件上签注了意见，需加盖公章。文秘人员盖章时，应详细登记，注明何人在什么文件上签注了什么意见，发往何处等。另一种情况是为了证明某人为某机关单位职工，如在汇款单上加盖公章。这种用印虽然不用留底，但也须进行登记，不能随便拿来就盖。因为加盖公章后就起着凭信作用，是要对此负责的。

3. 用印登记

用印登记项目包括用印日期、编号、用印事由、批准人、用印单位、承办人、盖印人、用印数以及留存材料等项。具体如表1－7。

除了机关单位的介绍信有存根，发文有发文登记簿而不用登记外，其他每次用印，不论大事或小事，都应进行登记。

表1—7 用印登记簿

| 序号 | 用印日期 | 用印事由 | 承办部门及承办人签名 | 签批人 | 盖印人 | 用印数 | 留存材料登记 |
|---|---|---|---|---|---|---|---|
| 1 | | | | | | | |
| 2 | | | | | | | |
| 3 | | | | | | | |
| 4 | | | | | | | |
| 5 | | | | | | | |
| 6 | | | | | | | |
| 7 | | | | | | | |

4. 盖印

对公文、函件经过上述审查、登记以后，即可按要求加盖印章。盖章时精神要集中,用力要均匀,使盖出的印章端正、清晰、美观,便于识别。印章文字不能盖歪或盖得颠倒。

以机关名义发出的公文、函件必须加盖机关的印章。机关的正式公文只在文末落款处盖章。带有存根的介绍信、证明信或公函等要盖两处印章,一处盖在落款处,一处盖在公函连接线上。凡是在落款处加盖的印章都要端正盖在成文日期的上方,并做到上不压正文,下压成文日期年、月、日中4个字(视印章大小而定),俗称"骑年盖月"。

5. 整理留存材料

用印留存的材料需进行编号整理,归卷立档。对其中具有查考价值的,要在年终整理立卷时归档保存。

6. 印章使用的地点

使用正式印章要在办公室内,一般不能将印章携带出机关或单位外使用,印章不能脱离印章管理人员的监督。在印刷厂套印有单位印章的文件时,应有印章管理人员在现场监印。例如,两个单位发联合通知,需要套印单位印章,主办单位派人到另外一个单位"借"印章到印刷厂套印,这种做法是不对的,因为印章不是一般的物品,是不能随便借用的。正确的做法应该是:主办单位请另一个单位的印章管理人员携带印章,一同到印刷厂监印。

7. 不允许盖空白凭证

印章管理人员应不允许出现盖有印章的空白凭证,因为他对于印章使用的后果要负有责任,因而,对于一切用印情况都应该具体掌握。但在有些特殊情况下,可做特殊处理,但必须经领导或上司批准。

8. 代章

有的单位或者因为刚成立,或者因为改变名称,或者因为改变隶属关系,印章没有刻制出来,而有些工作又急需使用印章,此时可以采取代章的办法,即用其他印章代替应使用的印章。代章要在落款的后边注明"代"字。另外,党政机关之间代章必须是同级或是上级代下级,下级或是没有任何关系的单位一般不能代章,代章使用手续与正式印章相同。

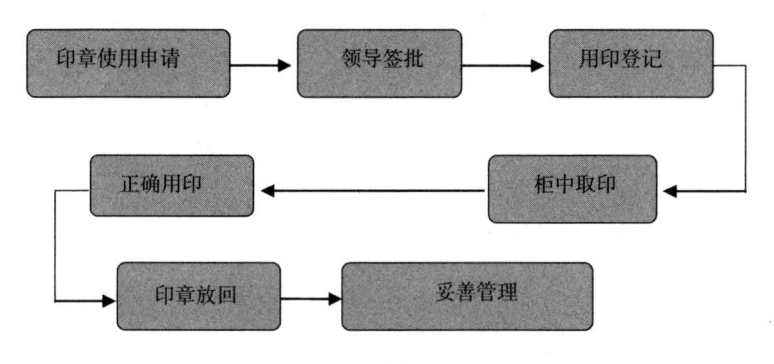

```
印章使用申请 → 领导签批 → 用印登记
                                    ↓
正确用印 ← 柜中取印
  ↓
印章放回 → 妥善管理
```

图1—8　印章使用流程图

(八)印章的保管

(1)印章必须由单位的领导指派专人负责保管和使用。根据保密要求,印章保管人员不得委托他人代取代用。

(2)印章平时须放在安全可靠的地方,如保险柜或抽屉中,使用过后应立即放回原处,并随时上锁。节假日须加贴封条,以防被盗用。

(3)如果需要携带印章外出,要采取必要的防范措施,确保安全。

(4)建立印章保管登记册,载明什么印章、印文、印模和保管人姓名等项,明确印章保管人员责任,保证印章的正常使用和绝对安全。

(5)印章保管人员一旦发现保管的印章有异常情况或丢失,应该保护好现场,并报告领导,查明情况,及时处理。必要时,应报告公安机关备案,并以登报或信函等形式通知有关单位,声明其遗失或作废。对于印章被盗用而产生的后果,保管人员应该负有法律上的责任。

(九)印章的停用

单位印章在该单位名称变更、机构撤销、式样改变或其他原因停止使用时,应该按照上级规定及领导的指示认真负责地做好印章停用后的善后工作。首先,要发文给该单位有业务往来的单位,通知已停止印章的使用,并说明停用的原因,标明停用的印模和停用的时间。其次,停用的废印章不能在原单位长期留存,要及时地送交颁发单位处理。

正式印章停用或作废并启用新章时,要发旧章作废并启用新章的通知。作废的旧章印在"印模栏"内,用红色;启用的新章印在"方框栏"内,用蓝色,表示刚刚启用。

按规定,旧章停用后,已失去原有的法人标志,不能作为现行机关、单位职权和活动的凭证。在特殊情况下，必须使用原单位名称时。例如，某人毕业于某大学，后来该大学改名，而此时此人准备出国留学，需要出具该大学有关证明，要求同此人持有的毕业证书等材料上的学校名称相符。在这种情况下，也要坚持原则，必须使用新印章，不能使用旧印章，但是可到公证处进行公证，公证"××单位"就是"原××单位"。这样，既遵守了印章使用制度，又做出了灵活处理。

（十）废印章的存档和销毁

旧印章停用后，应清查全部印章，并把清查结果报告领导，请领导审定旧印章的处理办法。根据领导的批示，分不同的情况或者上缴颁发机构切角封存；或由印章作废单位填制作废印章卡片，连同作废印章一起交给当地档案馆（室）立档备查，并将作废印章予以销毁；或由本单位自行销毁。对于那些重要单位的、具有保存价值的印章要分期妥善保存；对于那些临时性单位、一般单位的、没有保存价值或保存价值不大的印章，应该集中起来，定期销毁；属于领导个人的手章，应该退还给本人；一般戳记经批准后可直接销毁。销毁废旧印章，必须报请单位负责人批准，销毁时要有主管印章的人员监销。所有销毁的废旧印章都要留下印模保存起来，以备日后查考。

**二、信证管理**

信证是机关、团体、企事业单位等证明有关人员身份或某件事情的真实情况时所使用的专门书信。信证的形式一般有两种：一种是文秘部门掌管的工作介绍信，按照统一格式印制，有制发单位名称、使用人姓名、职务、事由、时间、有效期、用印等，使用比较简单，只要按要求如实填写即可。另一种是用公用信笺书写的证明信，通常简称"证明"，是为证明某种情况而使用的。证明信书写时要求叙事清楚，语气和婉。

1. 开具信证的程序

文秘人员在开具信证时，应严格按制度办理，首先要了解需要开具的信证是否属于本单位职权、职责范围，如户籍证明由所在地派出所出具，房产证明则需由房管部门出具。经确认可以开具信证后，应由需用人填写单位信证签批单（参见表1—8），经主管领导批准后开具信证，盖章后发给需用人。履行签批手续，体现了文秘人员的责任意识，也便于机关、单位领导掌握情况。

开具信证的具体步骤如图1-9所示：

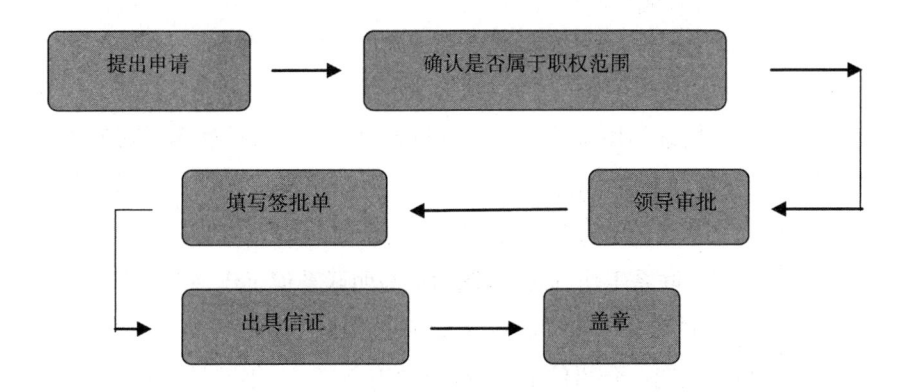

```
提出申请 → 确认是否属于职权范围
                              ↓
填写签批单 ← 领导审批
  ↓
出具信证 → 盖章
```

图1—9　开具信证流程图

表1—8　用信登记簿

| 序号 | 日期 | 事由 | 承办部门及承办人签名 | 签批 | 编号 | 张数 |
|---|---|---|---|---|---|---|
| 1 | | | | | | |
| 2 | | | | | | |
| 3 | | | | | | |
| 4 | | | | | | |
| 5 | | | | | | |
| 6 | | | | | | |

2. 信证的管理

机关、团体、企事业单位应建立一套严密的信证管理方法,严格执行信证签批手续,严禁发出空白信证。

信证与印章紧密相连,信证必须加盖印章后方可生效。信证一般由印章管理人员负责管理,要专柜存放,不得随意摆放。信证存根应妥善保管,按要求归档。保管期限一般为5年。

因情况变化,领用人如果没有使用信证,应立即退还,未及时退还的,文秘人员应主动收回,并贴于原存根处,写明情况,以免丢失。

如若发现信证丢失,领用人应立即向机关、单位反映,以便及时采取相应措施。

文秘人员在接待外单位介绍来人时,应认真查对来人姓名、商办事项和介绍信所开列的内容是否相符。对前来借物、借款以及商洽较重大事件的人员,当事情已经办妥,应留下信证,并于信证背面签注办理情况,以便日后查对。

3. 填写信证的注意事项

（1）严格审核信证领用人的合法身份与事由。领用人的姓名、身份、人数、事由要一一写清楚,防止冒用和伪造。

（2）信证的文字要简洁明确,不能含糊笼统,如介绍去参加会议的,应写明参加什么会议；介绍去联系工作、商洽问题的应写明联系何工作、商洽何问题。不要笼统地写"开会""联系工作"或"商洽有关事宜"等。

（3）要填写有效期。介绍信上一般都有"有效期：×年×月×日止"字样,但一些单位往往不填,成了无限期有效的介绍信。

（4）信证要有编号和骑缝章。存根和发出的信证要一致。

## 第五节　值班工作

目前我国实行的标准工作日是每周工作5天,即每周休息2天,加上法定节假日,全年约有三分之一的天数为非工作日。其实,非工作日只是相对而言的,像一些交通、生产、医疗、安全等部门都是24小时连续工作。另外,随着生产力和科学技术的发展,一些单位的政务活动、商务联系、信息传递等,不可能都限制在工作时日之内,尤其是国际交往、世界性业务还涉及不同时区,因而需要有文秘人员的值班工作,以补正常工作日的不足。可以说,值班工作是文秘人员的一项经常性工作。

### 一、值班工作的意义

值班工作是组成一个单位工作网络的重要细胞,起着保证上级重要指示及时传达和本单位发生的重大紧急事情及时反映、及时处理,保证工作顺利进行的作用。非工作时间和节假日,值班工作的这种作用表现得尤为明显。

由于值班工作要经常应急处理一些重要工作,因而在一定意义或一定程度上,值班工作代表了本单位的工作,值班人员是本单位的总代表。值班工作的好坏,直接反映和影响上下之间、左右之间的关系,体现着本单位的精神风貌。

## 二、值班工作的特征

（一）应急性

在值班工作中，值班人员常常要接受、传达上级机关、单位领导的指示，有时要处理内部的突发性事件，有时要完成领导临时交办的事项，这些工作的具体内容和时间，一般都是事先不知道的，都需应急处理。

（二）连续性

在各机关、部门中，值班工作的职责范围可宽可窄，值班人员可以轮换，但值班工作却不能间断，必须保持连续性。

## 三、值班工作的任务

不同类型的值班，其工作的任务各有侧重。一般性值班工作主要任务是上传下达、下情上报，具体任务表现为：

（一）信息沟通和通信联络

一个单位的值班室是所在地区或系统的信息枢纽中心，起着联络中心点，沟通上下、左右、内外信息的重要作用。值班室必须备有一个完整的信息网络，应保证各种通信器材畅通无阻，备有各部门领导人和交通、公安、消防、急救等常用电话号码表，应密切保持与机关、部门负责人的联系。

（二）办理来访接待

文秘人员值班期间，可能会有外单位来参观访问、联系工作、业务学习的人员，对符合手续的应认真接待。如果有必要，值班人员应做好派车接送、安排食宿、联系相关部门等工作，并要认真填写值班接待登记表或值班日志（参见表1—9）。直接解决不了的问题要报请领导批示或转交有关部门处理。

表1—9　值班登记表

值班日志

年　月　日

| 事项 | 办理情况 | 值班员（签名） |
| --- | --- | --- |
|  |  |  |
|  |  |  |
|  |  |  |

### (三)处理突发事件

一个地区、一个单位总会有一些突发性事件或灾害的发生,如生产、交通事故,暴雨、地震等自然灾害。对这些突发事件,值班人员应及时掌握并妥善处置,要注意做到遇事不慌、处变不惊、沉着、冷静、机智。为减少生命和财产损失,可在领导人未指示前采取应急措施。

### (四)承办领导交办事项

领导交办的事项是极为广泛和庞杂的,如领导交代的接待工作;向上级机关或兄弟单位询问有关事项;向下属单位或部门了解某一方面的工作情况;向下属单位或人员传达领导对某一问题或某一事件的决定或意见;查询某一问题或某一事件的办理情况;找有关人员或通知临时性会议;其他需要办理的事项等。

对于领导交办的事项,值班人员应及时完成,不得拖延。重要事项的办理结果要向领导汇报,没有完成的事项也应向领导说明情况,以免贻误工作。

### (五)治安防范工作

文秘部门除了承担夜间或节假日期间公务活动的联系以外,还有一项重要工作——治安防范。值班人员的治安防范与单位保安人员的任务不同。保安人员的任务是整个机关、单位里里外外的防火、防盗,而值班人员的治安防范则主要是负责夜间和节假日机关内部机密文件资料和器材、设备等的保护。当然,这两方面的人员和任务也是互相联系、密不可分的,文秘值班与保卫部门协调配合,是确保机关、单位的机密和安全的必要保证。

## 四、值班制度

要完成好值班任务,除了要求值班工作人员有较好的素质外,建立健全各项规章制度是必不可少的。一个部门的值班规章制度主要有以下五项:

### (一)信息处理制度

它包括对各种渠道传递来的信息基本处理程序,如下级单位用电话报送一条信息,值班员应如何记录、登记,哪一类信息应报哪一级领导,还有值班室内的信息刊物的审稿、校对、核发等等,都应做出明确规定。

### (二)岗位责任制度

首先,应明确值班人员必须坚守岗位,无论发生什么事情也不能擅离职守。

其次,对值班室内不同层次的值班工作人员应规定不同的职责,如带班员职责、值正班人员的职责、副班人员的职责等等。

(三)请示、报告制度

它是对值班人员处理重要情况和问题时所做的明确规定,要求值班人员对于没有把握答复和处理的重要事项,要先请示,后办理,不可自作主张。对于值班期间发生的重要情况,要及时报告,不得拖延或隐瞒不报。对于特殊应急情况,应边办理边报告。

(四)交接班制度

值班室应坚持交接班制度。交接班时,当班的值班员必须将所接收的信息及处理情况逐一交代给下一班值班员。对一些尚未办完的事项更要详细讲明处理情况,以便保证工作不断线。

(五)保密制度

值班工作常常接触许多机密性文件和事情,应制定严格的保密细则,包括外来人员的接待范围、各种信息材料的保管方式、不同密级的信息材料的传递方式等等。另外,应责成一位负责人分管保密工作,并选定一位责任心较强的人担任保密员,定期检查保密细则的执行情况。

**五、值班工作的组织形式**

值班工作的组织形式基本上分为三类:一般性值班、专设性值班和一般性与专设性相结合的值班。

(一)一般性值班

值班室一般设在秘书部门或办公室,属于秘书长或办公厅、室主任领导。其值班人员一般都是各部门轮流,值班时间通常是在下班后的夜间和节假日。

(二)专设性值班

专设性值班是一些重要机关(如军队、公安、外交、交通等)特设的,一般称为总值班室。总值班室一般设在各部门和地方各级党政机关的办公厅、室,归办公厅、室主任领导,其值班人员一般都是专职的,承担本部门昼夜、节假日的全部值班工作。其特点是具有专门机构、专职人员。

(三)一般性和专设性相结合的值班

它是指在部门内设有专门的值班室,配备少量的专职人员,负责值班室的日常工作,而夜间和节假日期间的值班由各业务部门轮流承担。

### 六、值班表的编排

值班人员的值班表一般由文秘人员或办公室具体编写,与有关部门协商并报领导审定后执行。

值班表一般包括值班的具体时间、地点、内容、领班人及电话,值班人,值班任务,注意事项等(参见表1—10)。值班表安排好以后,要事先通知有关部门及人员,并将值班表发到每位领班人及值班人员手中,便于提前做好准备。

表1—10 值班安排表

| 时间 | 值班人 | | 带班领导 | |
| --- | --- | --- | --- | --- |
| | 姓名 | 电话 | 姓名 | 电话 |
| 月 日~ 月 日 | | | | |
| 月 日~ 月 日 | | | | |
| 月 日~ 月 日 | | | | |

第二章

# 现代会议与商务活动

## 第一节 现代会议概述

**一、现代会议的含义和功能**

（一）现代会议的含义

会议是泛指人们在一定的时间和空间内,为了达到一定的目的所进行的有组织、有秩序、有领导的议事活动。现代社会中,生产的每一步发展,社会的每一个进步,都离不开科学的决策,而科学的决策又离不开决策的民主化,于是围绕决策活动的各种会议成为现代社会生活不可或缺的一部分,现代会议理所当然地成为现代社会管理的重要手段之一。

（二）现代会议的功能

1. 现代会议的基本功能

(1)民主决策。

会议是通过民主做出决策的一种重要手段,因而,决策功能是现代会议活动的基本功能。现代决策活动的形式很多,但其中最主要的便是会议活动的形式。

(2)权利共享。

现代社会,人们赖以生存的社会环境和认识对象日益复杂和富有多变性,使人的负担加重,要认识和解决一个问题的方法和主意很难集中在一个人的脑子里,只有吸引更多的人参与,由大家共同努力才能完成。这样就需要通过会议的形式,把特定的权力(如表决权、表达权、选举权)交给每一个参加会议的人,以便让大家对所研究、所决定的问题共同发表意见,共同承担责任,共同行使参与和控制的权力。现代会议恰恰是把一个问题交由多数人共同讨论,共同决定。

(3)交流沟通。

现代会议活动是沟通信息、交流思想的重要途径。在会议进行过程中,与会人员相互之间通过直接的意见交换,实现相互间信息的瞬间共享。人们在会上进行交流不是个体与个体之间交谈时的信息单线定向传递,而是一种以发言者为中心的呈辐射状传播。这种传播方式既提高了信息传递的时效,也避免了因多次传递可能产生的误差。通过互相交流,可以使每个与会者跳出自己已有的思维定式,互相启发,互相了解,以便从一个新的、更广阔的角度来思考问题。

(4)协调功能。

现代会议的协调功能就是通过会议消除与会者相互之间的差异,并在共同的目标指导之下,达到认识的统一和行动的一致。信息时代,人们的社会实践活动已不再以个别人的行动为主,而是千千万万的人为了一个目标所共同进行的实践。所以,这需要通过适当的协调方式,使人们不同的认识和行动以"共识"和"合力"的形式表现出来。在这方面,现代会议恰恰可以发挥其独到的作用。现代会议在进行协调时,并不排除不同意见,也正因为有不同的意见,其协调功能才能得到更加充分的体现。

2. 现代会议的负效应

我们对事物的认识应该从两方面来看,既要看到其积极面,也要看到其消极面。认识事物的消极面,有助于我们在今后工作中少犯或不犯错误,提高工作的效率。现代会议的负面作用主要表现在以下四个方面:

(1)造成时间、精力的浪费。

美国一位管理学家说过"领导人相当的一部分生命要在会议中度过",苏联的一位叫卡婕琳娜的文秘专家也曾引述一份研究资料:"会议比重占指挥员和专家工作时间的30%—33%",日本效率协会统计发现:"全日本科长以上管理人员工作时间的40%是在开会"。在我国,领导人开会的比重究竟占多少,目前尚无人去研究,大约不会低于上述所列百分点。如果众多的领导者都陷入会海,哪里会有时间和精力去做他们该做的事呢?

(2) 金钱的浪费。

开会就要用钱,一般说来,会议的级别越高、时间越长、规模越大,用钱就越多。会议费用有些是正当而必需的,有些则是可用可不用的,有些则纯属铺张浪费。

(3) 信息的重复、浪费。

有些会议只是层层传达,复述上级意见,或者为会而会,走过场、搞形式,本身并不结合实际,其结果是制造重复信息,滋长文牍主义。

(4) 滋长不正之风。

长期以来,有少数领导成了专门开会的"职业开会者",还有些人极力争取参加各种会议,无非是借机在旅游胜地公费游览。还有些人除了"开会"外,别无他事,开完会并不去认真传达贯彻,成为典型的会议型官僚主义者。近年来还出现利用会议敛财,收取各种名目的赞助。

**二、现代会议的要素**

一般来说,现代会议有六个要素,即:会议成员、会议主持人、会议议题、会议名称、会议时间、会议地点。

(一) 会议成员

会议成员是指出席会议的对象。会议成员按其在会议中的权利和义务可分成四类:正式成员,是具有正式资格、有表决权和发言权的成员;列席成员,是不具有正式资格、有发言权但无表决权的成员;旁听成员,是无表决权和无发言权的成员;特邀成员,这类成员地位特殊,其权利和义务可由会议领导机构来决定,通常具有礼节性和象征性的意义。会议的秘书人员和会场服务人员以及进行新闻采访的记者,不属于会议成员。

(二) 会议主持人

主持人是会议过程中的主持者和引导者,往往也是会议的组织者和召集者,对会议的正常开展和取得预期效果起着领导和保证作用。会议主持人通常由有经验、有能力、懂业务的人,或是有相当地位、威望的人担任。主持人的产生一般有两种情况:一种是当然主持人,是由其职务和地位,也就是由组织的章程或法规决定的。如,单位工作例会由单位领导人主持,党组织的会议由党的书记主持,董事会由董事长主持。另一种是临时的主持人,比如各种代表会议,或几个单位、几个地区的联席会议,其主持人由代表们选举或协商产生。特别重大的会议,则需产生相应人数的主席团,由主席团成员集体或轮流主持会议。

(三)会议议题

会议议题就是会议所要讨论的事项,或所要解决的问题。议题必须具有必要性和重要性,又必须具有明确性和可行性,唯有此,会议才容易取得共识或最后表决通过。每次会议的议题应该尽可能集中、单一,不宜过多,不宜太分散。尤其是不宜把许多互不相干的问题放在同一会议上讨论,使与会者的注意力分散,不利于解决问题。

会议议题的产生通常有两种情况:一种是领导或上司根据需要指定的;另一种是文秘部门调查研究、综合信息后提出,再经领导或上司审定的。有些重大的代表会议,先由代表提出"提案",由文秘部门汇总,再提交主席团或专门的"提案审查委员会"审议通过,才能成为列入会议议程的正式议题。

(四)会议名称

正式会议必须有一个恰当、确切的名称。会议的名称要求能概括并能显示会议的内容、性质、参加对象、主办单位或组织、时间、届次、地点或地区、范围、规模等,必须用确切、规范的文字表达。如"2010中国·青海绿色经济投资贸易洽谈会"这一会议名称,便揭示了会议的时间、地点、主题、方式等特征。会议名称既用于会前的"会议通知",使与会者心中有数,做好准备,又用于会后的宣传,扩大会议的效果,更用于会议过程中使与会的全体成员产生凝聚力。

大中型的会议名称通常被制作成横幅大标语,置于会议主席台的上方或后方,作为会议的标志,简称"会标"。会标必须用全称,不能随意省略,以免产生误会。

(五)会议时间

会议时间有三种含义:

一是指会议召开的时间。确定会议召开的时间要考虑多种因素:首先是需要,如每周一次的工作例会,通常放在周末的下午,一周即将结束,下一周就要开始,利于承上启下。一年一度的职工代表会议,宜于年初召开,既利于总结上年的工作、生产成果,又利于讨论、部署新一年的工作、生产计划,通过各种预算等。有些会议,如农业生产、学校教育等本身就有很强的季节性或季度性。其次是可能,即最好是每位与会者都能参加的时间。如日本的有些企业召开各部门干部汇报会,常定在下班前半小时,而不是安排在刚上班。再次是适宜,即要考虑气候、环境等自然因素和社会因素。

二是指整个会议所需要的时间、天数。会议需要时间可长可短,尽量做到长会短开,准时开会,准时结束。会议组织者应尽可能准确地预计需要的时间,在会议通知中写明,便于与会者有计划地安排。

三是指每次会议的时间限度。每次会议时间最好不超过一小时。如果需要更长时间,则应安排中间休息。

(六)会议地点

会议地点,也称为"会址",是会场所处的地理位置和具体的地点。为了使会议取得预期效果,选择会议的最佳会址也得考虑多种因素。国际性或全国性会议,要考虑政治、经济、文化等大因素;专业性会议,应选择在富有专业特征的地区召开,以便结合现场考察。小型的、经常性的会议宜安排在单位的会议室。除此之外,选择会址还要考虑会场设施、交通条件、安全保卫、气候与环境条件等因素。

### 三、现代会议的类型

现代会议的类型很多,可以按照不同的标准进行划分。掌握现代会议的分类方法和会议的具体种类,有助于文秘人员协助领导者根据会议的内容选择合适的会议类型,同时也有助于做好会务工作。

(一)按照会议举办单位划分

一般认为,按照举办单位性质划分不同,可将会议分为三大类:公司类会议、社团协会类会议、政府机构会议。

(1)公司类会议。

公司类会议的规模大小不一,小到几个人,大到上千人。公司类会议的数量极其庞大,公司类会议的主题通常是管理、协调和技术等,具体可分为:销售会议、经销商会议、技术会议、管理者会议、董事会会议、股东会议等。

(2)社团协会类会议。

社团协会类会议因人数和性质的不同而互不相同,规模从小型地区性组织、省市级协会到全国性协会乃至国际性协会不等。社团协会大致可以细分为:行业协会、专业和科学协会、教育协会、技术协会等。社团协会类会议通常伴有展览会。

(3)政府机构会议。

在我国,各级党委、政府召开的会议均属于这一类,数量十分庞大,其中以工作性质会议居多。

(二)按会议规模划分

根据会议的规模,即参加会议的人数的多少,可以把会议分为:小型会议、中型会议、大型会议、特大型会议。

(1)小型会议。出席的人数少则几人,多则几十人,一般不超过 100 人。

(2)中型会议。出席人数在 100～1000 人之间。

(3)大型会议。出席人数在 1000～10000 人之间。

(4)特大型会议。出席人数在 10000 人以上,如重大节日庆典、大型表彰、庆祝大会等。

(三)按照会议活动特征划分

根据会议活动特征的不同,可以分为:商务型会议、政治性会议、文化交流会议、度假型会议、专业学术会议。

(1)商务型会议。企业因业务、管理、发展等需要而举办的会议被称为商务会议。出席这类会议的人员一般是企业的管理人员和专业技术人员。商务会议一般对设施、环境和服务有较高的要求,消费标准也比较高。召开商务会议一般选择与企业形象大体一致或更高层次的饭店。商务型会议经常伴有宴会,会期短,效率高。

(2)政治性会议。国际政治组织、国家或地方政府为某一政治议题召开的各种会议属于政治性会议。政治性会议根据内容需要一般采取大会和分组讨论等形式。

(3)文化交流会议。各种民间和政府组织组成的跨区域性的文化学习交流活动,常以考察、交流等形式出现。

(4)度假型会议。一些企事业单位或社团协会等机构利用节假日、周末等时间组织人员边度假休闲、边参加会议。这样既能增强互相了解,增强机构的凝聚力,又能解决所面临的问题。度假型会议一般选择在风景、名胜地区的饭店或度假区举行。会议通常会安排足够的时间让员工观光、休闲和娱乐。

(5)专业学术会议。这类会议是某一领域具有一定专业技术的专家学者参加的会议,如专题研究会、学术报告会、专家评审会等。

(四)按照会议的性质和内容划分

根据会议的性质和内容不同,现代会议又可以划分为以下几种类型:年会、专业会议、代表会议、论坛、座谈会、讲座、讨论会、专题讨论会、培训性会议、表彰会议等。

(1)年会。年会是就某一特定主题展开讨论的聚会,议题涉及政治、经贸、科学、教育或者技术等领域。年会通常包括1—2次全体会议和几个小组会议。年会可以单独召开,也可以附带展示会,多数年会是周期性的,最常见的周期是一年一次。

(2)专业会议。专业会议通常是就具体问题展开讨论,可以召开分会,也可以只开大会。就与会者人数而言,专业会议的规模可大可小。

(3)代表会议。顾名思义,代表会议指由代表某一利益群体的与会者参加的会议。代表会议的规模和出席人数差别很大。

(4)论坛。论坛的特点是反复深入的讨论,一般由小组组长或演讲者来主持。它可以有许多的听众参与,也可由专门小组成员与听众就问题的各方面发表意见和看法,两个或更多的讲演者可能持相反的立场,对听众发表讲演而不是互相讲给对方听。主持人主持讨论会并总结双方观点,允许听众提问。

(5)座谈会。座谈会比论坛要正式和严谨一些,由主持人和一些预定好的人员参加。与论坛相比,与会者在座谈会中平等交换意见的气氛和特征方面要弱一些。

(6)讲座。常由一位或几位专家进行讲演,讲座的规模可大可小。观众在讲座后可以提问,有时主办方也会不安排观众提问。

(7)研讨会。这类会议通常在主持人主持下进行,与会者参与较多,可以平等交换意见、分享知识和经验。这类会议一般在相对范围内进行,规模较小;当规模变大时,就演变成了论坛、讨论会或专题讨论会。

(8)专题讨论会。为处理专门问题或特殊分配任务而进行的小组会议,与会者就某一议题进行学习和讨论、分享知识、技能和对问题的看法。

(9)培训会议。一般至少要用一天的时间,多则几周。这类培训会议需要特定场所,培训内容高度集中,由某个领域的专业培训人员教授。

(10)表彰会议。单位或组织为了表彰、奖励业绩突出,或在某一方面取得突出贡献的人士举行的会议,它是一种重要的激励手段。

此外，还可以按照与会者的国籍及议题的范围把会议分为国内会议和国际会议。

## 第二节　会务工作的程序

所谓会务工作是指与会议有关的组织、服务等工作。会务工作是否到位，直接影响着会议的质量和效果。为了全面了解和掌握会务工作，我们根据召开会议的顺序，把会务工作分为三个阶段，即会前准备工作、会中服务工作、会后善后工作。

**一、会前准备工作**

认真负责地做好会议的准备工作，是开好会议的基本保证。对于文秘人员来说，会议的前期准备工作，大致包括以下一些内容：

（一）协助领导确定会议主题或议题

会议主题是会议要讨论的主要问题和要议定的事项，它决定着会议的性质和方向，是会议目标的体现。确定会议主题的主要原则有：一是要有确实的依据；二是必须要结合本单位的实际；三是要有明确的目的。

议题是对会议主题的细化，提出议题有两种情况：一是由领导提出，二是领导提出会议的目标和要求，由文秘部门向所属单位征求意见，经筛选整理后，报领导审定。确定会议议题时，应注意数量必须有一定的限度，要尽量把那些内容相近、相互联系密切的议题放在同一会议上讨论。会议的议题无论是领导提出的，还是文秘部门征求意见整理的，都应建立在调查研究、实事求是的基础上，要尽量避免主观性和片面性，使其科学合理，具有较强的针对性。

（二）拟定会议名称

会议名称应当根据会议的议题或主题来确定，要名副其实，要用确切、规范的文字表达，会名不宜太长，但也不能乱简化。会议名称一般由"单位、内容"两个要素构成，如"中国共产党第十七次全国代表大会"，其中"中国共产党"既是组织名称，也是单位，"第十七次全国代表大会"是会议内容。有的会议名称由单位、年度、内容构成，如"青年旅行社2011年业务恳谈会"，"青年旅行社"是单位名称，

"2011"是年度,"业务恳谈"是内容。而"2012年江苏省居民生活用电阶梯电价听证会"则是由时间、会议内容和会议类型构成。

(三)确定会议的规模和规格

确定会议规模与规格的主要依据是会议的内容或议题,同时,也应本着精简效能的原则来确定会议的规模与规格。会议的规模有大型、中型、小型三种,会议的规格也有高档次、中档次和低档次三种。中、小规模,中、低档次规格能够解决问题的,尽量不上大规模和高规格。

(四)提出参加会议对象的范围或人员名单

在确定会议规模与规格的基础上,提出参加会议对象的范围或人员名单。这就是说,多大规模、何种规格档次的会议应当由何种层级或何种身份的人参加。这里所说的层级,一般是指参加会议人员的级别、地位;这里所说的身份,并不完全在于某人职位级别的高低,而是在于会议的需要。

目前,社会上有些单位办会,动不动就请上一大堆"名人",其实与会议的内容毫不相关,只是想借"名人"提高知名度,这样做虽然可能会引起一时轰动,但增加了成本,很可能造成浪费。此外还应注意"陪会"现象的出现,即应该一位领导出席会议,但实际上却带着秘书、司机、家属等一行人,不仅给会议主办单位造成很大压力,更给与会者单位造成了不必要的经济负担。因此,在拟定会议对象范围或人员名单时,应尽量避免上述情况的出现,将真正应当参加会议的人员列入名单,无关人员应排除在外。

(五)确定会议的时间与会期

1. 提出会议召开的时间

召开会议的时间应当在会议议题确定下来之后确定,原则上应尽量赶早不赶晚。确定会议时间应重点把握以下三个原则:

需要,如每周一次的工作例会,通常放在周末的下午,一周即将结束,下一周就要开始,利于承上启下。一年一度的职工代表会议,宜于年初召开,既利于总结上年的工作、生产成果,又利于讨论、部署新一年的工作、生产计划,通过各种预算等。

可能,即最好是每位与会者都能参加的时间。

适宜,先要考虑主要领导、主管领导和主持人时间的适宜。在领导出差返回的当天尽量不安排重要会议。有外部人员参加的会议,要考虑邀请的有关上级领导和嘉宾能否到会。还要考虑本单位或本公司工作或生产经营的规律,尽量避免在工作或生产销售的旺季和忙时召开牵涉人员多、时间长的会议。气候、环境等自然因素和社会因素也是必须要考虑的要素。

此外安排会议时间还要考虑人们的生理规律。一般上午9∶00—11∶00,下午2∶30—4∶30人们办事的效率较高。

2. 确定会期

会期是指召开会议时间的长短。确定会期应当与会议的内容紧密相连,即内容多,议题复杂,需要与会人员充分发表意见的会议,会期可长一些,反之可短些。确定会期也应当遵循精简效能的原则,尽量开短会。可以采取限定发言时间的做法,以提高会议的效率。

(六)预算会议成本

会议成本是指与会人员及服务人员花费在会议期间的时间量价值、相当于工作量价值及其经费开支的总和。大中型会议,特别是跨地区的、会期超过一天的会议,必须计算成本,做出预算。

1. 会议成本包括显性成本和隐性成本两部分内容

显性成本,即会议明显的耗费,如会场的租借费、文件材料费、与会者的交通费、食宿费、活动费以及服务人员的工资等。这些费用是可以明显计算出来的,是直接的、明显的消费。

隐性成本,即与会者因参加会议所付出的时间成本和离开工作岗位的损失成本。这种成本比较隐蔽,往往被人们忽略,但它形成的结果却实实在在地摆在眼前。我们可以把它转化为金钱成本。金钱成本由与会者人数和与会者的平均工资构成。

2. 会议成本的计算

会议成本的计算公式为,会议成本 = 2ABT + C。公式中,A 为参会人员平均小时工资的3倍,3倍是因为劳动产值远比工资高;B 为参加会议的人数;T 为会议的时间(以小时为单位);乘以2是因开会造成的工作中断而损失的间接成本;C 为会议的显性成本。

由此可见,召开一个为期数天的中型会议,其成本总数将会达到几万甚至几十万。因而,一些目标、效果不十分明显的会议应当少开或不开。文秘人员虽无是否召开会议的决定权,但应有清醒的头脑、正确的态度,可以向领导提出自己的意见。

（七）选择会议地点

会议地点的选择，是决定会议能否取得预期效果的重要因素之一，它包括两个层面的选择，一是选择会议召开的地理位置，即是在本地还是去外地；二是选择具体的开会地点，即开会的场所。

1. 确定会议地理位置

会议地理位置的选择，一般遵循以下原则：国际性或全国性会议，要考虑政治、经济、文化等大因素，应在首都或其他中心城市召开；专业性会议，应选择在富有专业特征的城乡地区召开，以便结合现场考察；小型的、经常性会议，以单位会议室为宜。

2. 选择会议场所

会议场所的选择是在确定会议地理位置之后，根据会议主题和会议规模，以及会议费用等因素，选择合适的场所。选择会议场所应考虑以下几个因素：

（1）交通便利。会场位置应选择距领导和与会者的工作地点较近的地方，并且便于领导和与会者前往。若是在外地，则要选择大部分与会者方便到达的地点。

（2）会场大小应与会议规模相符。一般来说，会场宜小不宜大，这是因为空旷会给人冷清的感觉，而狭窄则显得较为热闹。如果是时间较长的会议，场地不妨大些。

（3）场地要有良好的设备配置。会场内，会议桌椅、通风设施、照明设备、音响器材等要尽量齐全。同时，应根据会议的需要检查有无需要安装的特殊设备，如演示板、电子白板、投影仪、计算机、麦克风等。

（4）会场应尽量避开闹市，以免外界打扰。同时还应注意查看会场内部是否具有良好的隔音设备。

（5）有无停车场和安全设施。大型会议应考虑部分代表会自行驾车前往，必须解决这些车辆和会议车辆的停放问题，所以选择会场时要考虑是否有与会议规模相符合的停车场。大型会议，还必须考虑会场内有无消防、防盗等安全设施。

（6）场地租用费是否合理。场租费用是选择会场时必须要考虑的一个重要因素，会场租用费应在会议经费预算范围之内。

（7）会场周围有无必要的餐饮和娱乐设施。选择会场还应该考虑到与会人员的餐饮、娱乐活动等问题,尤其是大型会议,会场周围最好能有容纳与会人员餐饮、娱乐的大型场所。

3. 选择会议地点的步骤

(1)确定会议地理位置;

(2)确定会议场所;

(3)将选好的会议场所报请主管领导审批;

(4)签署会议场所租用协议。

(八)拟订会议的议程与日程安排

1. 拟订会议议程

会议议程是为了完成议题而做出的顺序计划,即对会议所要讨论、解决的问题的安排。会议议程的拟订应当简明概略,并冠以序号将其清晰地表达出来。会议主持人要根据议程主持会议。

(1)大中型会议的议程安排。

大中型会议的议程安排主要有:

宣布开幕

领导和来宾代表致辞

领导做报告

分组讨论

大会发言

参观或其他活动

会议总结

宣读决议

宣布闭幕

代表会议的议程要经代表大会的预备会议或主席团会议通过之后才能正式生效。

(2)会议议程的结构和写法。

会议议程由标题、题注、正文、落款和制定日期等部分构成。

标题。标题由会议全称加上"议程"二字组成,如"××学院2010年招生宣传培训工作会议议程"。

题注。法定性会议应当在标题的下方标注会议通过的日期、会议名称,如

"第十二届全国人民代表大会第二次会议议程""2014年3月4日第十二届全国人民代表大会第二次会议预备会议通过"等,一般企事业单位会议议程没有题注。

正文。正文是为完成议题而做出的各事项安排,一般以序号分条陈述。大中型会议的议程安排见上文。

落款。由会议组织机构确定的议程应当标明制订机构的名称,如"秘书处"。由会议通过的议程不用写落款。

制订日期。无须大会通过的议程要标明制订的具体日期。

(3)会议议程表示例。

---

**××学院20××年招生宣传培训工作会议议程**

一、宣布议程

二、××院长讲话

三、招生就业处××处长介绍20××年学院招生政策以及宣传工作须知

四、学工处处长××处长介绍学院学生工作特色和亮点等

五、教务处××处长介绍学院专业设置和重点培育专业和特色专业的情况

六、××副院长讲解招生宣传策略并对20××年招生宣传工作提出要求

××学院办公室

20××年×月×日

---

2. 安排会议日程

会议日程是指会议议程在时间上的具体安排,是会议议程的具体体现。拟定会议日程要根据会议内容和会期,将会议内容进行合理分配。一般采用表格形式,将会议议程分别固定在会议期间每天的上午、下午等单元里,如有说明可附于表后(参见表2—1)。会议日程需在会前发给与会者。因此,拟订会议日程要明确具体,并准确无误。

表 2—1　会议日程安排表

| 日期 | 时间 | | 活动内容 | 地点 | 负责人 | 备注 |
|---|---|---|---|---|---|---|
| ×月×日 | 全天 | 17：00前 | 报到 | ××酒店 | 会务组 | 办理入住手续，领取会议材料 |
| | | 18：00-20：00 | 晚宴 | ××楼××厅 | ××× | |
| ×月×日 | | 7：30-8：30 | 早餐 | ××楼××厅 | ××× | |
| ×月×日 | 上午 | 8：30-10：00 | …… | ××楼××厅 | 会务组 | |
| | | 10：00-10：20 | 中场休息 | ××楼×会议室 | ××× | |
| | | 10：20-12：00 | …… | | 会务组 | |
| | 午休 | 12：00-14：30 | 午餐 | | ××× | |
| | 下午 | 14：30-16：00 | …… | ××楼××厅 | 会务组 | |
| | | 16：00-16：30 | …… | …… | ××× | |
| | | …… | …… | ××楼×会议室 | ××× | |
| ×月×日 | 上午 | 7：30-8：30 | 早餐 | ××楼××厅 | …… | |
| | | 8：00-12：00 | 会议结束（退房） | | 会务组 | |

### (九)确立会议组织机构

一般性的会议，只要配备几名文秘人员和工作人员就可以了，但要有所分工。大、中型会议应成立会议的秘书系统。具有法定程序的重要会议的秘书系统，在会议正式开始之前宜称"会议筹备组"，待会议主席团正式确认并产生会议秘书长后，才可称"会议秘书处"。会议秘书系统一般设下列机构：

(1)会务组：负责会务组织、会场布置、会议接待签到等会议的组织、协调工作。

(2)秘书组：负责拟写会议方案，准备各种会议文件和资料，做好会议记录，编写会议纪要、简报等工作。

(3)接待组：负责会议接站、送站及会议期间的生活服务、交通疏导、医疗服务等工作。

(4)宣传组：负责会议的对外宣传报道和录音、录像、照相等工作。

(5)财务组：负责会议经费的统筹使用和收费、付账工作。

(6)保卫组：负责会议期间的防火、防盗、人身安全和财务安全、保密工作。

上述分工可根据会议的需要做适当的增减、合并和调整。

(十)准备会议文件

会议文件根据会议议题来准备,它是文秘人员在会前准备阶段中要进行的最主要工作。会议文件主要有三类:

第一类是会议中心文件,主要有开幕词、闭幕词、工作报告、讲话稿、会议决议草案等。这类文件往往由秘书人员或专门的起草班子根据领导者的意图事先拟写,需要经过广泛征求意见和反复多次修改才能完成。

第二类是会议程序性文件,主要有会议议程表、会议日程表、参加会议人员名单、分组名单、会议须知、作息时间表等。

第三类是会议参考性资料。主要有与会单位或个人提供的交流性材料,或与会议议题有关的注释说明和背景性材料,或专业技术性资料等。

会议文件的准备工作主要是起草和印发。承担文件起草的文秘人员应了解会议宗旨和会议的全面情况,紧紧围绕会议中心,力争较好地完成任务。一次会议的文件数量不宜过多。需要讨论审议的文件,应尽可能在会议之前发给与会者。负责文件印制和分发的文秘人员,一定要仔细进行校对,保证质量,不出现任何差错。

(十一)制发会议通知

会议通知是与会者组织会议的重要凭据,也是会议组织者同与会者沟通的重要渠道,与会者可以通过会议通知了解会议召开的具体情况。

1. 会议通知的类型

会议通知的类型主要有登门通知、电话通知、书面通知和电子邮件通知四种,无论哪一种通知方式都应做到准确、清楚。

(1)登门通知。适用于单位内部、人数较少的小型会议,其优点是快捷、省事。

(2)电话通知。以电话为媒介传递信息,快捷、准确,成本较低,大多数会议都采用这种方式。以电话方式传递会议通知时,会务人员必须做好通知情况的书面记录。

(3)书面通知。书面通知适合于大中型会议。由于书面通知在传递过程中需要一定的时间,所以要提前准备,如果在预定的时间里对方没有收到通知,还需要及时采取补救措施。

(4)电子邮件通知。电子邮件是信息时代的产物,它综合了上述三种方式的优势,已逐渐在单位或组织中普及。

## 2. 会议通知的写作和基本格式

会议通知的主要内容一般包括：会议名称、主办单位、会议内容、起止时间、参会人员、议题、地点、报到事宜及相关要求等。

会议通知的写作格式一般由五部分构成

(1)标题。标题有两种写法：重要会议的通知标题要写明主办单位名称、会议的名称，然后标明"通知"二字，即制文单位、事由、文种三要素具备，如"中共××市委关于召开×××大会的通知"。事务性或例行性会议只写"会议通知"即可。

(2)主送单位，即通知对象，一般为单位或个人。

(3)正文。会议通知的正文部分应当写清会期（开始和结束的时间）、地点（必要时应注明地理方位及抵达的公交路线）、会议内容或宗旨、参会对象、入场凭证、联系方式及注意事项等。

(4)落款和日期。

(5)回执。

有的会议通知还需附上回执，请参会对象填写姓名、性别、年龄、职务、职称、抵达会议的时间和交通工具，预定回程票的具体要求等项目，其目的是便于统计参会人数和安排接待。会议回执还应明确提出对方在规定期限以前回函通知是否参会，若逾期没有回函，应用电话确定是否参加。

会议通知写作示例：

示例一：

---

**会议通知**

×××（主送单位）：

　　定于×月×日×时，由主持，在×（地点）召开会议。会议主要内容（议题）是，请参加。

　　联系人：

　　电　话：×、×（传真）

　　　　　　　　　　　　　　　　　　　　　　　　（印章）

　　　　　　　　　　　　　　　　　　　　　　　　×年×月×日

---

示例二：

> **××关于召开会议的通知**
>
> ××××（主送单位）：
>
>   为了××××（目的），根据×××××（依据），××××（主办单位）定于××年×月×日在×××（地点）召开××××××会议。现将有关事项通知如下：
>
>   一、会议内容：×××××
>
>   二、参会人员：×××××
>
>   三、会议时间、地点：×××××
>
>   四、其他事项：
>
>   （一）请与会人员持会议通知到××××报到，×××××（食宿费用安排）。
>
>   （二）请将会议回执于××××年×月×日前传真至×××（会议主办或承办单位）。
>
>   （三）××××（其他需提示事项，如会议材料的准备等）。
>
>   （四）联系人及电话：××× ××××
>
>   附件：会议回执
>
>             （印章）
>
>             ×年×月×日

## 会议回执单

单位名称（请加盖公章）：

| | 姓名 | 性别 | 民族 | 职务（或职称） | 电话 | 手机 |
|---|---|---|---|---|---|---|
| 参会嘉宾 | | | | | | |
| | | | | | | |
| | | | | | | |

| 来程信息 | □需接航班班次： | 接站时间及地点： |
|---|---|---|
| | □需接火车车次： | 宾馆入住时间： |

续表

| 回程信息 | 回程预定(不需预订则不填写) | | | | | | |
|---|---|---|---|---|---|---|---|
| | 火车票 | | 软卧 | 硬卧 | | 机票(经济舱) | |
| | 姓名 | | 身份证号码 | | 车次 | 日期 | |
| | 日期 | | 航班号 | | | 数量 | |
| | 姓名 | | 身份证号码 | | 车次 | 日期 | |
| | 日期 | | 航班号 | | | 数量 | |
| | 姓名 | | 身份证号码 | | 车次 | 日期 | |
| | 日期 | | 航班号 | | | 数量 | |

备注:1. 请将回执于××日前发至×××@××.com.cn 或传真××××-××××××××。
2. 若无法参会请电话告知,联系电话××××-××××××××。

### (十二)会场布置

会场应整洁、安静、明亮、空气流通、大小适宜。除此之外,还要根据会议的规模、性质和需要来布置,要体现出会议的主题和氛围,符合会议的性质、规格和规模。

**1. 会场布置方式**

会场布置方式如图 2-1 所示。

(1)相对式。

相对式是指主席台与代表席面对面的形式,如礼堂形、教室形、扇面形会场。此种场地适合大中型会议,具有严肃、庄重的氛围,主席台的位置突出,便于会议主持者细致观察每位与会者的意向、表情,及时准确地把握与会者的心理状态。

(2)全围式。

全围式是指不设专门的主席台,所有与会者均围坐于一起,如圆形、椭圆形、长方形、多边形会场。因为圆形或多边形会议桌的席位无主次之分,体现平等和互相尊重的精神,容易形成融洽与合作的氛围,所以较适合座谈会、研讨会、交流会等。

(3)半围式。

半围式是介于相对式与全围式之间的一种会场布置形式。它设有主席台,在主席台两侧安排代表席,如半圆形、U 字形、T 字形会场均属于半围式。这种会场布置不但便于与会者与主持人之间的沟通,而且也便于与会者跟与会者之间的交流,又有融洽的氛围,比较适合中小型工作会议或培训会议。

(4)分散式。

分散式是将会场分为若干个中心,每一个中心都有一个主桌,在一定程度上,既能突出主桌的地位和作用,又给与会者提供多个交流的机会,气氛较为轻松和谐。大型的茶话会、团拜会的星点式、众星拱月式会场布置都属于这一类型。

主席台是会场的中心,一般大中型会议都应设主席台,以便于体现庄严气氛和有利于会议的主持者主持会议。主席台一般为长方形桌,桌布颜色应与会议性质相吻合,如工作会议可以铺设绿色或天蓝色桌布,庆典、表彰性会议应铺设红色或粉色桌布。主席台前排必须是通栏,后排可根据需要安排通栏或分栏式。如设讲台,讲台可设在主席台前的中央处,也可设在一侧或两侧。设在中央的,位置应低于主席台,以免报告人挡住坐在主席台中央的领导人的视线。重要大会的主席台边还应设有休息室。

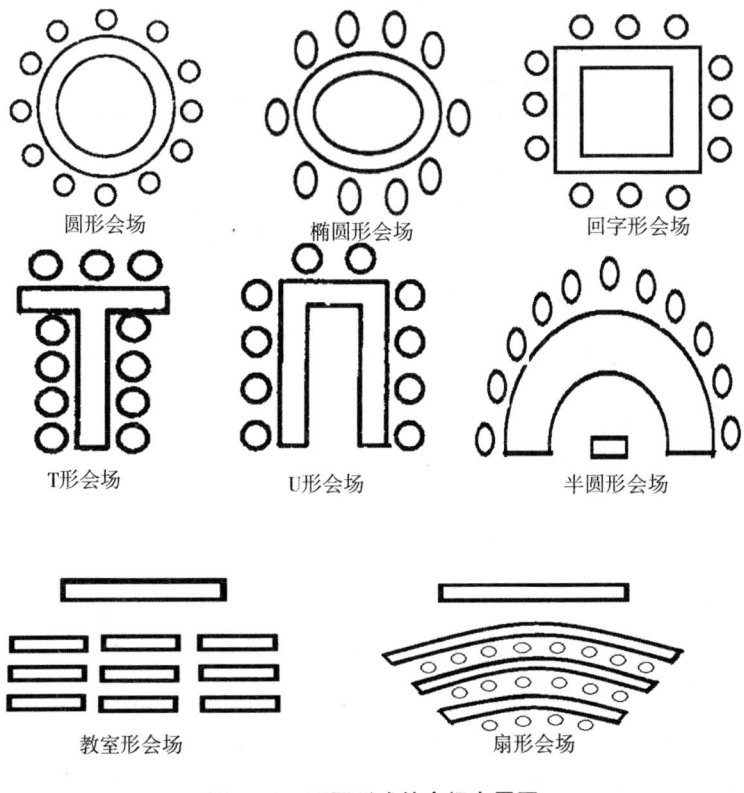

圆形会场　　椭圆形会场　　回字形会场

T形会场　　U形会场　　半圆形会场

教室形会场　　扇形会场

图2—1　不同形式的会场布置图

## 2. 会议座位安排

提前安排好会议座位,有利于会议和各项活动井井有条地进行。会议座位安排包括主席台座位安排和会场人员座位安排。

一般来说,主席台就座者都是主办方的负责人、贵宾或主席团成员,主席台座次的安排既是一项技术性工作,也是一项严肃的政治性工作。首先应确定在主席台就座人员的准确名单,然后安排主席台席位。主席台席位视人数多少设一排或数排。席位的次序应以主席团成员职务高低或对会议的重要程度而定。邀请的贵宾或来宾如安排在主席台就座的也按照同样原则。国内会议的通常做法是:前排为主、后排次之,中间为主、左高右低。即身份最高的领导人坐在前排中央,其他领导人按左高右低的顺序间隔排列,第二位领导人坐在身份最高的领导人的左侧,第三位领导人坐在身份最高领导人的右侧,其他的依此类推(参见图2—2、图2—3)。席位前应放置姓名牌,便于按位入座。

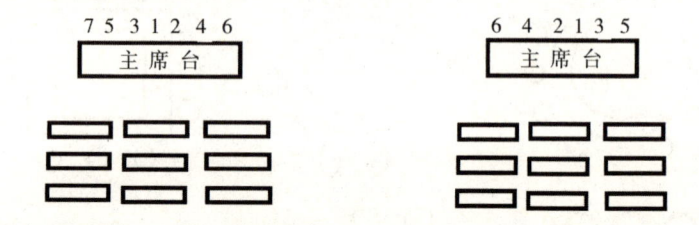

```
7 5 3 1 2 4 6              6 4 2 1 3 5
┌─────────┐                ┌─────────┐
│  主 席 台 │                │  主 席 台 │
└─────────┘                └─────────┘
 ▭ ▭  ▭ ▭                   ▭ ▭  ▭ ▭
 ▭ ▭  ▭ ▭                   ▭ ▭  ▭ ▭
```

**图2—2 主席台领导人为单数时的座位次**　**图2—3 主席台领导人为双数时的座位次序**

会场人员座次安排方法有三种:横排法,即按照会议人员名单或姓氏笔画、单位名称笔画为序,从左至右横向依次排列;竖排法,即将横排法中从左至右改为从前至后纵向排列;左右排列法,即将横排法中从左至右改为以主席台为中心,向左右两边交错扩展排列。不管选择哪种排列方法,都应注意先排会议的正式代表或成员,后排列席代表或成员,正式代表座次在前边,列席成员座次在后边。

## 3. 会场气氛营造

会场气氛直接影响到与会者的情绪,关系到会议的效果。营造良好的会场气氛是文秘人员创造力和想象力的重要表现。会议性质不同,会场气氛的营造也应不同:

代表会会场气氛应庄重、肃穆,有严肃和使命感;

总结会、表彰会会场气氛应隆重、朴实,气氛热烈,有奋发向上感;

产品订货会、产品展示会会场布置应突出产品主题,有单刀直入感;

研讨会、经验交流会会场应简洁,给人以谦虚好学、博采众长感;

大型集会场面要宏大,气势磅礴,有力挽狂澜和号召力感。

会场气氛的营造主要依靠色彩与色调。色彩与色调能对人产生不同的心理感受。比如红、黄、橙等颜色亮丽明快,使人感觉热烈辉煌,适合庆典类会议;青、绿、蓝等颜色给人以清爽、娴静的感觉,适合时间较长的会议。另外,桌椅、台布和会场四周墙壁在颜色上要协调、搭配。重要的会议宜在会场内外插一些旗帜以烘托气氛。简洁明快的标语口号能振奋与会者精神,强化会议主题。适当的花卉能给人清新活泼之感,既能点缀会议氛围,又能减轻与会者长时间的疲劳。

大中型会议应于主席台上方或后方悬挂会标、会徽。会标一般用红底白字,也可用红底金字。会标的作用有两个方面:一是增强会议的庄重性;二是揭示会议的主题和性质,激发与会者的参与感。

4. 视听器材布置

会场较大时,应安装扩音设备;电视、电话和网络会议要调试好通信线路,并通知各分会场准备好必要的接收器材,确保性能可靠;需要演讲、演示的会议,应配备黑板、投影机、幻灯机等器材。一般大型会议,黑板或投影幕宜放置于发言席后或会议主持人背后,避免只有一方看到另一方看不到的现象发生。

5. 制作会议证件

内部会议除了代表会外,一般不需要制作会议证件。会议证件的内容应包括:会议名称(必须写全称)、会徽、参会者姓名、职务、职称、照片、证件编号、会议日期等。会议证件在设计上应使用不同的颜色和字体区分正式代表、列席代表、工作人员、特邀嘉宾等与会者的不同身份。如图2-4所示。重要的大型会议不仅要在证件上贴上本人的照片,还要加盖公章。涉外会议证件可用中文和外文两种文字,中文在外文上方。

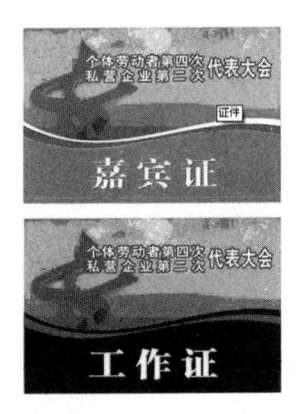

图2—4 会议证件示意图

## 二、会中服务工作

文秘人员的会中服务工作主要包括报到和签到、会议记录、编写简报及具体服务等。

（一）会议的报到和签到

1. 报到

报到是参加会议的人向会议组织者报告到达开会地点的一项程序。大型会议一般提前一天在驻地设立报到处，安排专人接待。

报到的地点一般设在与会者下榻的住所，如酒店总服务台或会务组包用的房间。报到时文秘人员要做好以下工作：

（1）查验证件。查验的证件包括会议通知书、单位介绍信、身份证和其他有效证件，其目的是确认与会人员的资格。

（2）登记信息。即请与会人员在登记表上填写个人信息。

（3）接收材料。接收与会人员带来的需要在会议上分发的材料，经审查后统一分发。

（4）分发文件和证件。即发放会议文件及证件。

（5）安排食宿。文秘人员要根据与会人员的身份和要求，在现有条件下尽可能合理地安排食宿。

（6）报告情况。报到结束后，应向会议负责人报告有关情况，包括应到人数、实到人数、缺席人数以及缺席原因。

2. 签到

参加会议人员在进入会场时一般要签到。会议签到是为了及时、准确地统计到会人数，便于安排会议工作。有些会议只有达到一定人数才能召开，否则会议通过的决议无效。

会议签到一般有以下几种方法：

（1）簿式签到。

与会人员在会议工作人员预先备好的签到簿上按要求签上自己的姓名，表示到会。签到簿上的内容一般有姓名、职务、所代表的单位等，与会人员必须逐项填写，不得遗漏。簿式签到的优点是利于保存，便于查找。缺点是这种方法只适用于小型会议，一些大型会议，参加会议的人数很多，采用簿式签到的方式就不太方便。

(2)证卡签到。

会议工作员将印制好的签到证事先发给每位与会人员,签证卡上一般印有会议的名称、日期、座次号、编号等,与会人员在签证卡上写好自己的姓名,进入会场时,将签证卡交给会议工作人员,表示到会。其优点是比较方便,避免临开会时签到造成拥挤。缺点是不便保存查找。证卡签到方式多用于大中型会议。

(3)会议工作人员代为签到。

会议工作人员事先制定好参加本次会议人员的花名册,开会时,来一人就在该人名单后画上记号,表示到会,缺席和请假人员也要用规定的记号表示。例如:"√"表示到会,用"×"表示缺席,用"○"表示请假等。这种会议签到方法比较简便易行,但要求会议工作人员必须认识绝大部分与会人员,所以这种方法只适宜于小型会议和一些常规性会议。对于一些与会人员较多的大型会议,会议工作人员不能认识大部分人,逐个询问到会人员的姓名很麻烦,所以大型会议不适宜采用这种方法。

(4)座次表签到方法。

会议工作人员按照会场布置,事先制定好座次表,座次表上每个座位按要求填写相应的与会人员姓名和座位号码。参加会议的人员到会时,就在座次表上销号,表示出席。编制座次表时,与会人员座次安排要有一定规律,如从某号到某号是某部门代表座位,同一部门的与会人员应集中一起,这样既便于工作人员查对签到,又便于与会者查找自己的座次号。

(5)电脑签到。

电脑签到快速、准确、简便,参加会议的人员进入会场时,只要把特制的卡片放到签到机内,签到机就将与会人员的姓名、号码传到中心,与会者的签到手续就在几秒钟即办完,将签到卡退还本人,参加会议人员到会情况由计算机准确、迅速地显示出来。电脑签到是先进的签到手段,适宜于一些大型会议。

(二)协助正确使用会场设备并发放会议用品

会场内设备主要包括灯光设备、音响设备、空调设备、通风设备以及必要的安全设施等。文秘人员应当会使用音响、录音、摄像等设备,还应提供必要的会场用品,包括发放会议所需文具,随时提供主席台与会场人员饮用的茶水、饮料等。如果有选举、表决、表彰的议程,还需准备好投票箱、计数设备和奖励用品。

### (三)会议记录

**1. 做好会议记录准备工作**

会议记录工作一般由文秘人员承担。正式会议的记录是会议进程的原始记录,是具有法律效力的档案,因此务必准确、完整和条理清楚。要做好会议记录,应提前做好以下准备工作:

(1)准备足够的钢笔、铅笔、笔记本和记录用纸;

(2)准备好录音机、采访笔等设备,以补充手工记录;

(3)要备有一份议程表和其他的相关资料文件,以便核对相关数据和事实时随时使用;

(4)提前到达会场,了解与会人员的座位图,便于识别会议上的发言者;

(5)在利用录音设备的同时必须手工记录,这样可以防止录音机中途出故障。

**2. 会议记录的方法**

(1)会议记录的重点是将主要讨论的观点、决议、决定,重要的声明、修正案内容、结论等内容要一字不漏地记录下来,而其他的内容可简要概括地记录。

(2)漏记的内容可事先做出记号,然后对照录音磁带修改,也可提示会议主持人请发言者重复内容或对某一术语做出简要的解释。

(3)不仅要把与会者提出的意见、建议记录完整、准确,还要把发言人的姓名记全。

**3. 会议记录的修改**

如果某一成员指出会议记录中出现错误,需经会议批准,由会议主持人或记录员在会议记录中改正这一错误。会议记录一经签名,不能再做改动。

**4. 会议记录的要求**

(1)真实。正式的会议记录具有法律效力,要确保内容的真实可信,准确无误,一旦会议主持人签名和全体成员通过,就不得再改动。

(2)完整。会议记录必须体现会议的实际进程,要将所有要点完整地记录下来,不能遗漏。

(3)简洁。会议记录不同于一份详细报告,而是将会议进程以简明扼要的形式表达出来。

(4)准确。会议记录应做到条理清楚,内容表述要准确无误,不能含糊,不能有任何内容错误。

5. 会议记录的结构与写法

会议记录的构成包括三部分:标题、正文、尾部。

(1)会议记录的标题有两种形式:

①会议名称+文种,如"××集团公司×××会议记录"。

②文种,如"会议记录"。

(2)正文由首部、主体、结尾三部分构成:

①首部,即会议概况,包括会议名称、会议时间、会议地点、会议主席(主持人)、会议出席、列席和缺席情况、会议记录人签名等。以上6项应在主持人宣布开会前填写好。

②主体,即会议内容,包括以下内容:

会议议题。如果有多个议题,可以在议题前分别加上序号。

发言人及发言内容。记录每人的发言时都要另起一行,写明发言人的姓名,然后加冒号。

会议决议。决议事项应分条列出,有表决程序的要记录表决的方式和结果。

③结尾,标明会议结束。另起一行,写明"散会",并注明散会时间。

(3)尾部。右下方写明"主持人:(签名)""记录人:(签名)"。

会议记录示例:

---

### ××市开发区管委会办公会议记录

时间:20××年×月×日上午9:30

地点:管委会会议室

主持人:李××(管委会主任)

出席者:杨××(管委会副主任)、周××(管委会副主任)、李××(市城建局副局长)、肖××(市工商局副局长)及城建局、工商局有关科室宣传人员、街道居委会负责人。

列席者:管委会全体干部

记录:吴××(管委会办公室秘书)

主要议题:

1. 整顿开发区市场秩序。
2. 制止违章建筑、维护市容市貌。

> 会议内容记录：
> 1. 杨主任报告开发区现状：(略)
> 2. 讨论发言(按发言顺序记录)
> 　肖××：(略)
> 　罗××：(略)
> 　李××：(略)
> 　陈××：(略)
> 　周××：(略)
> 3. 与会人员经过充分讨论、协商，一致决定：(略)
> 4. 散会(上午12:00)。
> 　主持人：(签名)
> 　记录人：(签名)

(四)编写会议简报

会议简报是在会议召开期间编发的一种反映会议进程、动态的会议材料。一般来说，一些规模较大的重要会议，与会者不能了解会议的整体情况，比如分组讨论的重要发言、有价值的提案等，需要依靠简报来及时了解情况。因而会议简报往往具有连续性的特点。

1. 简报的结构由报头、报核、报尾三部分构成

(1)报头。

报头也叫报眉，位于首页的上方，约占全页三分之一的位置，下边用间隔横线与报核部分隔开。报头包括以下几个要素：

①简报名称。一般由"会议名称＋简报"构成，用套红的大号字体印刷，如有秘密等级写在左上角，也有的写"内部文件"或"内部资料注意保存"等字样。

②期号。写在名称下一行，用括号标注。

③编印单位。在期号下、间隔线上居左空一格书写。

④印发日期。与编印单位平行，右空一格书写。

(2)报核

报核是简报的中间部分，也是简报的核心部分。其构成要素主要有：按语、标

题、导语、主体、结尾。

①按语。部分简报在标题上端加注编者"按语",以说明编发这份简报的目的,或表明编者对简报内容的倾向性态度,抑或是提示简报文章的内容,加深对文章精神的理解。按语不是简报的必要部分,有些可以不写。

②标题。简报的标题类似新闻的标题,要揭示主题,简短醒目。

③导语。简报的导语应简明扼要地概括全文的主旨或主要内容,给读者一个总的印象。导语一般要交代清楚谁(某人或某单位)、什么时间、什么地点、干什么(事件)、结果怎样等内容。

④主体,即简报的主要内容。以具体化的事实反映会议内容、会议主要精神和议定事项。写作时需注意正文必须紧扣题目,紧扣开头,选材要典型,有说服力。

⑤结尾。或对主体部分进行归纳和概括,或提出希望及今后的打算。

(3)报尾。在简报最后一页下部,用间隔横线与报核隔开,横线下居左写明发送范围,最后在间隔横线下居右的括号内注明共印多少份。

2. 编写会议简报的原则

编写会议简报要做到简要明确、迅速及时,即做到快、简、精、准。

快,即速度要快。会议简报,一般是头天讨论的情况,第二天一早就要印出发到与会人员手上。这就要求编写简报者必须是"快枪手",要练就一手一两个小时便能整理出一份简报的功夫,因而采写人要讲究方法,一边听会议讨论,一边分析、归纳。一脑两用,听的同时,脑海中就要构思好简报的框架。

简,指文字简洁。顾名思义,简报要简,通常是"千字文",这就要求文字要干净、简练,不说废话。写法上要开门见山,直截了当。

精,是材料要精。简报内容要紧紧围绕会议的中心议题,把与会者的主要认识、意见和建议反映出来。要扣紧主题,突出重点,抓住典型,提炼概括。一般的情况可以省略不用。

准,为内容准确。会议简报反映情况一定要真实、准确,简报反映的观点材料,必须是与会人员讲的,要忠实于原意,一些关键的词句,甚至要求是原话。

会议简报示例：

---

**××地税简报**（简报名称）

第×期总第××期（期号）

××市地方税务局（编印单位）　　　　　　××年×月×日（印发日期）

编者按：××××（根据情况，可有可无）

**抓改革深化　促征管质量**（标题：交代事件，揭示主题）

　　×月×日至×日，全市地税系统×经验交流会议在××召开，会议介绍交流了……实地学习考察了……讨论研究了……参加会议的有……，……到会作了重要讲话，……作了总结讲话，……作了会议主题报告。（导语：交代何时、何地、何人、何事、为何、如何，文字简明，事实清楚）

　　……（领导）充分肯定了××地税系统工作成绩：……

　　会议系统总结了××分局改革的经验，认为……

　　会议对……问题进行了客观分析，指出……（主体：层次清晰、衔接紧密、主题突出）

　　……（领导）在会议总结讲话中要求……（结尾：简要小结或补充说明。）

---

送：市局领导、市直有关单位

发：各县市地税局、市直各分局，本局各科室　　　　　　（共印×份）

---

（五）值班保卫

大中型会议，一般要有文秘人员坚持 24 小时值守，以协助服务人员做好各项具体服务工作，如设备维修、车辆调度、食宿安排等。必要时，应建立主管领导带班制度，以加强会议的安全保卫，并随时准备应对各种突发事件。会议的安全保卫工作主要包括：与会重要人员的安全保卫、会议重要文件的保卫、会场和代表驻地的保卫、会议的各种设备用品的保卫、与会者私人贵重物品的保卫等。

### 三、会后善后工作

会议结束并不意味着会务工作就结束了,还要做好以下六项善后工作:

(一)清退会议文件资料

(1)确定会议文件的清退范围,避免出现只要求部分与会者退回文件而造成误会。

(2)收集清退文件。大中型会议可安排工作人员按照提前发出的文件清退目录,先由与会者个人清理,交给大会秘书处。或者由工作人员告知与会人员按照文件清退目录,限时交退。小型内部会议,可在主持人宣布会议结束后,由工作人员提醒与会者将文件放在桌上统一收集,或者由工作人员在会议室门口收集。

(二)安排与会人员的返程

有外部人员参加的会议应根据会议的长短、外部与会人数多少等情况及早安排好与会人员的返程事宜。做好与会人员的返程工作,主要包括以下两点:

1. 提早做好与会者的票务预订登记工作

(1)要提前了解外地与会人员对返程时间、交通工具的要求,尊重他们的意愿。

(2)一般情况下,要按先远后近的原则安排返程机票、车票的预订事宜,要掌握交通工具的航班、车次等情况,尽早与民航、铁路、公路、港口等部门沟通联系,提前预订好飞机、火车、汽车、轮船票。

(3)编排与会者离开的时间表,安排好送行车辆及送行人员。如有必要,还应安排有关领导为与会人员送行。

2. 帮助与会者做好返程准备

(1)提醒与会者及时归还向主办方或会议驻地单位借用的各种物品。

(2)提醒与会者及时与会务组结清各种账目,开好发票收据。

(3)帮助与会者检查、清退房间,避免遗忘各种物品。

(4)准备一些装资料的塑料袋和捆东西的绳子等物品,以备急需。

(三)整理会议室和撰写会议纪要

(1)收拾整理会议用品,注意检查与会人员有无遗失、遗留文件、物品。

(2)清理并取走所有剩余的与会议有关的文件。

（3）检查、归还各种视听设备，关闭电源，将会议室设备整理恢复到备用状态。将临时摆放在会议室的各种视听设备及时放回原处或办理归还手续。

（4）整理记录、录音，撰写会议纪要。会议纪要一般只限于日常工作会议，其功能是印发给有关方面执行。对于大型会议和专业会议，因为有正式文件和决议，因而不需印发会议纪要。

（四）文件立卷归档

把会议过程中的一整套材料，包括会议通知、会议议程、领导报告和发言稿、会议记录或纪要、会议简报、会议报道等，进行分类立卷归档。

（五）会议经费结算工作

有些会议要由与会代表向主办方支付一些必要的费用（如资料费、培训费、住宿费、餐饮费等），因而要注意掌握收款的方法和时机：

（1）应在会议通知或预订表格中详细注明收费的标准和方法。

（2）应注明与会人员可采用的支付方式（如现金、支票、信用卡等）。

（3）如用信用卡收费，应问清姓名、卡号、有效期等。

（4）开具发票的工作人员事先要与财务部门确定正确的收费开票程序，不能出任何差错。如果有些项目无法开具正式发票时，应与会议代表协商，开具收据或证明。

（六）会议工作总结

为不断改进会议的组织服务工作，会议结束后，应及时进行会议工作总结，这主要是对大中型会议而言。总结工作要以科学的绩效考评标准为指导。绩效考评标准是指对会议工作人员绩效的数量和质量进行评价的准则，它应具有完整性、协调性和比例性。

1. 会议总结工作程序

对会议征询意见→拟就工作总结稿→向领导报告会议结论→总结定稿→印发→归档→组织全体工作人员进行总结。

2. 会议总结的要求

（1）会议工作总结要根据岗位责任制和工作任务书的内容，逐条对照检查；

（2）要切实回顾和检查会议工作中好的方面和存在的问题，认真总结经验教训，不断探索办会的规律；

（3）应有理有据，实事求是，要突出重点，有所侧重；

(4)会议的总结应一分为二,即总结与激励并存,以激励为主。一般来说,大中型会议结束后,应慰问参与会务工作的工作人员,有的重要会议还要表彰会务工作中的有功人员;

(5)总结出简单易行的办会程序和制度,使会议工作科学化、程序化和制度化。

3. 会议评估工作

会议的效率是会议所取得的效果和会议成本(包括各种人力、物力以及其他资源的支出或消耗)之间的比值。比值越大,会议的效率越高;反之,会议的效率越低。因此,提高会议效率,即提高单位工作效率,是节省开支、降低成本,提高单位综合效益的强有力手段。会议评估的要素如下:

(1)会议目标评估。是否达成目标,目标达成与否的确切理由。

(2)会议主持人评估。主持人的准备、主持是否理想;是否准备议程;开会目的是否清楚;是否指定会议记录者;是否照议程进行;是否适时整合众人意见;决议工作分配是否妥当。

(3)会议发言者评估。发言者的发言是否引起共鸣;讲稿是否准时提供,质量如何;发言者对辅助设备和资料的评价。

(4)与会者状态评估。与会人员参与会议的状态与收获;对会议的满意程度与理由;提出改进的意见或建议。

(5)会场评估。会议地点、形式是否合适,提供的用车状况是否令与会人员满意;会议发放资料是否及时适用;会场布置所花费用是否值得;会场风格、设计是否达到效果;器材设备是否有效工作。

(6)会议时间评估。会议目标是否在短时间内达成;会议时间及报告时间是否理想;目标未在短时间达成的确切理由。

(7)会议服务评估。会议服务是否到位,会议中的合作精神如何。

(8)会议实际费用支出、会议成本评估。主要评估实际支出与收获谁大谁小的问题。

## 第三节　常见会议形式介绍

### 一、办公会议

办公会议是行政机关、企事业单位为商讨问题、决策事项或布置任务而召开的会议。一般有两种形式：一种是参加人员职位较高，以讨论、决定重要工作为主，可进行常规性决策，具有一定权威性，如山西煤业股份公司安全生产办公会议、青奥会知识产权保护办公会议等等。另一种是部门召开的讨论日常工作的会议，以执行为主，常常定期召开，又称为"业务会"或"例会"。

办公会议的时间、地点、人物相对稳定，文秘人员可从容地、有计划地安排，但需注意以下事项：

（1）会议安排需报主管领导审批。

（2）会场布置以简洁为主，注意整洁、安静，用品齐全，无须过多点缀。

（3）扩充与会人员时，应事先拟出名单，报主管领导同意后及早通知，以便做好准备。

（4）办公会议的议题宜集中、具体，每次会议的议题应不多，但力求解决。

（5）对会议讨论和决议事项要及时以会议纪要的形式印发，加强督促检查，及时向领导反馈信息，保证会议精神落到实处。

### 二、代表会议

代表会议是指由各级各类组织的广大成员推选产生出的代表所召开的会议。代表会是国家机关、企事业单位、社会团体实行民主管理的基本形式，它有权做出重大决策，通过或批准法规、章程等。代表大会的正式代表必须在会前依法选举产生，根据会议需要，经主席团提议，常务代表通过；列席代表只有发言权，没有选举权和表决权；应邀出席的来宾和记者只有旁听的资格。

召开代表会议需注意以下事项：

（1）代表会议依法定期召开，与会代表必须达到法定人数方为有效。文秘人员应准确核对人数，保证大会决议的合法性。

(2)代表会议的议题往往来自有关部门的议案和代表的提案,文秘人员要认真做好收集、登记、分类、整理和送审、立案的工作。会议结束后,应根据会议领导者的批示或意见,做好交办、转办、承办、催办和答复的工作。

(3)会场布置必须庄严、隆重,有些会议还应采取严格的保卫措施。

(4)做好选举、表决工作的准备,如选票、票箱的制作,工作人员的选派,划定投票区域、路线等。

(5)跨地区的代表大会,应安排好代表的接送、食宿、交通、保健等事宜。

### 三、联席会议

联席会议是指没有隶属关系但有工作联系的单位或部门,为了解决某一问题,由一方或多方牵头,定期或不定期召开的会议。它是在充分发扬民主的基础上,由会议各方达成共识,形成具有约束力的会议意见,用以解决矛盾,或是协调关系、沟通信息。

召开联席会议需注意以下事项:

(1)联席会议至少由一方主动牵头召开,牵头方往往为工作主要方,因而要承担更多的组织、协调、会务、经费等义务,但不能因此而享受更多的权利。

(2)联席会议的时间、地点、议题、与会人员等,应由牵头方和与会各方在平等、协作和互相尊重的基础上协商确定,任何一方都不能把自己的意愿强加于其他各方。会议召开时,应由各方轮流或联合主持。

(3)参加会议的各方代表,应由有决定权的、能充分表达组织意见和态度的负责人或由负责人授权的代表出席,以免会议议而不决、决而不行。

(4)联席会的最低效果是各抒己见、互通信息、相互了解;最高效果是达成共识。如果能达成共识,可以"意向书""协议书""会议纪要"或"会议公报"等书面形式确定并巩固。

### 四、座谈会

座谈会是政府机关、企事业单位和社会团体为收集信息、征求意见、调查研究而邀请有关人员进行的访谈。它侧重于与会者之间的交流讨论,气氛较为轻松、亲切。座谈会的成功与否,很大程度上取决于主持人的水平、引导和组织艺术。

召开座谈会需注意以下事项：

(1)座谈会以小型为主,人数以七八人至二三十人为宜。人数过少,缺乏代表性,影响讨论;人数过多,影响发言面和发言质量。

(2)要根据座谈会的主题,有针对性地、有目的地邀请有关人士参加座谈。被邀请参加座谈的人要有代表性,能独立思考,敢于发表意见。

(3)座谈会的时间不必严格规定,话多则可适当延长,话少或无话可说即可结束。

(4)会场可准备一些茶点、饮料,可边吃边谈,使气氛轻松活跃,以达到与会者畅所欲言。

### 五、新闻发布会

新闻发布会又称记者招待会,它是政府、企业、社会团体或个人把各新闻机构的记者召集在一起,宣布某一消息,并就这一消息让记者提问,由专人回答问题的一种活动。新闻发布会是组织与公众沟通的例行方式,也是一种传播信息,以求新闻界客观报道的行之有效的手段。其主要特点,一是互动性强,即会议主持人与记者相互问答,沟通活跃;二是信息传播迅速,扩散面广,社会影响大。

(一)新闻发布会的类型

根据新闻发布会发布的内容大致可以分为发布消息、说明活动、解释事件等类型。

(二)新闻发布会的程序

(1)签到。在接待处签到,接待处最好有组织的某位主要人物出面迎宾,以显示出组织对活动的重视,给来宾及记者们留下好印象。

(2)分发会议资料。应发给每位来宾一个事先准备好的资料袋,其中有:新闻发布稿、技术性说明资料(必要时发放)、发言稿以及会上要展示的产品或模型的照片。

(3)宣布会议开始。会议开始时,主持人应先简要说明召集会议的目的,所要发布信息或事件发生的背景和经过等。

(4)发言人讲话。发言人要就某些内容做重点、详细的讲述。

(5)回答记者提问。

(6)宣布会议结束。

（三）举行新闻发布会需注意如下事项：

1. 确定被邀请记者的范围

该邀请哪些记者得根据公布事件发生的范围、影响来决定。如事件涉及全国，则要邀请全国性新闻单位的记者出席；如事件的影响只限于本地，则邀请当地新闻单位的记者；如事件涉及专门业务，就需邀请专业新闻单位的记者。一般说来，邀请记者的覆盖面要广，各方新闻机构都应照顾到，不仅要有报纸、杂志记者，还要有电台、电视台及网站的记者；不仅要有文字记者，还应有摄影记者。

2. 确定时间和场所

确定记者招待会的日期，一是要及时，当新产品、新政策出台前夕及时举行，或组织单位受到指责、误解时及时举行，以便澄清真相，挽回影响；二是日期应当避开重大会议、社会活动，以免影响记者们的出席率。会议具体时间最好安排在上午9:00—10:00，总时间60分钟左右为佳。因为这个时间对记者最方便。

会场的选择既要考虑交通方便、设施完善，又要能引起社会各界注意，扩大影响。最好利用大型会务中心、专业新闻中心或大饭店、大宾馆会议室。

3. 确定主持人和发言人

出于记者的职业要求和习惯，他们往往会提出一些尖锐深刻甚至让人下不了台的问题，这对主持人和发言人都提出了很高的要求。记者招待会一般由公关部门负责人或办公室主任、秘书长等主持。主持人负责介绍主题及基本情况，其措辞讲究典雅有力，风趣而不失庄重。发言人由单位决策层人物担任，要求熟悉全面情况、头脑机敏、有较高文化修养和风度、语言表达能力较强者担任。

4. 准备发言材料和布置会场

为了使参加会议的记者们对举办单位所传递的信息或所解决的问题能够理解深刻，并给予充分的肯定，负责招待会的文秘人员一定要准备好必要的资料。资料应包括会议程序、领导人的发言材料、提供给记者的有关资料、单位对问题的理解、认识和感受等方面的文字资料。

会场要选择交通便利、安静而无噪音、有电话等电讯设备的地方。会议桌可以围成圆形，使气氛显得和谐，宾主平等。如果是大中型的记者招待会，可使用长方形的桌子，并分别标明"记者席""主持人席""工作人员席"，主持人和工作人员应佩带写明姓名的胸牌。主持人、发言人座位前还应设置标明职务的姓名牌，以便记者识别。如邀请的记者多，还可排定座次顺序，分清主次，注意照顾有代表性的新闻单位的记者，避免出现混乱和不愉快。准备好录音、录像设备、文具用品、饮料茶水等。

5. 编制经费预算

根据所举行记者招待会的规格和规模做出可行的经费预算。其费用项目一般有租场费、印刷费、会场布置费、茶点费、礼品费、文具费、邮费、电话费、交通费等。

6. 安排参观活动

如有条件，记者招待会前后可以配合招待会主题组织记者进行参观活动，如观看设施、实物、成果展览、模型、图片等给记者创造实地采访、摄影、录像的机会，增加记者对会议主题的感性认识。

7. 收集有关新闻报道

记者招待会举行后的一段日子里，文秘人员要注意搜集到会记者采写、刊发的各类新闻稿件，分门别类地登记、分析，以便检验会议的效果。对参加会议而未发布新闻的记者，也应礼貌地询问原因，便于日后改进工作。

## 六、会展

会展是会议和展览的统称，两者有时联合举办，有时分开举行。会展从广义的角度说不仅包括会议和展览，还包括奖励旅游和大型活动以及与之相关的运输、广告、交通等行为，是会议、旅游、大型活动和展览的概称。

文秘人员在会展工作中的主要职责：

（1）人力资源调配。积极配合领导或上司制定会展人力资源战略和人才工作计划，为实现会展活动的目标提供智力和人力保障。

（2）广告宣传。主动协助领导或上司做好会展活动本身的广告宣传和参展单位、客商和赞助商的广告管理。

（3）物流管理。协调处理好向参展单位提供包装、运输、通关、搬运、仓储、布展、撤展等一系列的物流服务，以最低物流成本达到参展单位所满意的服务水平，同时保证会展活动按时顺利进行。

（4）综合服务。为与会者、参展单位、观众和记者提供旅游、文书、通信、采访、接待、礼仪、交通、后勤、金融、展台设计与展具制作等各方面服务。

（5）信息服务。积极开展信息的收集、加工、传递、存贮、检索，为主办单位领导、与会者、参展单位、客商和记者等各方面提供及时、准确、系统和有效的信息。

（6）场馆工作。配合做好会场布置、报到与签到等工作，安排好参展单位工作人员的作息时间，履行好布展、撤展以及办理展品进、出馆手续，负责场馆的安全、卫生和噪声控制等方面的管理。

（7）保密工作。采取积极的措施做好保密工作，凡涉及有关商业秘密的展品、项目，展出和洽谈时应注意保密，防止失密、泄密事件的发生。

**七、国际会议**

国际会议是指来自两个及两个以上国家（不是指地区）的政府、政党、社会组织或民间团体为解决互相关心的国际问题、协调彼此利益，在共同讨论的基础上寻求或采取共同行动（如通过决议、达成协议、签订条约等）而举行的双边或多边集会。

（一）召开国际会议的工作程序

1. 会议筹备

国际会议通常是围绕着特定的国际问题而进行的，而周密的准备工作可为会议的成功举办奠定良好的基础。会议的准备工作一般包括会议的发起、会议召开的时间和地点的选择、会议的邀请，以及会议议程的拟定、会议文件的准备和有关的技术性问题（如与会各国代表团的座次安排、名称的使用等）。

（1）会议发起。

国际会议可由一国发起，也可由数国联合发起，或一国倡议、数国发起。不论发起的形式如何，国际会议总是与一定的国际局势发展相关。

从某种意义上说，会议的发起就是会议的酝酿过程。有关发起国家常常通过适当的外交途径，事先同其他国家，特别是有关主要国家就拟议中的会议交换意见、听取建议，以便对会议的召开达成一致或谅解。会议的议程、开会的地点、时间、参加的国家等常常是各方讨论、磋商的主要问题。

（2）会议地点。

国际会议的开会地点往往对会议的结果，特别是会议的气氛有相当的影响，故常为各方所关注。19世纪，国际会议大都在主要有关的大国之一的首都举行。20世纪以来，重大国际会议时常在中立地点（如瑞士的日内瓦、奥地利的维也纳等）举行。有时也在发起国的首都或某一城市举行，也有在对解决所讨论之问题最为关心的国家举行的情况。近年来,一些定期召开的国际会议往往轮流在各参加国举行或在有影响的国家举行。

(3) 会议邀请。

一旦会议的准备工作完成,有关方面便着手邀请工作。邀请一般由会议主办国发出。在发出邀请信之时,应附有一份拟议中的程序规则草案,并说明参加会议的要求。邀请信往往要阐明举行会议的目的和希望取得的结果。会议邀请的对象,即会议的参加国,一般应包括与会议讨论问题有关的所有国家,有时也包括对所讨论的问题有兴趣的或对问题的解决可能发挥重大作用的国家。为了确保会议的圆满成功,保证结果的公正、合理,并能得到普遍承认和遵行,一切直接有关的国家应该都被邀请参加会议。

2. 会议举行

国际会议的主席,即会议的主持人,一般由与会国共同推举产生。推举多是一种形式,常常在会前各国即有谅解或已达成协商一致。按照惯例,会议的主席往往由东道国的首席代表担任,有时则由会议的发起国出任。为了保证会议的公正进行,国际会议有时也采取几国轮流担任的方式。

(1) 会议位次。

双边会议位次按惯例应遵循一般的外交礼节。多边会议通常以与会国国名的英文(或法文)字母次序确定各国的位次。按传统,各国代表的席位依次交替地安排在主席的右左两方。现在,一般是按国名字母顺序,从主席右边开始排列位次。但主席右边第一个席位通常由抽签或协商决定。在有些情况下,与会国之间的关系,各国代表团的人数,也影响到席位的安排。

(2) 会议组织。

国际会议因其举行规模及讨论问题的不同,往往有不同的组织形式。有些会议只有全体会议(即大会),许多会议则分为全体会议和小组会议(即各委员会),有时还设立特别委员会。从理论上讲,全体会议为国际会议的最高机构。

(3) 会议记录

许多国际会议都有会议记录。一般有三种类型,即逐字记录、摘要记录、决议文本。会议记录的内容一般需载明会议的日期、时间、地点、各国全权代表及工作人员的姓名、叙述讨论的经过、获得的结果及会议结束的时间。会议记录应得到与会各国的确认。会议记录有助于弄清哪些问题已经解决、哪些尚待努力,它也可以帮助后人了解会议的进程。

(4)会议结果。

国际会议结束后总有一定的结果,其具体形式往往表现为会议最后形成的文件,如决议、协议、声明、宣言、条约、和约或公报等等。除秘密性会议之外,这些最后文件都要公之于世。会议消息的发布依会议性质而定,公开会议可由记者直接报道,半公开会议可在会后举行新闻发布会或记者招待会予以适当发布,不公开会议则不发布任何消息。

(二)安排国际会议应注意的事项

1. 国际会议由东道国发起、组织、邀请。在发出邀请信时,必须写明议题、时间、地点、人数(包括职务)以及差旅、食宿、会务等费用承担情况。

2. 国际会议往往存在语言障碍,一般使用英语,也可商定采用联合国规定的其他正式工作语言,如汉语、法语、俄语等。不管采用何种语言,东道国必须准备足够的同声翻译,文件也应该准备不同文字的文本。

3. 地方政府、企事业单位、民间团体要召开国际会议,应向上级主管部门申报、获准,以便办理出入境手续。

### 八、电视电话会议

电视电话会议是指用通信线路把两地或多个地点的会议室连接起来,以电视方式召开会议的一种图像通信方式。两地间的电视电话会议,称为点对点电视电话会议;多个地点间的电视电话会议,称为多点电视电话会议。电视电话会议的优势是能跨越空间,实时传送与会者的形象、声音以及会议资料、图表和相关实物的图像等,因而适宜于重大、紧急情况下,布置重要工作、宣布重大决定或传达重要精神。

电视电话会议节省了与会者会议时间和差旅费用,降低了会议成本,而且能让与会者面对面共同商讨事宜,与真实的会议无异。系统还可以同时提供文件传真、图片传递等一系列辅助服务项目,因而也被广泛应用与教学、办公、商务谈判等多个领域。

但是由于电视电话会议具有高速数据传递、时效性、高保真等高要求,因此对环境要求很高,一般都是专线传输,并配备足够的设备,还要求有良好的通信服务提供商。而与会者通过电视、网络等媒体进行交流、讨论,也会影响会议的气氛与效果。

召开电视电话会议应注意以下事项：

(1)成功召开电视电话会议的基本保障是及时、切实做好通知工作。会议时间一旦决定不易更改,任何一方的耽误都会延长通信线路的占用时间,造成浪费。

(2)保密性电视电话会议要专门布线。文秘人员要督促此项工作,保证线路畅通,使通话无障碍。

(3)用电子音像设备记录会议,会议结束后应整理成书面记录。记录音像的载体,如录音带、录像带、光盘等也应归档保存,以备日后查考。

## 第四节　会见与会谈

### 一、会见与会谈概述

1. 会见与会谈的含义

会见是指双方见面会晤,交换意见,亦称"会晤"。国际上一般称"接见"或"拜见"。具体而言,接见是指身份高者会见身份低的,或是主人会见客人,有时也称之为"召见"。不过二者还是有着细微区别:接见可以由主方主动安排,也可以根据客方的请求而安排;召见则是由身份高的人士或主人主动约见。拜见则是指身份低者或客人会见主人,有时也称之为"拜会"。在君主制国家,拜见君主,又称为"谒见"或"觐见"。我国不作上述区分,一律统称"会见"。接见和拜见后的回访,称为"回拜"。

会见就其内容性质来说,可以分为礼节性会见、政治性会见和事务性会见,或者兼而有之。礼节性会见时间较短,话题较为广泛,一般不涉及实质性问题。政治性会见多是国家或国际组织的领导人或特使之间就双边关系、国际局势重大问题交换意见。事务性会见多用于商务活动,主要是涉及业务商谈、经贸洽谈等内容。

会谈是指双方或多方以平等的身份,就某些重大的政治、经济、外交、文化、军事问题,以及其他共同关心的问题交换意见,也可以指洽谈业务,即就具体业务进行谈判、会商。一般来说,会谈的内容较为正式,专业性较强,在企业中主要指商务谈判和业务会商。

2. 会见与会谈的关系

从内容上看,会见的内容多是礼节性拜访,或是交换意见、加强关系。会谈的内容则经济性、利益性较强。

从功能上看,会见主要是为了加强双方的关系,处理事务。会谈则是双方或多方为了消除分歧、改变关系而交换意见,为了谋求共同利益或契合双方利益而互相磋商的行为和过程。

然而,总体上看,会见与会谈往往又是相辅相成、密不可分的。领导人会见客人,往往是为正式会谈定下基调,或创造条件。会见中双方达成的原则性共识,往往要通过具体而细致的会谈加以系统化、条文化;而会谈有时又是为领导人之间的高峰会见做准备。

3. 文秘与会见、会谈

会见、会谈是沟通、交流、协商、消除分歧、达成共识、相互合作的重要手段。当今,随着国与国之间、地区与地区之间、部门与部门之间横向联系、交流的日趋频繁,会见、会谈也空前地增多。成功的会见、会谈能给组织树立良好的形象,获取政治、经济或者其他方面的权利和效益。因而,安排好领导者的会见和会谈活动,就具有重大的意义,也越来越成为文秘工作的一个重要方面。

## 二、文秘安排会见、会谈的工作流程

(一)收集资料,了解意图

会见与会谈是为了达到某种目的而进行的,而要达到己方的目的,首先应了解对方的意图,正所谓"知己知彼、百战不殆"。为此,文秘人员应在会见与会谈之前,通过各种渠道收集对方的相关信息,包括对方求见的目的和求见对象、对方的社会背景、参加会见的人数、姓名、职务、主要求见人的详细资料等,以帮助领导判断对方的真实意图,从而制定己方的目标和策略。

(二)确定参加人员

会见一般由领导人出面。除单独会见外,一般应安排陪见人员。领导人的确定应根据求见方的要求、双方的关系以及会见的内容性质来确定。如果不能满足对方的求见要求,应当做好解释。有时,对方并未求见,但为了体现一种姿态,或出于对某些问题的重视,也可主动接见对方。会见时,主方陪见人员不宜过多,只需有关人员参加即可。

会谈人员的多少可根据会谈的需要而定。首先应确定主谈人,主谈人的级别应与对方主谈人大致相等,并有权代表组织。主谈人对于谈判起着主导作用,故应慎重选择,一般为熟悉情况、擅长业务、老练稳重、机智敏捷、善于言辞和交际者。其次,谈判人员的群体结构也应合理。

(三) 确定地点和时间

接见来访的客人时,一般不宜在领导人的办公室里进行,应该在会客室(厅)或小型会议室进行。高级领导人之间的会见,通常要安排在重要建筑物内宽敞的会客室(厅)进行。如果是回拜,则在宾客下榻的宾馆的会客室内进行。会见的时间应根据会见的性质来定。礼节性的会见,一般安排在客人到达后的第二天或宴请之前,一般以30分钟左右为宜;其他会见,则根据需要确定时间。

会谈的地点一般安排在会议室进行,会议室不宜过大,以免人少显得空旷。如果是对方来访,会谈地点一般安排在客人下榻的宾馆的会议室进行。会谈的时间安排应先征求对方的意见。国际上对会谈的地点比较讲究,比如没有外交关系的或处于战争状态的国家,往往选择在第三国进行。

(四) 通知对方

会见与会谈的名单、地点、时间一经确定,文秘人员应及时通知对方,并了解客人抵达方式,告知己方的接送方式及接送人员。如果是重要的会见和会谈,事先还应由相关工作人员进行预备性磋商,确定会见、会谈的具体日程。

(五) 场所布置及座位安排

1. 场所的布置

会见与会谈的场所应准备足够的桌椅、沙发、茶几和饮料等物品。所有摆放的家具,应保持干净、清洁、大方。需注意的是,与涉外宾客会谈,会议桌上应放置两国国旗和座位卡。国旗可按主左客右交叉插放在会议桌中央的旗架上,也可以分别插于两边或并排挂在墙上。座位卡使用中、外文字,书写时要注意主方文字写上面,客方文字写下面。字体应工整、清晰,以便与会者对号入座。

2. 会见与会谈的座次安排

(1) 会见座次的安排。

根据"主左客右"的礼仪原则,通常将客人安排在主人的右侧,译员、记录员安排在主人和主宾的后面,其他人员按礼宾次序各坐一边,主方陪见人员在主人一侧就座,客方陪见人员在主宾一侧就座(参见图2—5)。双方人员的排序由双方按照每个人的职务、地位、本次会见的内容等综合排定。座位不够可在后排加座。

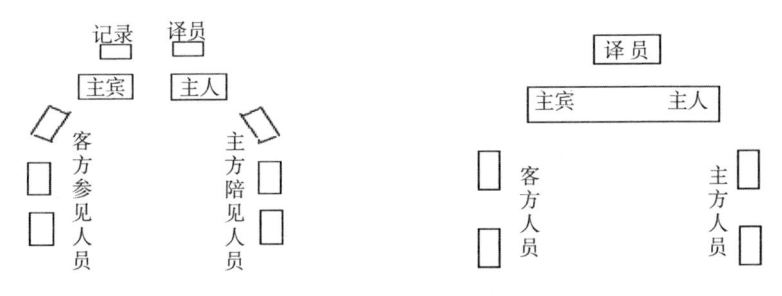

图2—5  会见席位安排

(2)会谈座次的安排。

双边会谈通常用长方形、椭圆形桌子,宾主相对而坐,以正门为准,主人坐背门一侧,客人坐面门一侧。双方主谈人居中。我国习惯把译员安排在主谈人右侧。其他人员按礼宾次序左右排列。记录员可安排在后面,当会谈人员较少时,记录员也可安排在会谈桌上就座。双方人员的排序由双方按照每个人的职务、地位、本次会谈的内容等综合排定,如会谈长桌一端向正门,则以入门的方向为准,右为客方,左为主方(参见图2—6)。多边会谈的座位可摆成圆形或方形。小范围的会谈也可以不用桌子,只设沙发,双方座位按会见座位安排。

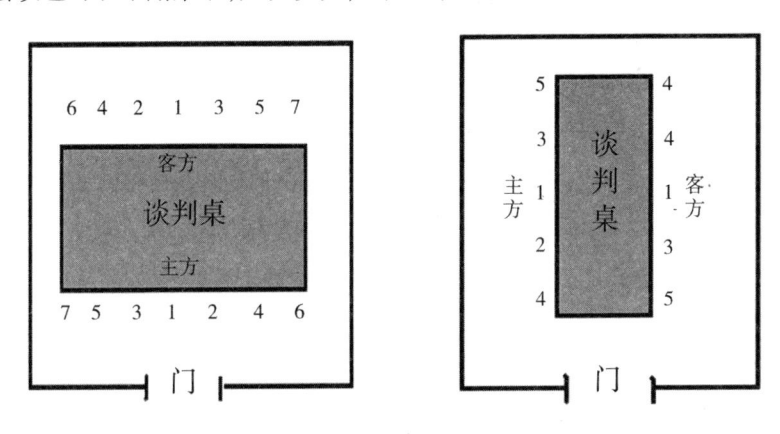

图2—6  会谈座位安排

## （六）会见、会谈时的基本程序

会见、会谈时的基本程序大体相同，一般为：迎接→致辞、赠礼、合影→会见或会谈→送别

### 1. 迎接

会见、会谈时，主方领导人应提前到达，并在门前迎接客人。领导人可以在大楼正门口迎接，也可以在接见厅或会见室门口迎接。如领导人不到大门口迎候，应由工作人员在大楼门口迎接客人，并引入会见厅。

### 2. 致辞、赠礼、摄影

正式谈话前，双方应有简短的致辞、互赠礼品。礼品无须很昂贵，能表达敬意与作为友谊的纪念品即可。礼仪隆重的会见要安排专人摄影，摄影时间应是宾主握手之时，也可由工作人员将宾主引领到特定的场景拍摄。需要安排合影的，要事先布置好场地，安排好合影图，备好照相设备。

合影时要安排好座次。一般由主人居中，按礼宾次序，以主人右手为上，主人的右手排第一位来宾，主人的左手排第二位来宾，主客双方间隔排列（参见图2—7）。第一排人员既要考虑人员身份，也要考虑场地大小，即能否都摄入镜头。一般来说，每排两端均由主方人员把边。如果是上级领导来视察，安排合影时，则要将所有合影人员排出次序，每排再按开会时主席台上的就座次序排列。为了突出主要领导，保证主要领导居中，通常排单数就座，1号人员即身份最高者居中，2号人员在1号人员左手位置，3号人员在1号人员右手位置，以此类推。

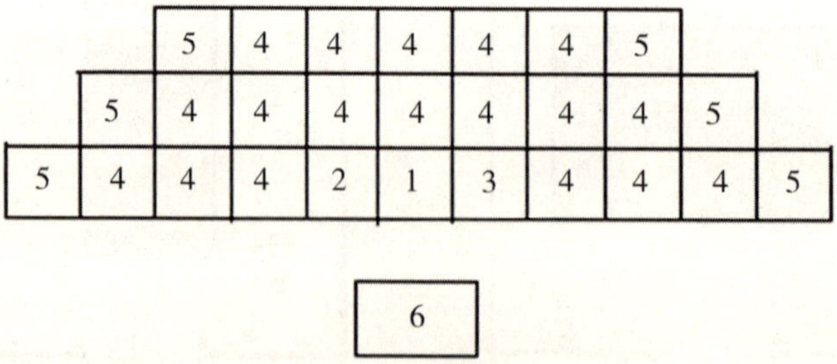

| | | 5 | 4 | 4 | 4 | 4 | 4 | 5 | | |
|---|---|---|---|---|---|---|---|---|---|---|
| | 5 | 4 | 4 | 4 | 4 | 4 | 4 | 4 | 5 | |
| 5 | 4 | 4 | 4 | 2 | 1 | 3 | 4 | 4 | 4 | 5 |

| 6 |
|---|

注：1为主人；2为第一主宾；3为第二主宾或主宾夫人；4为主客双方间隔排列；5为主方陪同人员；6为摄影师

图2—7　合影座次安排图

3. 会见、会谈

领导人之间的会见、会谈,除陪见人员和必要的译员、记录员外,其他工作人员安排就绪后均应退出。如允许记者采访,也只是在正式谈话开始前采访几分钟,然后全部离开。谈话过程中,旁人不要随意进出。

会见时一般只备茶水,中间不斟茶,夏天可备冷饮。如会谈时间过长,可适当斟茶或加上咖啡。斟茶时须在发言间歇进行,并从主宾开始。

4. 送别

会见、会谈结束后,主人应将客人送至门口或车前,握手道别,目送客人离去后再返回室内。

(七)整理会谈文件

会谈如果成功,往往会产生合同、协议书、议定书、条约、意向书、备忘录、会谈或会议纪要、声明、宣言、公报等文件。这些文件应由文秘人员记录、整理、起草,然后提交各方讨论,直至达成一致,最后进入签字仪式。

## 第五节　商务活动

随着全球政治、经济一体化时代的到来和我国市场经济的逐步确立,企业市场营销活动、公关活动、广告宣传活动、品牌推广活动、招商活动、节假日庆典活动等各种商务活动越来越多。商务活动已经成为企业整合市场资源、开展市场营销活动和提升企业文化建设、塑造企业形象的重要手段。因而,这就要求文秘人员必须了解、掌握各种商务活动的性质和工作程序。本节将主要介绍签字仪式、庆典活动、商务谈判和宴请活动。

一、签字仪式

会谈中产生的正式文件一般都要举行签字仪式正式签署。签字仪式表明会谈各方对文件约束力的正式认可,体现各方对会谈结果的重视。签字仪式还具有见证和宣传的作用。签字仪式的整个过程所需时间并不长,也不像举办宴会那样涉及多方面的工作,其程序较简单,但由于签字仪式是访谈、谈判成功的一个标志,又或者是涉及国与国之间的关系,有时甚至是历史转折的一个里程碑,因此,

签字仪式有着比较严格的程序及礼仪规范。其主要流程及事务工作如下:

(一)确定参加签字仪式的人员

1. 签字人

签字人应视文件性质由缔约各方确定,既可以是各方参加谈判的主谈人,也可以是各方派出的更高级别的领导人。但不管是哪一级,双方签字人必须符合下面两个条件:

(1)具有法人代表资格,或者由法人代表所委托的人员,委托签字时必须出示委托人亲笔签署的委托书。

(2)双方签字人的职务和身份应一致或大体相当,没有十分特殊的情况,不应当派级别低于对方的人员签字。

2. 助签人

助签人的职能是洽谈有关签字仪式的细节,并起着在签字仪式上帮助翻阅与传递文本、指明签字处的作用。由于涉外签字的文本由中外文印成,各方签字的位置不一,一旦签错,就会导致签字仪式的失败。故助签人必须是参与谈判的全过程和文本的整理、起草、制作工作,并且熟悉业务,认真仔细。双边签字时,双方助签人的人选应事先商定。多边签字时,可由主办方派一名助签人,依次协助各方签字。由礼仪小姐担当助签人的做法,仅适用于一些喜庆性的签字仪式,而且事先一定要对礼仪小姐进行培训。

3. 领导人

为了表示对谈判成果的重视,签字各方也可以派出身份较高的领导人参加签字仪式,但也应当注意规格大体相等。

4. 致辞人

致辞是表达对谈判取得的成果祝贺。如安排致辞,一般由签字各方身份最高的人分别致辞。有时也可安排上级机关或协调机构的代表致贺词。

5. 主持人

如果签字仪式中安排致辞、祝酒等活动,应当有一位主持人介绍致辞人的身份。主持人一般由主办方派有一定身份的人士担任。

6. 见证人

见证人主要是参加会谈的人员,各方人数应当大致相等。有时也可邀请保证人、协调人、律师、公证机关的公证人员参加。

## (二)签字文本的准备

签字文本是谈判成果的具体表现形式。只有在文本定稿后,才可能举行签字仪式。负责提供待签合同文本的主方,应会同有关各方一道指定专人,共同负责签字合同的定稿、校对、印刷、装订、盖火漆印工作。按常规,应为在合同上正式签字的有关各方,均提供一份待签的合同文本。签署涉外商务合同时,比照国际惯例,要准备中文和外文两种合同文本,或是使用国际上通行的英文或法文。

合同文本分正本和副本。正本是签字文本,用于签字后由各方或交专门的机构保存。正本的数量根据签字方的数量而定,各方都必须在每份正本的每种文字文本上签字,并各自保存一份正本。有时为了方便使用,也可以根据正本的内容与格式印制若干副本。副本的法定效力、印制数量和各方保存的份数,由签字各方根据实际需要协商确定,并在条款中加以规定。一般情况下,副本不用签字、盖章,或者只盖章不签字。

为了保证文本在签字后立即生效,一般在举行签字仪式前,先在签字文本上盖上双方的公章,这样,文本一经签字便具有法定效力。

## (三)签字之前的其他筹备工作

### 1. 签字厅的布置

由于签字的种类和各国的风俗习惯不同,因而签字仪式的安排和签字厅的布置也不尽相同。签字厅有常设专用的,也有临时以会议厅、会客室来代替的,但一般要选择有影响的、结构庄严的、宽敞明亮的、适宜于签字的大厅。如图 2-8 所示。

### 2. 签字桌椅

双边签字,一般设长条桌,上铺深绿色或暗红色的台呢。桌一侧放两把椅子,为双方签字人员的座位。如签字方较多,则加长桌子,增加座位。多方签字也可将桌排成圆形或方形。涉外双边签字仪式的座位按主左客右的礼仪顺序摆放,即客方的座位安排在主方的右边。多方签字则按礼宾次序安排各方签字代表的座次,一般按英文国名当头字母的顺序排列,也可按事先商定的顺序排列,排在第一位的居中,第二位排在其右边,第三位排在左边,也可以仅放一张椅子,由各方代表按序依次签字。

签字桌上可放置各方签字人的席卡。席卡一般写明签字人的国家或组织的名称、签字人的职务及姓名。涉外签字仪式应当用中英文两种文字标示。

3. 签字物品的准备

在签字桌上,应事先放好待签的文本以及签字笔、吸墨器等物品。

4. 国旗的摆放

涉外签字仪式要悬挂各方国旗。国旗可以按主左客右交叉插放在签字桌中央的旗架上,也可以分别插于两边或并挂在墙上。多方签字时,则插在各方座位前的桌上。

5. 讲台

如果安排致辞,可以在签字桌的右侧放置讲台或落地话筒。

6. 会标

签字仪式的会标要求醒目,写法由签字双方名称、签字文本标题和"签字仪式"组成,如"××地区与××市对口帮扶协议签字仪式"。

7. 香槟酒

有时在签字仪式结束后,会举行小型酒会,举杯共庆会谈成功。工作人员应事先准备好香槟酒、酒杯等。

8. 服饰准备

按照商务礼仪规定,签字人、助签人以及随员,在出席签字仪式时,应当穿着具有礼服性质的深色西装套装或西装套裙,并配以白色衬衫与深色皮鞋。在签字仪式上露面的礼仪、接待人员,可以穿工作制服,或是旗袍一类的礼仪性服装。

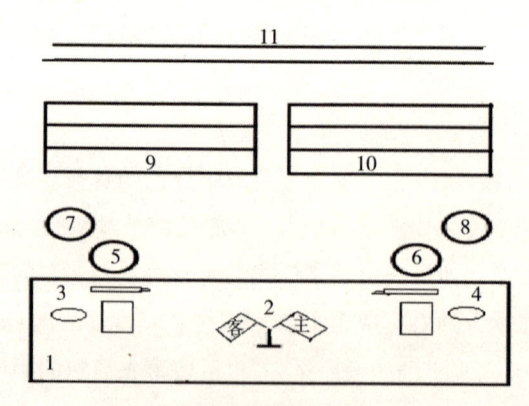

1.签字桌;2.旗架;3.客方保存文本、吸墨器、签字笔;4.主方保存文本、吸墨器、签字笔;5.客方签字人座位;6.主方签字人座位;7.客方助签人位置;8.主方助签人位置;9.客方参加人员位置;10.主方参加人员位置;11.屏风(背景墙)

**图 2—8 签字仪式布置示意图**

(四)签字仪式程序

1. 人员入场

双方参加签字仪式的人员按序步入签字厅,签字人按既定的位次入座,双方的助签人员分别站立于签字人员的外侧,协助翻揭文本及指明签字处。其他参加人员分主方、客方按身份顺序站立于后排,客方人员按身份由高到低从中间向右边排,主方人员按身份高低由中间向左边排。人数较多时,可以按照以上顺序并遵照"前高后低"的惯例,排成多行。双方的人员应大体相当。

2. 签署合同文本

签字人应首先签署己方保存的合同文本,然后再交由他方签字人签字(由助签人交换)。每个签字人在签署己方保留的合同文本时,按惯例应当名列首位。其含义是在位次排列上,轮流使各方有机会居于首位一次,以显示机会均等,各方平等。

3. 交换合同文本

各方签字人签署完合同文本后,应热烈握手,互致祝贺,并可相互交换各自方才使用过的签字笔,以示纪念。全场人员应鼓掌,表示祝贺。一般情况下,商务合同在正式签署后,应提交有关方面进行公证,才正式生效。

4. 祝贺

交换已签的合同文本后,国际上通行的用以增添喜庆氛围的做法是,有关人员用香槟酒举杯共庆。

二、庆典活动

庆典一般多为组织为庆祝开业、工程项目开工、机构挂牌或揭牌、展销展览会开幕而举办的商业性活动。它选择特殊的日期举办,邀请特定的人员参加,旨在向社会和公众宣传本组织,提高本组织的知名度和美誉度,展现良好形象和风范,广泛吸引潜在客户。庆典活动的主要工作流程如下:

(一)成立筹委会,明确主题,拟订活动方案

庆典活动涉及面比较广,各项工作相互联系、彼此交叉,必须统筹安排,因而必须成立筹委会来组织、协调和部署各项工作。庆典主题是指组织通过举办庆典活动欲达到的具体目的,如联络公众、广交朋友,或扩大影响、吸引客户,或宣传组织、推介产品等。主题一经确定,应及时组织人员策划拟写庆典方案。方案要从

全局出发，紧紧围绕活动主题。

(二)确定庆典时间、参加对象，并发出邀请

1. 确定庆典时间时，应考虑的几个因素

(1)关注天气预报，提前向气象部门咨询近期天气情况，应选择天气晴好的日子。

(2)选择主要嘉宾、主要领导能够参加的时间，选择大多数目标公众能够参加的时间。

(3)善于利用节假日传播组织信息，切不可在外宾忌讳的日子里举办庆典活动。

(4)考虑周围居民生活习惯，避免庆典活动因过早或过晚而扰民，一般安排在上午9:00—10:00较为适宜。

2. 参加人员

庆典活动的参加对象除了本单位员工外，还应邀请上级领导、合作伙伴、新闻媒体记者，以及参加该项活动的有关单位代表、对该项活动提供赞助的组织和个人等。

3. 提前邀请

举办庆典活动的时间和参加对象一经确定，应提前一至两周发出邀请，以便受邀者及早安排和准备。在活动举办前2—3天最好电话核实有无变动。需要强调的是，由于出席庆典的人员较多，涉及范围广，若非万不得已，绝对不能轻易更改或取消活动。

(三)布置庆典现场

1. 地点的选择

庆典活动地点一般设在企业经营所在地、目标公众所在地或租用大型会议场所。无论选择哪一种，都要注意场地的大小要与出席人数相符，庆典场地并非越大越好，如果地方大而人数少，会产生冷清的感觉，反而达不到预期的效果。此外，还应考虑场内空间和场外空间比例是否合适，停车位是否足够等。

2. 环境的布置

庆典现场布置应当体现出热烈、喜庆或隆重的气氛，可以用彩带、气球、标语、祝贺单位花篮、条幅、牌匾等烘托气氛，也可以安排乐队演奏一些欢快、喜庆的乐曲，如场面较大，应安置扩音设备。布置场地时，要注意考虑本单位实际情况，量

力而行,杜绝浪费。

时间较长的庆典活动,可设主席台并摆座位;时间较短的一般站立举行,但事先应划分好场地以便维持现场秩序。按照惯例,举行开业典礼时宾主一律站立,一般不布置主席台或座椅。

(四)准备相关物品

(1)准备相关的文件材料,如领导发言稿、致辞,拟写典礼议程等。

(2)准备场地用物品,包括签到簿、宣传册、音响、照明设备等,开业典礼还应准备剪彩用的红绸、托盘、剪刀等。

(3)准备向来宾赠送的礼品。宾客参加开业典礼,一定要馈赠礼品。选择赠送的礼品时,应注意考虑要具有宣传性,可以选用本单位的产品,也可以在礼品及其外包装上印有本企业的标志、广告用语、产品图案、开业日期等。其次,还应具有一定的纪念意义,使礼品接受者感到光荣和自豪,从而对其珍惜。

(五)来宾的接待工作

与一般的商务交往相比,对出席庆典仪式的来宾的接待,更应突出礼仪性的特点,应使来宾感受到主人真挚的尊重与敬意,使每位来宾都能心情舒畅。最好的办法是,庆典一经决定举行,即成立对此全权负责的筹备组。筹备组下设若干专项小组,其中由接待小组负责礼宾工作。接待小组成员的具体工作如下:

(1)来宾的迎送,即在举行庆典仪式的现场迎接或送别来宾。

(2)来宾的引导,即由专人负责为来宾带路,将其送到既定的地点。陌生的来宾应由工作人员向主办单位领导介绍。

(3)来宾的陪同,对于一些年事已高或非常重要的来宾,应安排专人陪同始终,以便关心与照顾。

(4)来宾的招待,即指派专人为来宾送饮料、上点心以及提供其他方面的关照。

(六)庆典活动的具体程序

虽然说不同形式的庆典活动程序各不相同,但基本程序是一样的,主要包括以下内容:

(1)预备。奏乐,请来宾就座。

(2)主持人宣布庆典正式开始,介绍主要来宾。

(3)致辞。先由主办方代表致辞,主要是对来宾表示感谢,介绍庆典的理由或报告本组织的成就等。然后由其他方面人士致辞,主要表达对庆典单位的祝贺,并寄予厚望。致辞人应事先安排好,以免当众推诿,影响庆典气氛。

(4)启动庆典标志活动,如剪彩、揭幕或奠基。启动标志活动时,主持人应先介绍剪彩、揭幕或奠基人员的身份和姓名。

剪彩时,人员一般不多于5人,多由领导人、合作伙伴、社会名流、员工代表担任,身份最高者居中,其他人员按身份以左上右下顺序交叉排列。涉外剪彩,则按主左客右或右上左下原则排列。通车剪彩结束后,宾主和群众代表还应一起乘坐首次正式通行的车辆。

揭幕时,由本组织负责人和一位上级领导或嘉宾代表行至彩幕前恭立,接过礼仪小姐递交的开启彩幕的彩索,目视彩幕,双手拉启彩索,展开彩幕。揭幕拉启后,全体到场者应在主人的亲自引导下,依次进入幕门。

工程奠基有一些特殊的要求。奠基的地点一般应选择在建筑物的施工现场,而奠基的具体地点,按常规应选在建筑物正门的右侧。提前准备好外形精美的长方形奠基石料,在其长方形一侧面正中央竖刻"奠基"两个大字,左下款刻写奠基单位的全称及举行奠基仪式的具体年月日。放置奠基石时,应在其下方或一侧安放一只密封完好的铁盒,内装与该建筑物相关的各项资料以及奠基人的名单。奠基仪式正式开始时,首先由奠基人双手持系有红绸的新锹为奠基石培土,随后再由主人与其他嘉宾依次为之培土,直至将其埋没为止。

庆典标志活动启动后,参加典礼的全体人员应该鼓掌祝贺,在非限制燃放鞭炮的地区还可燃放鞭炮庆贺。

(5)安排文艺演出。该项程序根据情况而定。

(6)参观。参观时,应让主办方单位的领导人和贵宾走在前面,可以观看模型、观摩事物、参观生产车间和荣誉室等。整个过程应由解说员按既定参观路线引导,并伴之以耐心地讲解。讲解应避免长篇大论、滔滔不绝,那样会给人华而不实之感。对参观者关心或不易理解的地方,要重点讲解,同时应注意不泄露秘密。参观路线较长时,应准备好休息室,备足茶水或饮料,供参观者小憩。参观结束后,主办方可向来宾赠送纪念性礼品。

(7)举行宴请活动。该项内容根据情况而定。

### 三、商务谈判

所谓商务谈判是指当事人各方为了自身的经济利益,就交易活动的各种条件进行洽谈、磋商,以争取达成协议的行为过程。

(一)商务谈判的作用

(1)商务谈判有利于促进商品经济的发展。市场经济是商品交换的经济,谈判作为实现商品交换的重要手段,可以更好地反映交换双方的意愿和需求,可以更好地探索合作的空间和方案,提高交换的效率。

(2)商务谈判有助于加强组织与组织之间的联系。谈判的过程是组织与组织之间交往的过程,也是谈判者之间了解与熟悉的过程,尤其是经过谈判中的充分交流后达成一致,双方由此培养了友谊和信任,建立了互惠互利的关系,有助于双方的长期合作。

(3)商务谈判可以提高组织间尤其是企业间商务合作成功的机会。当今社会,企业之间的竞争越来越激烈,特别是在买方市场下,作为卖方如何去争取到买方的合作,直接影响着企业的生存与发展。企业如果争取不到谈判,就意味着难以争取到合作。

(4)良好的谈判有助于塑造组织的形象。谈判过程中,谈判者的素质和言行举止是组织形象最直接、最有效的展示,同时,谈判者在谈判过程中的注重信用、信守承诺以及对合同的良好履行,为组织培育和积累了信誉,尤其是与强大对手的成功谈判,是组织业绩和实力最具说服力的标志。

(二)商务谈判的类型

根据不同的标准,商务谈判可分为不同的类型:

(1)按照地区范围来划分,商务谈判可分为国内商务谈判和国际商务谈判。

(2)按照交易地位的不同来划分,商务谈判可分为买方谈判、卖方谈判和代理谈判。

(3)按照谈判的人员数量多少来划分,商务谈判可分为一对一谈判、小组谈判和大型谈判。

(4)按照谈判的地域不同来划分,商务谈判可分为主座谈判、客座谈判和中立地点谈判。

(5)按照谈判的信息交流方式不同来划分,商务谈判可分为口头谈判和书面谈判。

(三)商务谈判中人员的配置

一般情况下,商务谈判的人员配置应包括首席代表、技术人员、商务人员、法律人员、记录人员、翻译人员。

(1)首席代表:或称为谈判领导人。他们在谈判中拥有领导权和决策权,一般由单位的副职领导人担任。

(2)技术人员:由熟悉生产技术、产品标准和科技发展动态的工程师担任。

(3)商务人员:由熟悉商业贸易、市场行情、价格形势、财务情况的贸易专家担任。

(4)法律人员:由精通经济贸易的各种法律条款的专家担任。

(5)记录人员:应具备熟练的文字记录能力,并具有一定的专业基础知识。

(6)翻译人员:涉外商务谈判中应配置翻译。翻译人员不仅能起到语言沟通作用,而且能改变谈判气氛,增进谈判双方的了解、合作和友谊。

(四)文秘在商务谈判中的作用

1. 收集信息情报

文秘人员收集的信息情报主要有三类:谈判对手的情报、己方的信息资料、竞争者的情况。信息收集得越多越详细越有利于己方工作的开展。

2. 制定谈判计划

(1)确定谈判的主题和目标。

谈判主题是指参加谈判的目的,最好用一句话加以概括和表述;谈判目标则是谈判主题的具体化,是组织对本次谈判的期望水平,整个谈判活动都是围绕主题和目标进行的。

(2)确定谈判的地点和时间。

谈判地点的选择,往往涉及一个谈判的环境心理因素问题,有利的场所能增加自己的谈判地位和谈判力量。谈判若能在自己熟悉的地点进行,是最为理想的,若争取不到这个地点,则至少应选择一个双方都不熟悉的中性场所,以减少由于"场地劣势"导致的错误,避免不必要的损失。

谈判时间的安排,即谈判在什么时间举行、多长时间、各个阶段时间如何分配等等。一般周一和周五不适合安排谈判。

(3)制订谈判议程。

谈判议程是指有关谈判事项的程序安排,它分为通则议程和细则议程。

通则议程是谈判双方共同遵守使用的日程安排,一般由东道主制订,经过双方协商同意后方能正式生效。一般来说,典型的谈判议程包括以下内容:

谈判在何时举行？为期多久？倘若是一系列的谈判，则分几次举行？每次所需的时间大致多少？休会时间多少？

谈判在何地举行？举行几轮谈判？

哪些事项应列入讨论？哪些事项不应列入讨论？列入讨论的事项应如何编排先后顺序？每一事项应占多少讨论时间？

细则议程是己方参加谈判策略的具体安排，只供己方人员使用，具有保密性。

3. 谈判场所布置

商务谈判一般会涉及企业经济利益，因而谈判场所应采取保密措施。时间较长的谈判，应设置休息室。会场内通常用长方形条桌，座位安排可参阅会谈时座位安排，不再赘述。要准备并试调好各种设备，安排好各种仪式。涉外谈判应准备好双方国旗。

商务谈判是一项艰苦复杂、体力消耗大、精神高度紧张的工作，对谈判人员的精力及体力有较高的要求，文秘人员应根据谈判人员的饮食习惯，尽量安排可口的饭菜和安全舒适的住宿条件。

4. 做好谈判记录

谈判记录应为全程记录，涉外谈判要提前安排好专门的翻译人员，以免谈判中出现语言障碍。

5. 谈判的善后工作

善后工作主要包括：回收有关资料，整理存储；收拾谈判场所；清理并报销有关账目；撰写谈判总结。这一阶段，文秘人员还应做好谈判结果公布前的保密工作。

四、宴请活动

为了扩大本单位的影响力，塑造良好形象，表达对各方的诚意，一些企事业单位会在大型的活动之后，例如开业、店庆、举办大型展览会后，举行相应的宴请活动。

文秘在安排宴请活动时，需注意以下五方面的工作：

(一)确定宴请形式

宴请总是通过一定的宴请形式来完成的，每种宴请形式均有特定的规格和要求。国际上通用的宴请形式有四种：宴会、招待会、茶会、工作餐。其中，宴会又有

国宴、正式宴会、便宴之分。招待会是指不备正餐的宴请形式,包括冷餐会、酒会。下面就各种宴会形式做一介绍:

(1)国宴是以国家元首或政府首脑名义,或为国家的庆典,或为欢迎外国元首、政府首脑来访而举行的宴会。国宴是规格最高的一种宴请形式。宴请时,宴会厅内悬挂双方国旗,安排乐队演奏双方国歌及席间乐,席间双方要致辞和祝酒。

(2)正式宴会是仅次于国宴的一种宴会,除不挂国旗、不奏国歌以及出席人员的身份不及国宴外,其余安排大体与国宴相同,有时也安排乐队奏席间乐,宾主均按身份排位就座。一般多用于涉外交往。

(3)便宴是一种非正式宴会。常见的便宴有午宴、晚宴,有时亦有早宴。便宴具有简便、灵活的特点,除主人与主宾坐在一起外,其他人可以不安排座次、不作正式讲话,菜肴可酌情增减。因此,便宴适用于日常业务洽谈、信息交流等友好交往活动。

(4)冷餐会通常在招待人数较多时举行,规格可高可低。它类似于自助餐,但比自助餐正式,一般设有主宾席座位,其余各席不固定座位,食物以冷餐为主,也可冷、热兼备,连同餐具一起陈设在餐桌上,客人取食随意,边谈边用,气氛祥和,便于交流。冷餐会时间限制不严,一般可晚来早走,中途离席。

(5)酒会又称鸡尾酒会,以酒水为主,略备小吃,不设座椅,客人可随意走动,便于广泛接触、交谈。酒会举行的时间亦较灵活,中午、下午、晚上均可。请柬上一般均注明酒会起止时间,客人可在此时间段入席、退席,来去自由,重气氛轻食物,格调高雅。鸡尾酒会是西方国家比较传统的一个社交节目,被邀请参加的客人,男士一般要穿西服或小晚礼服,女士应化妆、穿着正式。近年来,国际上举办大型活动采用酒会的形式逐渐普遍,国内的各种交往活动以及各种开幕、开张等庆典活动,也较多地采用酒会。

(6)茶会是为了联络、结交朋友而进行的具有对外联系和招待性质的社交性集会,通常设在会议厅或客厅,厅内设茶几、座椅,一般不排席位,主宾多安排在主人旁边。茶会主要以饮茶为主,因而对茶叶、茶具及递茶均有规定和讲究。招待外宾时,一般用红茶,可略备点心和小吃。茶会分为上午茶(早茶)、下午茶两种,举行时间一般在上午10时或下午4时。

(7)自助餐严格意义上说不是一种宴请,多是重要活动中的一个环节,如附属在参观、庆典、会议后的一种接待客人的项目。它的特点是同时接待多人,不设固定的席位,客人各取所需、自寻席位,不太重视气氛。

(8)工作餐也是一种非正式宴请形式。按用餐时间分为工作早餐、工作午餐、工作晚餐,主客双方可利用进餐时间边吃边谈。工作餐多采用快餐分食的形式,既简便、快捷,又符合卫生。双边工作进餐往往以长桌安排席位,席位安排与会谈席位排列相仿,便于主宾双方交谈、磋商,一般不请配偶。在我国,这种宴请形式已开始广泛使用于外事工作中。

(二)订菜

1. 选菜的标准和依据

宴请的酒菜应根据接待规格和宴会形式,在规定的预算标准内安排。

选菜可优先考虑三类菜肴,即民族特色菜肴、地方特色菜肴、餐馆的特色菜。

一顿标准的中餐大菜,不管它是什么样的风味,上菜的次序都是相同的。首先上桌的是冷盘,接下来是热炒,随后上的是主菜,然后上点心和汤,最后是果盘。如果上咸点心的话,讲究上咸汤;如果上甜点心,就要上甜汤。其次,点菜时要"看人下菜",即根据客人口味和禁忌点菜,如果老年客人居多,应以质地软嫩、口味清淡的菜为主;如果年轻人多,可多点些味道香浓的荤菜,菜品数量也要相应地多些。第三,考虑荤素搭配、菜色搭配、冷热搭配、口味搭配。在点菜时还要考虑数量,一般冷菜加热菜是人数的2倍就可以,冷菜4~6个即可。

西餐上菜的次序因宴会形式的不同而不同:

正餐的常规菜序:一顿正规的西餐正餐,大体上应当包括开胃菜、汤、海鲜、主菜、甜品、水果、红茶或咖啡等几道菜式。它们通常缺一不可,而且先后顺序不容颠倒。

便餐的常规菜序:一顿正规的西餐便餐,大体上应当包括开胃菜、汤、主菜和甜品等几道菜式。

享用自助餐时,其正规的用餐顺序依次为:冷菜、汤、热菜、点心、甜品和水果。

了解中、西餐标准的上菜次序,不仅可以避免因为不懂而闹笑话,而且还有助于在点菜时巧做搭配。

2. 选菜的禁忌

在安排菜单时,应该考虑来宾的禁忌,主要有三方面需要注意:

(1)宗教禁忌,如宴请伊斯兰教徒应用清真席,不用酒;宴请印度教徒不能用牛肉;宴请佛教徒应上素食。

(2)地方禁忌,如英美人通常不吃动物内脏、动物的头部和脚爪。

(3)个人禁忌,比如有人不吃鱼,有人不吃肉,糖尿病病人不吃甜食等。

(三)排定座次

一般的宴会,除自助餐、茶会及酒会外,文秘人员必须安排客人的席位。现就宴会桌次和座位的排列介绍如下:

1. 桌次的排列

两桌或两桌以上的宴会,一般应当排桌次。排桌次时,首先要确定主桌位置,如果只有两桌,主桌一般设在进门的右侧或里侧;如果是多桌,主桌应面向次桌或围在次桌中间,即居前居中。具体排列规则为:横排以右为上、纵排以远为上,圆厅居中为上,有讲台以临台为上。次桌的高低以离主桌位置远近而定,近高远低,右高左低。桌数较多时,要摆桌次牌。如图2-9所示。

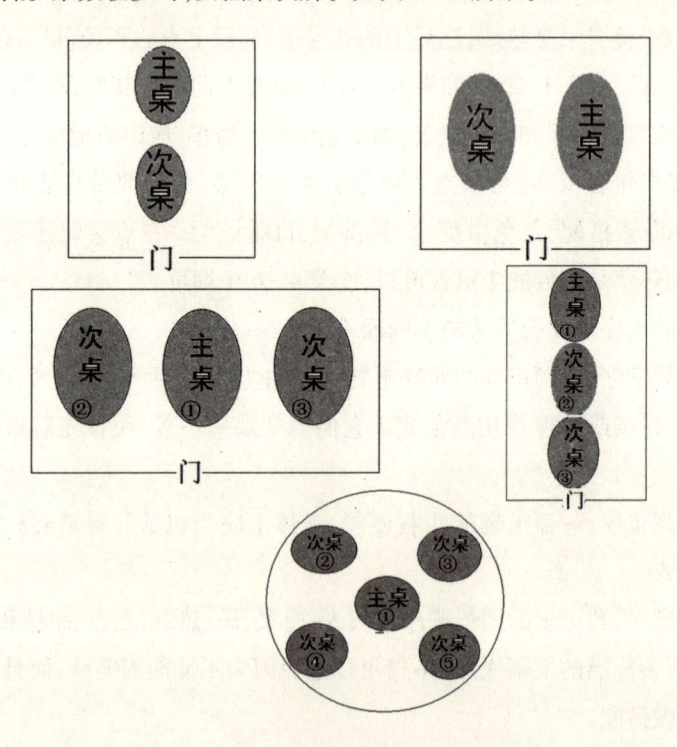

图2—9 宴会桌次安排示意图

2. 座次的排列

座次的安排规则一般采用"面门定位法",遵循"面门为上、以右为尊、临墙为佳、观景为好"的原则,即以面对正门的位置为参照,面门为上、右尊左卑、背靠墙面、面对窗户。通常每桌安排 10 人,座位高低以离主人座位的远近而定。我国习惯按各人本身职务排列,以便于谈话。当只有一位主人时,主宾坐在主人右手的一侧,二号来宾坐在主人左手的一侧,其他来宾依次分别坐在两侧。当有两位主人时,即有第一主人和第二主人时,主宾坐在第一主人右手的一侧,二号来宾坐在第一主人左手的一侧;第二主人坐在第一主人的对面,三号来宾坐在第二主人右手的一侧,四号来宾坐在第二主人左手的一侧,五、六号来宾分别坐在一、二号来宾的两侧,七、八号来宾分别坐在三、四号来宾的两侧,其他来宾依次排座。如主人和主宾偕夫人出席宴会,则应把女方安排在一起,即主宾坐在主人的右方,主宾夫人坐在主人夫人的右方。如主宾偕夫人,而主人的夫人不能出席,通常可请其他身份相当的女士作第二主人,如无适当身份的女士出席,也可把主宾夫妇安排在主人左右两侧。如图 2-10 所示。

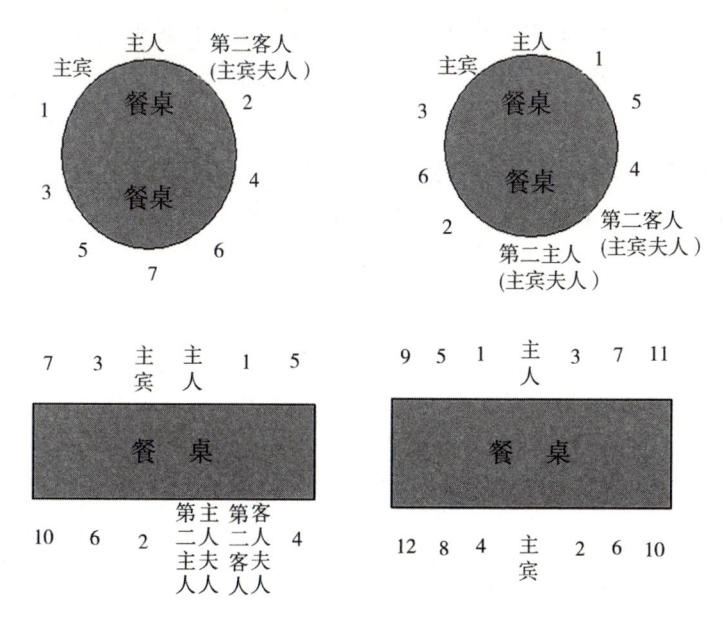

图 2—10 宴会席位安排示意图

席位安排妥当后,应制作座位卡,写上姓名,置于桌上。涉外宴请,应用中、外两种文字书写,中文在上,外文在下。

(四)迎送宾客

宴会开始前,主人一般要在宴会厅门口迎接客人。主宾到达后,由主人陪同进入宴会厅先入座,然后全体人员就座,宴会开始。如宴会规模较大,也可以请主桌以外的客人和主方陪同人员先入座,由主人陪同先在休息室休息,等人到齐后主宾再入座。

（五）入座

参加宴会入座时要讲究顺序,分清座位的尊卑,将尊位让给长辈。入座时应从座椅左边进入,背对座椅。坐好后,要保持良好的坐姿,不要将双肘撑在桌上,或在桌前整理服饰。要注意背对门口的座位一定由主方人员来坐,因为这是个下位。

宾主入座后,宴会开始,通常由主办方代表作为主持人当众宣布宴会开始,并介绍主办方的领导和来宾。

（六）致辞

宴会中如果有正式讲话,双方应事先交换讲话稿,一般由主方先提供给客方。正式宴会,讲话时间一般都安排在入席后宴会开始之前,先主后客。招待会和酒会的讲话时间则比较灵活,可根据实际情况灵活安排。

（七）散席

吃完水果,主人与主宾起立,宴会即告结束。主宾告辞,主人送至门口。主宾离去后,原迎宾人员顺序排列,与其他客人握手道别。

# 第三章

# 接待工作与礼仪

## 第一节 接待工作概述

接待工作是指各种组织在公务活动中对来访者所进行的迎送、招待、洽谈、联系等辅助管理活动,是办公室一项经常性的事务工作。随着我国改革开放的深入发展,市场经济的蓬勃兴起,接待工作的重要性日益凸显,它有利于单位改善外部环境,扩大对外影响,获取各种信息,既是单位工作的门面和窗口,也是对外联系合作的桥梁。从某种意义上说,接待工作已经成为一种潜在的生产力。

**一、接待工作的基本要素**

(一)来访者

来访者即接待活动的对象。公务活动中的来访者总是直接或间接代表着一定的社会组织。因而,来访者的身份、地位和他所代表的组织与本单位的相互关系,对接待工作具有直接的影响。

(二)来访意图

来访意图是来访者期望通过来访而达到的目的,不同的来访者有不同的来访意图。来访意图是制定接待方针、确定接待规格、安排接待活动的重要依据。

(三)接待者

接待者指负责接待的一方,他(她)是接待活动的主体。公务接待中的行为主体是一个特定的社会组织,负责接待的工作人员代表着一定的社会组织出面接待来访者。接待活动中的接待人员主要有领导人、专职接待人员、业务部门人员、文秘人员等。

（四）接待任务

接待任务是根据来访者意图以及领导者的接待指示而确定的接待方针、接待内容和接待责任。一般来说，重要的接待活动应制定接待计划或方案，将接待任务加以明确和落实。

（五）接待方式

接待方式是根据接待任务而确定的接待规格、程序和形式，它是为接待任务服务的，接待任务不同，接待方式也不同。

## 二、接待工作的种类

按照来宾的来访意图可以将接待分为：会议接待、视察与检查接待、参观接待、经营活动接待、技术考察接待和其他接待。

按照接待对象的不同，可以把接待分为：外宾接待和内宾接待。内宾接待又分为对上级单位来人的接待、对平行单位来人的接待、对下属单位来人的接待、对新闻单位来人的接待和对本单位来人的接待。

按接待双方隶属关系可以将接待分为：上级来访接待、下级来访接待、平行单位来访接待。其中平行单位来访接待，指既无隶属关系，又无职能上管理与被管理关系的单位的来访接待。

按照来访者有无预约可以把接待分为：预约来访者接待和未预约来访者接待。

此外还可以根据来访者的身份、职业、年龄、性别、民族和宗教信仰等来划分接待的类型。

接待类型不同，接待的方针、任务、方式也应有所不同。

## 三、接待工作的原则

（一）热情周到

接待工作涉及方方面面，环节多、操作性强，有时一个小小的差错就可能导致整个接待活动失败，甚至产生极其恶劣的政治影响。因此，在接待活动中态度要热情，想客人所想，急客人所急，只要来访者提出的要求合理，己方条件许可，就应满足来访者的需要和愿望。同时还要有细致周到的工作作风,充分尊重来访者的习俗和信仰。

(二)勤俭节约

无论是对内还是对外、对上还是对下,接待工作都应严格执行关于反腐倡廉的有关规定和要求,按标准安排,依制度开支,照规定去做。要厉行节约,勤俭持家,不可讲排场、摆阔气,更不能挥霍浪费、奢侈铺张。

(三)讲究礼仪

我国是礼仪之邦,接待活动作为一项典型的社会交际活动,务必以礼待人,讲究礼仪。总体来说,接待人员在仪表方面要面容清洁,衣着得体,和蔼可亲;在举止方面要稳重端庄,态度自然,从容大方;在言语方面要音量适中,语气温和,礼貌文雅。讲究礼仪是个人修养的自然流露和体现,这同虚情假意、矫揉造作是截然不同的。

(四)对等对口

对等对口是指根据来访者的身份、职位和来访内容安排相应级别的领导或职能部门接待。对等对口接待既有利于来访者的工作需要,又能最大限度地调动接待单位的工作积极性和主观能动性,从而使领导能有更多的时间和精力处理大事、要事。当然,对待一些重要的接待任务,应当分工不分家,共同努力做好接待工作。

(五)内外有别

在接待活动中,要严格做到内外有别。对外宾的接待,应按上级的统一规定,在外事部门的统一管理和指导下开展接待工作。对属于国家秘密或企业经营中的商业秘密的事项,不得以任何方式泄露。对内接待可由各接待单位自行确定接待的任务和方式,但也应当遵守有关法律、法规。对内接待是否发布消息、发布的口径,应根据领导的意图,其他人员不能擅自行动。

(六)确保安全

接待活动,安全第一。没有切实的安全保证,就不会有成功的接待。接待的安全包括饮食安全、住宿安全、交通安全、健康安全等。为了保证接待的安全,应提前做好应急预案,必要时可同有关安全保卫部门联系,采取严格的防范措施,消除一切安全隐患,确保接待活动顺利进行。

**四、文秘在接待工作中的职责**

接待工作是办公室一项经常性的事务工作,同时也是领导管理活动的一个有机组成部分,但是由于领导者精力有限,接待活动中的具体事务性工作自然就要由文秘人员承担。文秘人员通过对接待活动的具体筹划、安排、组织、协调,以及亲自执行、落实,为领导者正式出面接待做好充分的准备。同时,文秘人员在职责范围内,或根据领导者的意图和授权,正确处理来访者提出的问题,为来访者提供服务,从而起到为领导者减轻负担、为领导者挡驾、给领导者以精力补偿的作用。

由于每次接待活动的具体任务、要求不同,每次接待活动中文秘人员的具体职责也不尽相同。但就其共同方面而言,主要有以下几方面的职责:

(1)帮助领导者搜集来访者的背景材料、分析来访意图,以确定接待的任务和方式。

(2)做好接待活动的各项准备工作,如拟写接待材料、拟选接待礼物、拟定接待方案、落实各项接待事项等。

(3)为领导者正式出面接待与对方进行事先磋商,确定具体的日程和地点。

(4)保证接待活动的顺利进行。

(5)做好接待活动的善后工作。如编写接待简报、撰写接待总结、核算接待经费、清点接待物品。收集、整理、立卷、归档有关的接待材料等。

## 第二节 接待工作的实施

**一、接待工作的准备**

(一)收集来宾的信息

充分收集来宾的信息,是做好接待工作的必要前提。来宾信息包括来宾的国别、地区、所代表的机构或组织,来宾的人数、姓名、性别、身份、职务、民族、宗教信仰、生活习俗,来宾抵达和离开的具体时间和所乘交通工具,来访的目的、任务及相关的背景材料等等。

如果是接待重要外宾,一般上级有关部门会事先通知并提供来宾详细情况,但是对于大部分接待而言,则需要接待单位通过多种渠道和手段收集来宾资料,资料收集得越多越详细越有利于工作的开展。

(二)拟定接待计划

所谓接待计划,指的是接待方对来宾接待工作所进行的具体规划与安排。完善的接待计划,可以使接待工作在具体操作时按部就班,有备无患。接待计划由文秘人员草拟,但一定要经由领导审定批准。经双方认可,并报领导批准的接待计划一般不能随意改动。

一份正规的接待计划应包括下述五个方面的内容:

1. 接待方针

接待方针是接待工作的指导思想和总体要求。接待方针总体上要体现互相尊重、平等相待、礼待宾客、主随客便的思想。然而,对不同的来访者接待方针也应有所不同,具体应根据对方来访意图、对我方态度和双边关系来拟定。

2. 接待规格

接待规格指的是接待工作的具体标准。接待规格不仅事关接待工作的档次,而且直接影响着接待工作的成效。接待规格的形式有三种:

(1)高规格接待,即主要陪同人员比主宾的职位要高的接待。如一位公司副总经理接待上级单位派来了解情况的工作人员,或是接待一位重要客户,而这位客户的职位不过是某公司的部门经理。高规格接待表明对被接待一方的重视和友好。

(2)对等接待,即主要陪同人员与主宾的职位相当的接待,这是最常用的接待规格。

(3)低规格接待,即主要陪同人员比主要来宾的职位要低的接待。这种接待常用于基层单位,如公司总经理到下属子公司视察,其子公司的最高领导的职位也不会高于总经理,这就属于低规格接待。

确定接待规格的主要依据是接待方针,同时还要考虑来访者的身份、地位、影响、对方接待我方的规格等因素。接待规格的最终决定权在领导者,文秘人员仅提供参考意见。当接待规格定下来以后,文秘人员应当及时把己方主要陪同人员的姓名、身份以及日程安排告知对方,征求对方的意见,得到对方的认可。

3. 接待日程

接待日程,即接待来宾的日程安排。日程安排要完整周全、疏密有致,内容包括日期、时间、活动内容、地点、陪同人员、交通工具等,应具体到来宾到达直至离开的全过程,一般以表格的形式列出。接待日程的制定通常由接待方负责,但亦须宾主双方先期有所沟通,并对来宾一方的要求充分予以考虑。日程安排一旦最后确定,应向来宾立即进行通报。

4. 接待形式

即接待来宾时,迎送、宴请、会谈、参观、游览等事宜所采用的形式。

5. 经费预算

根据接待规格、人员数量、活动内容做出接待经费的预算。接待经费包括:工作经费(如租借会议室、打印资料等费用)、住宿费、餐饮费、劳务费(如讲课、演讲、加班等费用)、交通费、参观考察费、礼品费、宣传公关费等等。某些需要来宾负担费用的接待项目,或需要宾主双方共同负担费用的接待项目,接待方必须先期告知接待对象,或与对方进行协商,切勿单方面做主。

接待经费从何而出,也是要落实的问题,特别是由两个以上单位联合接待时,从开始筹划就要确定经费的来源问题。

表3-1是接待方案一览表。

表3—1 接待方案一览表

| 接待方针 | 接待的指导思想(目标) |
|---|---|
| 接待规格 | 依据来宾的身份和实际需要确定:要反映出对来宾的重视程度和欢迎的热烈程度。接待规格决定着礼仪活动的多少、规模大小、隆重程度、由哪些人员前往迎接、陪同等。 |
| 接待形式 | 确定迎接、宴请、会谈、参观、游览、送行等事宜举行的形式。如前去机场车站迎接,是否举行一定的仪式,是否准备鲜花;宴请是选择中餐还是西餐等具体问题的确定。 |
| 接待日程安排 | 工作安排:安排会见、会谈、汇报、交流及参观办公区或车间、产品演示等其他与工作有关的事宜。 |
| | 生活安排:来宾的日常生活安排,包括饮食、住宿和交通,以及做好医疗卫生,代购车、船、机票等工作。 |
| | 业余生活安排:安排宾客的游览及文化娱乐活动。根据来宾的意愿,妥善安排组织好旅游、娱乐等活动。 |
| 接待经费开支 | 指接待经费预算,主要包括工作经费:租借会议室、打印资料等费用;住宿费;餐饮费;劳务费;交通费;参观、旅游、娱乐费用;纪念品费;宣传、公关费用等。接待工作必须从简务实,不摆阔气。 |

（三）落实相关接待事项

1. 确定接待人员

根据接待规格和活动内容确定工作人员的构成和数量。凡重要的接待工作，皆应精选专负其责的接待人员。具体来说，要确定每一个环节的工作人员，若有谈判，还要确定担任主谈判、其他谈判人员、翻译的名单，重大的项目谈判还要有律师和会计的名单。这些工作人员要做好来访前的准备工作、来访期间的联络沟通工作和协调服务工作。为了使接待人员对自己的工作心中有数，要让所有的有关人员都准确知道自己在此次接待活动中的任务，提前安排好自己的时间，保证接待工作顺利进行，也可制定相应的表格，印发给有关人员。

2. 安排饮食住宿

对来宾的饮食住宿问题不可等闲视之，这些具体细节问题稍有闪失，便会直接影响来宾的情绪，甚至导致整个接待工作前功尽弃。安排来宾食宿时，大致应注意三点：一是遵守有关规定；二是尊重来宾习俗；三是尽量满足来宾需求。

3. 安排交通工具

出于方便来宾的考虑，对其往来、停留期间所使用的交通工具，接待方亦须予以必要的协助。需要接待方为来宾联络交通工具时，应尽力而为；需要接待方为来宾提供交通工具时，应努力满足；而当来宾自备交通工具时，则应提供一切所能提供的便利。

4. 布置安保宣传

安全保卫与宣传报道两项具体工作虽没列入接待计划之内，但对于重要或大型接待活动则必须予以考虑。就安全保卫工作而言，一定要"谨小慎微"，不但需要制定预案，思想上高度重视，而且还需要注重细节，从严要求。就宣传报道而言，应注意统一口径，掌握分寸，提前将有关宣传报道材料报主管领导或上级部门批准。

**二、接待工作的流程**

接待计划一经确定，文秘人员就要按照接待计划开展工作。接待的内容不同，其程序也不尽相同，主要包括以下几个步骤：

（一）发出邀请

邀请可以分为口头邀请、电话邀请、书面邀请、登门邀请及邮件邀请等，采用哪一种形式要根据与来访者的亲疏关系和实际关系而定。例如，口头邀请是向被邀请者以谈话的方式发出邀请，这多在一些较为简单的活动场所应用；登门邀请是邀请者亲自到被邀请者寓所或单位发出的邀请，以示重视等。有时这几种方法也可以综合运用，即发出了书面邀请后，又用电话催请，然后再登门邀请。无论是哪一种邀请，语言都要恳切，态度都要真诚。

另一种情况是对方主动提出或是来函、来电通知来访的，如上级部门来检查工作，就没有以上环节。

（二）接待工作的具体实施

不同的来访者，接待安排是不同的。根据实际工作需要，我们主要介绍预约来访者接待、未预约来访者接待和团体来访者接待三种情况。

1. 预约来访者的接待

通常有预约的接待对象大都是零星的来单位洽谈业务的客商或是朋友。接待时，在保证礼貌待客的基础上可酌情简化接待程序。

（1）主动迎接和问候。当来访者来到时，要做到"3S"，即以站立的姿态（standup）、注视对方（see）、面带微笑（smile）。语言上要主动问候，如"您好""欢迎您""请问您是……"等礼貌用语。

（2）正确引导。引导来访者到被访的部门或安排相关工作人员会见面谈。如果来访者比约定时间早到，可以安排在休息处休息，并提供茶水、饮料以及书报资料。

（3）适时告退。一般情况下，在上司和来访者入座后，文秘人员要端上茶水、饮料，然后适时告退。

（4）送客。当来访者提出告辞时，应等客人起身后再站起相送，切忌自己先于客人起立相送。起身后，主动帮客人取衣帽等物，或为客人开门。与客人在门口、电梯口或汽车旁告别时，要握手道别，并使用"请您走好""欢迎您再次光临"等礼貌用语，面带微笑挥手致意，目送客人上车或离开。不要急于返回，等客人离开视线后，才可结束告别仪式。与上司一起送客人时，应比上司稍后一步。

2. 未预约来访者的接待

（1）如果来访者未提前预约，文秘人员仍然要面带微笑主动迎接问候来访者。

（2）了解情况，机敏应对，分流处理。首先，应礼貌委婉地了解来访者的身份和来访的意图，然后及时对来访者做出恰当的分流处理。若来访者要求当下见面的，则设法联系相关部门或人员，看被访者能否接见来访者。若可以，则按照预约来访者的工作程序进行；若被访者不愿意见未预约者，则可以根据不同情况机敏地应对，如"让你久等了，李总正在主持紧急会议，无法离开，可否让其他人与你谈谈？""抱歉，李总正忙，放不下手边的事，你看改日联系好吗？""真不巧，李总有事外出，你可以留言吗？"如果来访者坚持要见上司，则可以请对方留下电话、会面时间和要求，表示将及时禀告，待上司决定后通知对方。

若来访者是前来指责批评或是脾气急躁的，则一方面要耐心倾听，礼貌接待，切不可言语相激，致使事态恶化；另一方面要快速寻找解决方法，向对方表示尽力帮助解决问题，抱着善良、认真、真诚的态度对待对方，使对方感到你是真心诚意为他着想的，等事态缓和下来后再想办法解决问题。对于使用威胁语言的未预约来访者，不要与他进行直接冲突，可联系单位保安或请同事协助处理。如果是公司或单位不欢迎的客人，如推销员、报刊征订员，可在不怠慢的情况下，直接告诉客人公司的规定，让其知难而退。

（3）礼貌相送。尽管有些来访者是不速之客，甚至面露不快或面带愠怒，但文秘人员应树立"进门即是客"的理念，只要客人进入办公室就应以礼相待，不可以不理不睬。

3. 团体来访者的接待

严格意义上说，团体来访者的接待属于预约接待，但是团体来访者与一般的小规模或个人的预约来访接待在工作流程有着显著的不同，并且，团体来访者的接待对单位形象的展示和单位的业务开展都有着特别重要的意义。所以一个单位应该将团队接待放在重要的位置，应予以特别的重视。

团体来访者的接待工作具体流程如下：

（1）迎接客人。

确定迎送规格。迎送规格主要是指迎送时主方领导人的级别，重要的迎送，还应考虑组织迎送队伍。确定迎送规格的标准主要有：来访者的身份和地位（主要迎送人应与主宾身份相当）、来访者的目的和要求、与来访者的关系、外交惯例与有关规定等。

掌握到达和离开的时间。准确掌握来宾到达和离开的时间,提前通知迎送人员和有关部门。如有变化,应及时通知有关人员。迎接人员应提前到达迎接地点,不宜迟到。送行人员则应在客人离开之前到达送行地点。

不同的客人按不同的方式迎接。到机场、车站、码头迎接代表团时,应竖起醒目的标志,让客人从远处即可看清;对首次前来又不认识的客人,应主动上前打听,并自我介绍。

(2) 介绍和握手。

客人到达时,迎接人员应主动上前自我介绍,并主动同客人握手以示欢迎。

介绍时要注意三点:一是要把被介绍人的职务、姓名说准说清;二是要按身份高低进行介绍;三是要有礼貌地用手示意,不能用手指指点点。

握手是国际、国内常见的礼节。也有的国家或民族见面时不用握手,而是施其他礼节,如佛教僧侣双手合十,日本、韩国行鞠躬礼等。有时还有拥抱的礼节,以示热情友好。

(3) 献花。

迎接普通来宾时,一般不需要献花。迎接重要的来宾时,可安排献花。所献之花要用鲜花,并保持花束整洁、鲜艳。花的品种和颜色要根据不同的对象来选择,一般忌用菊花、杜鹃花、石竹花以及以黄色为主的花朵。

献花者应是少年或女青年。可以只献给主宾,也可向所有来宾分别献花。如主宾夫妇同时来访,由女少年向男主宾献花,男少年向主宾夫人献花。献花安排在参加迎送的主要领导与主宾握手之后。

(4) 陪车。

即陪同客人乘车前往驻地或举行欢迎仪式的现场。陪车人员沿途要主动向来宾介绍景观或接待安排的情况,注意别冷场,要显示出热情。需强调的是,一般先将客人接到住处,不要马上安排活动,要给对方留下一定的时间,稍事休息,然后再安排活动。

(5) 陪同领导或上司看望来宾。

为表示对来宾的欢迎和问候,一般在来宾抵达的第二天或宴请来宾前,主要领导人(一般为单位一把手)要前往来宾下榻处看望来宾。文秘人员要事先向领导通报介绍来宾的有关情况,并安排好看望的时间、车辆,陪同领导前往,负责引见及介绍双方。

（6）活动安排。

由于来访者的目的不同，来访期间的活动安排也是不尽相同的，一般除业务洽谈外，还会有参观考查。文秘人员安排客人参观的工作程序为：

①初步确定活动的内容。

客人来访的目的、性质和客人的兴趣、要求、特点，接待当地的实际可能是确定参观活动内容的主要依据。

②征求对方的意见。

参观活动内容选定后要征求对方的意见，应尽量满足来宾的要求。如果有来宾提出一些不宜参观的项目，应婉言谢绝。

③报批方案。

活动方案一经确定，应及时报领导批准。

④实施方案。

参观项目经领导批准后，应制定详细的计划，安排好具体日程和时间表，打印后与导游图一起发给客人。安排好车辆、食宿，与接待单位取得联系。活动中，文秘人员要做好两项工作：

安排陪同人员。陪同客人参观游览的人员应当有相应的身份。每到一处，接待单位也应有一定身份的人员出面。如果是游览，应配备导游，陪外宾参观还应带上翻译。陪同人员不宜过多。

介绍情况。每到一处参观游览，应由解说员或导游人员解说、介绍。介绍情况时，要有针对性，突出重点、核心，数字材料要确切。涉外介绍时，敏感的政治、宗教问题要避开，涉密的内容不能介绍。

如果参观游览的人员较多，可考虑选择旅游公司安排有关事宜，旅游公司实力雄厚，服务意识强，能较好满足客人的要求。不过应注意，带有调研、考查性质的参观游览则不宜选择旅游公司。

（7）送别。

如果来访团体离开的时间是上午，主方全体陪同人员则应在前一天晚上到客人的住所去话别，时间不需过长，控制在半小时之内为好。如果有礼物要送的话，也是在此时送上最好，因为客人还来得及把礼物放在行李箱里。如果临上机场或乘车时再送礼，客人就只能把它提在手里了，很不方便。礼品可以不要太贵重，但要有特色。如果客人离开的时间是在下午或晚上，可以在当天上午话别。话别时,应该告诉客人送行的人员、车辆及时间方面的安排,让客人心中有数。主陪人如果工作太忙,无法送行时,可以请副职代替到机场或车站送行。

(三)接待善后工作

接待完毕后,文秘人员应及时把接待情况及结果详细记录下来(见表3—2),并尽快向领导汇报,以利于工作的有效衔接和开展。同时还应及时结算接待费用,整理归档接待中形成的文字、图像资料。

表3—2 接待记录表

| 序号 | 来访时间 | 来宾姓名 | 来宾单位（电话） | 来访目的 | 接待者 | 办理结果 | 备注 |
|---|---|---|---|---|---|---|---|
|  |  |  |  |  |  |  |  |
|  |  |  |  |  |  |  |  |
|  |  |  |  |  |  |  |  |
|  |  |  |  |  |  |  |  |

## 第三节 接待的基本礼仪

礼仪是人们在社会交往活动中形成的行为规范和准则。接待礼仪则是接待人员在接待活动中用以向接待对象表达尊重的一种规范形式。现代接待礼仪主要包括以下几个方面的内容:

### 一、仪态举止

(一)站姿

站立是人最基本的姿势,正确的站姿能给人一种静态的美。站立时,身体应与地面垂直,重心放在两个前脚掌上,挺胸、收腹、收颈、抬头、两肩放松,双臂自然下垂或在体前交叉,眼睛平视,面带笑容。

女士的站姿要体现优美庄重,应双腿并拢、双脚微分、双手搭在腹前,抬头挺胸收腹、平视前方。切忌双脚分开、双腿"分裂"或臀部撅起、双手下垂放在身体两侧。男士的站姿要突出挺拔伟岸,身体重心应在两脚,头正、颈直、挺胸、收腹、平视,双脚微开,最多与肩同宽。站立时不要歪脖、斜肩、屈腿等,在一些正式场合应避免将手插在裤袋里、双臂交叉抱在胸前、双手或单手叉腰,更不要下意识地做些小动作,这些行为不但显得拘谨、小气,而且给人以没有自信或缺乏教养之感,甚至会给对方造成不屑、挑逗之嫌。

(二)坐姿

端庄的坐姿可以给对方留下自信、友好、热情的印象,同时也能显示出高雅庄重的良好风范。正确的坐姿应该是腰背挺直,肩放松。女性两膝自然并拢,两手重叠放在膝上,或交叉放于大腿中前部;男性膝部可分开一些,但不要过大,一般不超过肩宽。双手自然放在膝盖上或椅子扶手上。在正式场合,入座时要轻柔和缓,站起时要端庄稳重,不可猛起猛坐,弄得桌椅乱响,造成尴尬气氛。不论何种坐姿,上身都要保持端正,如古人所言的"坐如钟"。

(三)走姿

行走是人生活中的主要动作,优雅、稳健、敏捷的走姿可以给对方以美的感受。正确的走姿应是轻而稳,头正颈直,两眼平视,面带微笑,肩平,臂摆幅度在30°—40°,手自然弯曲,重心前倾,步幅以一脚长度为宜。女士行走时要显出阴柔之美,穿裙子或旗袍时要走成一条直线,穿裤装时宜走成二直线,忌扭腰摆臀、左顾右盼;男士行走时要显出阳刚之美,不可弯腰驼背、斜肩晃膀、脚底擦地。

(四)谈话姿势

谈话的姿势往往反映出一个人的性格、修养和文明素质。在与人交谈时,表情要自然,语气要和蔼、亲切,目视对方,不能东张西望、看书看报、面带倦容、哈欠连天,以免给人造成心不在焉、傲慢无理等不礼貌的印象。与人交谈的距离要适度,以使对方能够听清谈话内容为宜。交谈中不宜涉及个人隐私、避讳的内容,对方不希望谈论的事情不要谈。

谈话中,适当运用各种手势可以增强表达的效果,但手势过多、动作幅度过大却会给对方以轻浮、欠稳重之感。

聆听时,要适时做出积极的反应,以表明诚意,如点头、微笑,或恰如其分的赞美等,切忌随意打断对方的讲话。

## 二、着装礼仪

简洁、明快、适宜工作是公务场合着装的基本原则。公务场合中,男女着装要求应有所不同。

(一)女士着装

女士在公务场合着装,应以端庄大方的套装为主,也可穿套裙、长旗袍、传统的民族服装。套装颜色可以是深蓝、深灰、浅灰、咖啡色、驼色,这些颜色传递给人的感觉是成熟、能干、自信、沉着。内配浅色衬衣,衬衣下摆扎入裙(裤)腰内,套装穿着要合体,袖长及腕、裙长过膝、裤长至脚面。与之配套的鞋子应为皮鞋,颜色以黑色、棕色为宜,鞋跟高度适中。着套裙时,上衣纽扣要一一系好,不许部分或全部解开,衬衫最上一粒可以不系。丝袜的颜色应接近肤色,黑色丝袜只能配黑色裙子。穿传统民族服装时可穿软底鞋、平跟鞋或布鞋。

女士着装要注意:不穿低胸、露背、露脐、透明、短小或无袖上衣;不穿紧身装、牛仔装、超短裙、吊带裙、黑色皮裙;忌内衣外穿或内长外短而暴露内衣;穿裙装时,袜筒口不能露在衣裙之外;切忌光脚或穿着抽丝、漏洞的袜子;不得穿拖鞋和钉铁掌的鞋。配饰以少为宜,一般不超三件("女人味"的象征:耳环、手镯、脚链)。

(二)男士着装

男士在公务场合一般应穿西装、套装、制服等职业装。穿深色西装,配白色或浅色衬衣,系领带,穿深色皮鞋,深色袜子。穿单排两扣西装,只扣上面一个扣子;穿单排三扣西装,一般可扣上面两个或中间一个扣子;穿双排扣西装,应将纽扣都扣上。正式场合穿西装一般应扣上扣子,坐下后可解开。穿西装时,衬衣袖应比西装袖略长,衬衣领应高出西装领1厘米左右。穿长袖衬衣系领带时,袖口不应该挽起或松开,衬衣下摆扎在裤内。如不系领带,衬衣的第一个纽扣不用扣上。隆重场合穿西装时,最好选择白色衬衣。冬季可在衬衣内加穿保暖内衣,不宜穿羊毛衫。领带颜色应与西装颜色相配,以单色、深色为主。领带不能太短,长度以尖端盖住皮带扣为宜。穿马甲时,领带应放在马甲里面。

男士着装时要注意:服装色彩应稳重,不可过于艳丽,图案不可过于烦琐,无图案最佳;全身上下不应超过三种颜色;穿深色西装、黑皮鞋时,忌配白色袜子;穿西装忌配运动鞋、布鞋;西装的衣袋和裤兜不宜装过多的东西。钢笔、钱包等必要物品应放在西装内侧口袋里,左侧外胸口袋可插入装饰用的真丝手帕。

三、引见介绍礼仪

介绍是社交的重要环节,它是彼此不熟悉的人开始交往的起点,在某种意义上可以说是打开与人交往大门的一把钥匙。

(一)自我介绍

自我介绍时应亲切自然、友善可掬,先向对方点头致意,得到回应后,向对方介绍自己的姓名、身份、单位,并可随之递上名片。

(二)介绍他人

介绍女士与男士相识时,应先介绍男士,后介绍女士;介绍长辈与晚辈相识时,应先介绍晚辈,后介绍长辈;介绍客人与主人相识时,应先介绍主人,后介绍客人;介绍上级与下级相识时,应先介绍下级,后介绍上级;把一个人介绍给多人时,应先向众人介绍这个人,然后再把众人逐个介绍给这个人;集体介绍可按照座位次序或职务次序一一介绍。

介绍时,要有礼貌地用手示意,即手掌五指并拢、掌心朝上、拇指微微张开,指向被介绍人,切忌不可单指指人,并简要说明被介绍人所在单位、职务及姓氏。被介绍者除女士和年长者外,一般应起立,以示礼貌和尊重。介绍完毕后,被介绍双方应握手致意或微笑点头示意。

### 四、见面时的礼仪

(一)握手礼

握手是人际交往中最为通行的见面礼节。握手时应当注意以下细节:

女士同男士握手时,应由女士先伸手;长辈同晚辈握手时,应由长辈先伸手;上级同下级握手时,应由上级先伸手;宾主之间的握手则较为特殊,客人抵达时,应由主人先伸手,以示欢迎;客人告辞时,则应由客人先伸手,以示请主人就此留步。在正规场合,当一个人有必要与多人握手时,既可由尊而卑地依次进行,也可由近而远地进行。

与人握手时,应起身站立,迎向对方在距其一米左右时伸出右手,目视对方,面含微笑,握住对方的右手掌,稍许上下晃动两下,并同时问候对方。握手时用力既不过轻,也不可过重。用力过轻,有怠慢对方之嫌,用力过重,则有捉弄对方之意;与别人握手所用的时间以 3 秒钟左右为宜。

握手时切忌用左手与人握手、戴着手套与人握手(女士除外)、戴着墨镜与人握手。与初识之人尤其是异性时握手时,不宜两手紧握对方一只手。与多人握手时,忌双手交叉与两人同时握手。

## (二)拱手礼

拱手礼是我国传统的见面礼节之一,常在人们相见时采用。行礼时,左手抱右手,拱手齐眉,上下摇动几下,重礼可先拱手后鞠躬。

## (三)鞠躬礼

鞠躬的意思是弯腰行礼,是表示对他人敬重的一种礼节。在我国,鞠躬礼常用于学生对老师、晚辈对长辈,亦用于服务人员向宾客致意。行鞠躬礼之前,应立正站好,保持身体姿势端正,双手自然下垂或在体前搭好,面带微笑。鞠躬时,以腰为轴,整个腰及肩部向前倾斜15°—30°,目光向下,随即恢复原态,深表谢意时速度应缓慢些。同时说"您好""欢迎您"等问候语。

## (四)拥抱礼

拥抱礼是流行于欧美的一种礼节,通常与亲吻礼同时进行。行礼时,两人相对而立,右臂向上,左臂向下,右手抱对方左后肩,左手挟对方右后腰。注意把握各自方位,双方头部及上身均向左相互拥抱,然后再向右拥抱,最后再次向左拥抱,礼毕。

## (五)合十礼

合十礼也称合掌礼,是流行于南亚和东南亚信奉佛教的国家的一种见面礼。行礼时,身体立正站好,两个手掌胸前对合,指尖和鼻尖基本相称,手掌向外倾斜,头略低,面带微笑。

### 五、称谓礼仪

国内交往中,可称呼对方的职务、职称、学位,也可称"先生""女士"。对外国人的称呼应根据对方的习惯。一般对男子称"先生"、对已婚女子称"夫人",对不了解婚姻状况的女子或未婚女子称"女士"或"小姐"。对某些政府高官或具有显赫的地位的人,可称"阁下"或"先生",也可称其职务。

### 六、使用名片的礼仪

名片是人们交往结识的工具,它的作用在于向对方介绍说明自己的身份,便于今后通信联络,建立交往的关系。使用名片时要注意递与接的相应礼节。

## (一)名片的递送

名片要放在易于掏出的口袋或皮包里。递给他人名片时,身体应保持立正姿态,上身稍向前倾,用双手的食指和拇指分别夹住名片的左右端,目视对方,面带微笑,微微欠一下身,恭敬地奉上,名片的正面应朝着对方,同时可以说"请多指教""今后多联系"等。向多人递送名片时,应讲究先后次序或由近而远,按顺时针或逆时针方向依次发送,切勿跳跃式发送。上司在时,不要先递送名片,要等上司递上名片后才能递自己的名片。外出拜访时,经上司介绍后,再递出自己的名片。

(二)名片的接受

接受他人名片时应起身站立(位高者可坐着),面带微笑,目视对方,并口头道谢。双手接过名片后应默读一遍,以示对对方的尊重。切忌接过对方名片一眼不看就立即收起,也不要随意摆弄或放在桌上,更不能当着对方的面在其名片上做交谈笔录。名片是人的颜面,应给予相当的尊重。如自己带了名片,应回敬对方一张,以示有来有往。但最好是在收好对方的名片后再将自己的名片递过去。如自己未准备名片时,应向对方表示歉意。

### 七、引导客人时的礼仪

迎客时,主人走在客人左前方,与客人保持约30厘米的距离;送客时,主人走在后。

上楼时应走在客人的后边,下楼时走在客人的前边。转弯或上下楼梯时,要有礼貌地说声:"请这边走",并回头用手示意。楼梯中间的位置是上位,若有栏杆,可让客人扶着栏杆走;若是螺旋梯,则让客人走在内侧。

乘电梯时,应提前告诉客人在几楼下电梯。如有专人在电梯上服务,应请客人先进,到达时也请客人先出。如电梯无人服务,应自己先进去,再请客人进,到达时请客人先出。

如果引导客人去的地方距离较远,用的时间较长,应讲一些比较得体的话,活跃一下气氛,不要闷头各走各的路。

### 八、进门的礼节

一般情况下,进出房门应用手轻推、轻拉、轻关,态度谦和,讲究顺序。进入他人的房间,一定要先按门铃或敲门,经主人允许方可进入。按铃时间不宜过长,敲门时一般用食指有节奏地敲两三下即可。如果与同级、同辈共进房间,要互相谦让,走在前面的人打开门后要为后面的人拉着门,假如是不需要拉的门,最后进来

者应主动关门。如果是与尊长或客人共同进门,应注意以下细节:

朝里开的门,应先入内并握住门把手,再侧身请尊长或客人进入;

朝外开的门,应打开门请尊长或客人先进入,之后自己进入;

旋转式的门,应自己先迅速过去,在一边等候。

在接待引导时,无论进出哪一类门,文秘人员均应手、口并用,即用规范手势示意,同时使用诸如"您请""请走这边"等提示语。

**九、乘车的礼仪**

乘车时,座位次序的安排通常有三种情况:

第一种情况:乘坐有专职司机开的两排座轿车时,主人坐在司机后面,主宾坐在主人的右侧。上车时,最好请主宾从右侧门上车,主人从左侧门上车,避免从主宾座位前穿过。遇到主宾先上车,坐到了主人的位置,则不必请主宾挪动位置。如果是主人自己开车,则要请主宾坐到主人的右侧,即前排右侧的位置,也就是副驾驶的位置。如图3-1所示。

第二种情况:乘坐有专职司机开的三排座商务车时,主人坐在第三排司机后面,主宾坐在主人的右侧。如果是主人自己开车,则要请主宾坐到主人的右侧,即前排右侧的位置,也就是副驾驶的位置。如图3-2所示。

第三种情况:乘坐多排座客车时,则前座高于后座,右座高于左座;距离前门越近,座次越高。如图3-3所示。

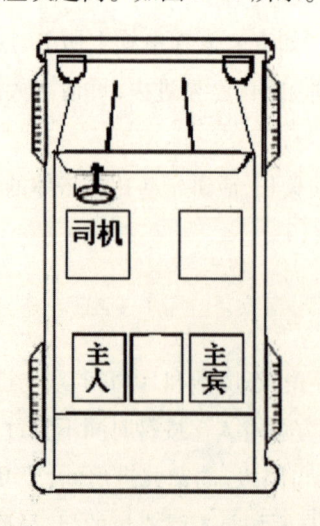

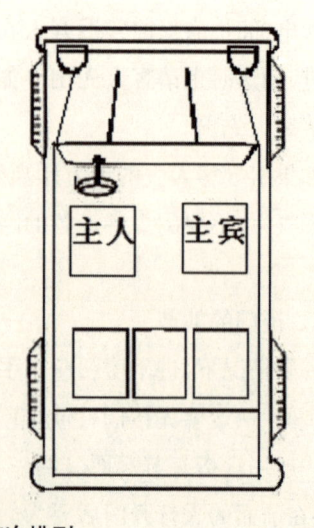

图3—1 两排座轿车座次排列

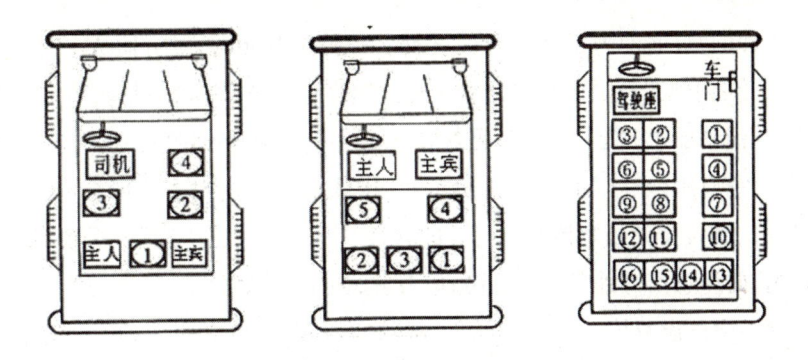

图 3—2　三排座轿车座次排列　　图 3—3　多排座客车座位排列

乘坐轿车应注意自己的举止姿态。上下车时应采用背入式和正出式,即上车时,打开车门,背对车内,臀部先坐下,同时上身及头部入内,然后再将并拢的双脚移近车内。下车时正面朝车门,双脚先着地,再将上体头部伸出车外,同时起立出来。

### 十、奉茶的礼仪

待客时,应该为客人准备茶水、咖啡或饮料等饮品。中国人习惯以茶水招待客人。奉茶时应注意:一般在宾主正式交谈前上茶。茶不要太满,以八分满为宜。水温不宜太烫,以免客人不小心被烫伤。要将茶盘放在临近客人的茶几上,然后右手拿着茶杯中部,左手托着杯底,从客人的右方奉上,同时要说"您请用茶",然后再行点头礼离开。上茶时应讲究先后顺序,一般为先女后男、先长后幼、先客后主。

以咖啡或红茶待客时,杯耳和茶匙的握柄要朝着客人的右边,同时应为每位客人准备一包砂糖和奶精,将其放在杯子旁或小碟内,方便客人自行取用。

### 十一、邀约的礼仪

所谓邀约,是指在接待活动中,主人对来宾发出约请,邀请对方出席某项活动。邀约通常有正式与非正式之分。正式的邀约,既要讲究礼仪,又要设法使被邀请者备忘,因此多采用书面的形式,如请柬邀约、书信邀约等。非正式的邀约,多表现为口头形式,如当面邀约、托人邀约、电话邀约等。

请柬又称请帖、柬帖,一般由正文与封套两部分组成。请柬正文有两种样式:

一种是单面的,页面即为正文的行文之处。一种是双面的,对折而成。外侧标有"请柬"二字;内侧为正文的行文之处。正文内容包括被邀请者、活动形式、举行时间及地点、活动要求、联络方式以及邀请人等项内容,所提到的人名、国名、单位名称、节日名称应用全称(如图3—4所示)。中式请柬的信封上一般会有"送呈台启"的字样,其含义就是邀请某人打开的含义。因此,应该在"送呈"后填写被邀请人的姓名,要注意填写姓名全称,并冠以尊称,如先生、女士等。

请柬的颜色没有统一的规定,但一般约定俗成的是:喜庆活动宜采用大红烫金颜色,开张、落成、揭幕等典礼宜采用粉红或橘红色,纪念、联谊等宜用庄重朴素的蓝、黄色,丧葬等用白底黑字或月白等素色。书写请柬时,应用钢笔或毛笔,并选择黑色、蓝色墨水,亦可直接打印。

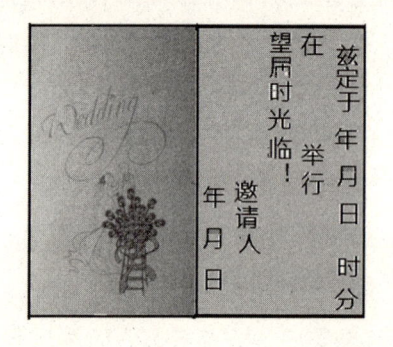

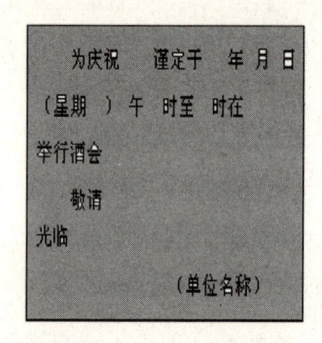

图3—4 中文请柬正文内容示例

**十二、赴宴的礼仪**

在接待活动中,有时客人也会安排答谢宴会。接到邀请后,应尽快答复对方是否出席,因故不能出席,要以适当的方式表达歉意。出席宴请,应准时或提前5—10分钟到达。入席前应先了解自己的桌次、座位,或听从主人的安排。注意要从椅子左边入座。如邻座是年长者或妇女,要主动协助他们先坐下。

(一)中餐进餐礼仪

首先要注意筷子的使用。中式餐饮的主要进餐工具是筷子,握筷过高或过低,或者变换指法握筷都是不规范的。进餐时,要等主人动第一筷子后,才可以动筷子。使用筷子夹菜时忌"举筷不定",不要用筷子穿刺菜肴,不要用嘴吮吸筷子,不要让菜汤滴下来,不要用筷子去搅菜,不要把筷子当牙签,不要用筷子指点别人。需要使用汤匙时,应先将筷子放下。

其次要注意自己的吃相。按照国际惯例,在宴会上不论吃东西还是喝酒水,都不能发出刺耳的声响,这倒不是小题大做、求全责备,而是这种声响会破坏他人的食欲,同时也影响自己的形象。进餐要文雅,不要狼吞虎咽,每次进口的食物不可过大,应小块小口地吃。在品尝已入口的食物与饮料时,要细嚼慢品,最好把嘴巴闭起来,以免发出声响。喝汤时,不要使劲地嘬,如汤太热,可稍候或用汤勺,切勿用嘴去吹。食物或饮料一经入口,除非是骨头、鱼刺、菜渣等,一般不宜再吐出来。需要处理骨刺时,不要直接外吐,可用餐巾掩嘴,用筷子取出放在自己的餐盘或备用盘里,勿置桌上。口中有食物,勿张口说话,如别人问话,要等食物咽下后再回话。整个进餐过程中,要热情与同桌人员交谈,眼睛不要老盯着餐桌,显示出一副贪吃相。

最后要注意牙签的使用。正式宴会中,不宜当众使用牙签,更不可用指甲剔牙缝中的食物,如果感觉有必要时,可以直接到洗手间去除掉。在餐桌上必须用牙签时,最好用手捂住嘴轻轻剔,边说话边剔牙是不雅行为。

(二)西餐进餐礼仪

从总体上来讲,吃西餐的礼节比中餐规定更为严格。

1. 餐巾的使用

吃西餐要用到餐巾,餐巾分为午餐巾和晚餐巾。午餐巾可以完全打开铺在膝上,晚餐巾只打开到对折为止。餐巾打开后应平铺在大腿上,不能围在脖子上或折在腰间。已经启用的餐巾应该一直放在大腿上,要等散席时才放回到桌子上。如用餐中途需离席时,稍微折一下放在椅上,表示暂时离开。

2. 西式餐具的选用

吃西餐最麻烦的是如何正确选用餐具。餐具的选用可遵循下列原则:

(1)依上菜顺序从外向里选用餐具,通常叉置于餐盘左侧,刀和匙置于右侧。

(2)一般食物应用刀叉去取,只有小萝卜、青果、干点、糖果、炸土豆片、玉米、田鸡腿和面包等可以用手拿取。最大的匙是喝汤用的,最大的刀叉是食肉用的。

(3)刀叉的用法。一般是几道菜会放置几套刀叉,每套餐具使用一次,刀叉由外向内取用。英式:左叉右刀,一边切割、一边叉食。美式:左叉右刀,一次把餐盘里要吃的东西全部切割好,然后把右手里的餐刀斜放在餐盘前方,将左手中的餐叉换到右手,然后食用。

**3. 吃西餐的礼仪要求**

（1）用餐就座身体要端正，与餐桌的距离以便于使用餐具为准。将餐巾放在膝上，不要随意摆弄已摆好的餐具。

（2）每次送入口中的食物不宜过多，在咀嚼时不要讲话，更不可主动与人谈话，避免食物喷出或掉出。

（3）喝汤时不要用力嘬，吃东西要闭嘴咀嚼，不要舔嘴唇或咂嘴发出声音。如汤菜过热，可等稍凉后再吃，不要用嘴吹。

（4）吃鱼、肉等带刺或带骨的菜肴时，不要直接外吐，可用餐巾捂嘴轻轻吐在叉上放入盘内。如盘内剩余少量菜肴时，不要用叉子刮盘底，更不要用手指相助食用，应以小块面包或叉子相助食用。吃面条时，要用叉子先将面条卷起，然后送入口中。

（5）面包一般要掰成小块送入口中，不要拿着整块面包去咬。抹黄油和果酱时，也要先将面包掰成小块再抹。

（6）吃鸡时，应先用刀将骨去掉，不要用手拿着吃。吃鱼时不要将鱼翻身，吃完上层后用刀叉将鱼骨剔掉后再吃下层。吃肉时，要切一块吃一块，块不能切得过大或一次将肉都切成块。

（7）不可在餐桌边化妆或用餐巾擦鼻涕。用餐时打嗝是最大的禁忌。别人讲话不可搭嘴插话。不要站立取食，坐着拿不到的食物应请别人传递。

（8）就餐时不可高声谈笑，更不可狼吞虎咽。对自己不愿吃的食物也应要一点放在盘中，以示礼貌。

（9）在进餐过程中，不可吸烟，直到上咖啡表示用餐结束后方可吸烟，如左右有女客人，应有礼貌地问一声"您不介意吧"。

（10）在咖啡中添加牛奶或糖时，用小勺搅拌均匀后，将小勺放在咖啡的垫碟上。喝时，右手持杯把儿，左手端垫碟，直接用嘴喝，不要用小勺一勺一勺舀着喝。

（11）吃水果时，不要拿着水果整个去咬，应先用水果刀切成4或6瓣，再用刀去掉皮、核，用叉子叉着吃。

（12）暂时离开时，刀、叉应交叉摆放或摆成"八"字，以示尚未吃完。若将刀、叉并拢放在盘子上，刀右叉左，叉面向上，就表示不想吃了。

**4. 西餐中的酒**

西式宴会上的主角是酒水，在正式宴会上，每吃一道菜，便要换上一种酒水，皆为不同类型的葡萄酒。它们大体可分为三类：

（1）开胃酒。通常是具有强烈辣味的酒，如鸡尾酒（Cocktail）、苦艾酒（Vermouth）、雪利酒（Sherry）、苏格兰威士忌（Scotch Whiskey）、马丁（Martini）等。

（2）佐餐酒。一般吃海鲜时配白葡萄酒（White Wine），吃牛肉、猪肉、鸡鸭肉时配红葡萄酒（Claret）。红葡萄酒适于在18℃左右饮用，白葡萄酒和粉红葡萄酒则适宜在7℃时饮用，香槟则应冷冻至4~5℃饮用才好。

（3）餐后酒。在吃完甜点后，用以化解油腻。通常选用白兰地（Brandy）、波尔特酒（Port）、利口酒（Liqueur）。

宴会中一般都有相互祝酒。祝酒时，一般由主人向列席的来宾敬酒，顺序为主人与主宾先碰杯，然后是其他客人，人多可同时举杯示意，不一定碰杯。在主人与主宾致辞、祝酒时，应暂停进餐或交谈。主人前来祝酒时，应起身站立，右手端起酒杯，或者用右手拿起酒杯，再以左手托扶杯底或做扶杯状，面带微笑，目视对方，同时要说祝福、祝愿类的话。碰杯的时候，应该让自己的酒杯低于主人的酒杯，以示尊敬。

# 第四章

# 时间管理与差旅安排

## 第一节 时间管理

时间管理并不是去管理时间,而是在有限的时间内,紧密围绕目标,高效、有序地执行计划,圆满地完成任务,创造最大的效益。时间管理地本质是在单位时间内更好地选择、支配、调整、驾驭所做的事情,其意义在于有效地计划和控制时间,减少浪费时间的因素,使时间经济效益发挥到最大。

时间管理得好,可以有效地发挥所长,节省人力成本,减轻工作压力,有利于组织内部工作的协调,确保秩序井然地开展工作。对文秘人员而言,做好时间安排有利于把握领导工作的规律、重点和需要,从而做好铺垫、服务和后续事务,使领导与文秘的主辅配合更为默契。同时,文秘人员还能通过时间管理,了解领导工作职能、学习领导工作方法、增长管理才干。

### 一、文秘时间管理的内涵

文秘的时间管理包括两层含义:一方面是合理安排领导或上司的工作时间和工作计划,避免琐事干扰,保证领导的高效工作;另一方面是通过合理有效地规划自己的时间,以有效地满足领导或上司及其他成员的工作需要,提供优质服务。

辅助领导或上司是文秘工作的任务和职责,因而,对于文秘的个人时间管理而言,必须以满足领导或上司的工作需要为目的和核心,根据领导或上司的工作时间,提前制定自己的工作计划。

领导时间管理是指文秘通过与各方协商,就领导或上司的工作时间做出恰当合理的安排,并予以实施。领导时间管理是文秘时间管理的核心,其具体工作内容是把领导或上司及组织的每月、每周、每天的主要活动纳入计划,并下发给组织相关单位和部门。尽管时间安排不可能天衣无缝,会出现漏洞,会有变化,但只要沟通及时,并不会有太大的影响。

## 二、文秘时间管理的基本原则

(一)统筹兼顾

所谓统筹兼顾,就是安排日常活动要从组织的全局出发统一筹划,既要合理安排好组织内外活动,又要兼顾领导或上司的实际情况,有条不紊地做好时间的协调工作,避免发生撞车,使整个事件安排如同一个流程一样,成为一个完整顺畅的动态系统。只有统筹兼顾,才能做到有条不紊,互不冲突,提高工作效率,取得良好的工作绩效;反之,若安排不当,顾此失彼,不仅会对领导和上司工作的效率带来消极影响,而且会给组织全局工作造成混乱。

(二)安排规范

安排规范就是根据组织领导的分工,明确规定哪一类组织活动应由哪些领导参加,避免出现随意性,注重实效,克服形式主义。此外,日程表的编排要注意年、月、周、日的合理衔接,每种表格都应有备注栏,每一事项都要表明时间耗费,时间刻度要早于上班时间、晚于下班时间。

(三)效率原则

时间管理要体现效率原则。一个组织或企业发展到一定阶段,必然会出现各类问题叠加的情况,因而其计划安排也会产生很多变数。这时,如果计划安排缺乏效率就会使组织框架试图去适应这种变化,从而使工作变得日益繁杂,最终导致组织的命令系统逐渐失灵,大量未经删选或毫无意义的信息淹没组织高层。因此,文秘要抓好时间管理,就必须确保整个计划安排有助于提高组织工作效率,设计的工作日程要高效实用。

(四)突出重点

所谓突出重点,就是在时间管理过程中,要优先安排和完成与中心工作有直接联系或重要的活动,以便于领导集中精力办大事,防止领导疲于奔命,力戒盲目性、被动性。

为突出重点,可采用 ABCD 法则。ABCD 法则是将工作中的任务按重要和紧急程度分为四类,并以此为依据对任务做出安排处理。法则中 A 指重要而紧急的任务,B 为重要而不紧急的任务,C 是紧急而不重要的工作,D 是可做可不做的事务。属于 A 类的,必须立即做、优先做;属于 B 类的,应接着处理;属于 C 类的,有时间可以去做;属于 D 类的,则可以不做。对那些非常规的、重要的、紧急的或有时间限制的工作,应在时间表中明显标注,以引起注意,使之能及时完成。

这样安排的优点是能提高工作效率,充分利用时间,合理分配精力。

(五)留有余地

安排领导的时间要留有余地,不要安排得过于紧密,要给领导空隙时间。比如领导刚开完董事会,就安排其与客商会谈。这样看似时间排得很紧,似乎人的潜力得到了最大程度的发挥,然而事实证明,这并不能提高工作效率。因为刚刚开完董事会,领导的思想还不能一下子转过弯来,加之没有休息,比较疲劳,这样的状态与客商会谈,是不会取得最佳的效果的。

(六)合理授权

合理授权就是在处理紧急而不重要或既不重要也不紧急的工作时,可以交给他人去完成,并在委托工作时把与完成任务相关的权限和责任也一同交给对方。文秘人员通过授权可以节省出更多的时间去做其他事情,同时也可以使被授权者获得锻炼的机会,提高工作能力。文秘人员在授权时要注意,只有将任务授权给合适的对象,任务才能有效地完成。

(七)适当保密

由于领导或上司的行程往往与单位的经营动向有关,因而极易成为竞争对手刺探的情报。因此,文秘人员在管理领导日程的时候要注意适当保密,提供给有关部门和科室的领导日程表尽可能简略,或将相关内容抽出来编成诸如"本周会议安排""本周领导用车安排"等表格,发给相关人员和部门。

(八)事先同意

在安排领导或上司的日程表时,不论是一般的工作还是重要的工作,都要事先得到领导或上司的同意。因为领导或上司在审核日程表的过程中,往往会根据自己的经验来考虑采取什么方法处理,是否要安排专门的时间,而这些也正是文秘人员所要掌握的。

### 三、文秘时间管理的形式

文秘时间管理必须计划先行,日程安排计划表是文秘进行时间管理的最主要的表现形式。对于领导而言,日程计划表是有效进行工作的一种工具;对于文秘人员而言,日程安排计划表则是为了使领导能够在某一天、某一时刻,依照计划行动而辅佐领导对时间进行支配的备忘录和核对表。因而,编制日程安排计划表必须有操作性。

一般来说,日程安排计划表按照实施时间的长短和远近可分为年计划表、月计划表、周计划表、日计划表等。

(一)年计划表

年计划表是对组织来年的工作轮廓性的描述,可以包括组织一年的例行活动、领导或上司一年的例行活动、组织的重大活动等。拟定时,应抓重大工作,不宜事无巨细,全部罗列。年度工作计划表一般是在上一年年末或本年年初制订。

(二)月计划表

月计划表是根据年度计划表,在本月末对下月的工作做出大致的安排,主要包括该月例行事务和当月的重要工作,如会议、上司出差、业务洽谈等,并按日期进行填写。

(三)周计划表

周计划表是月计划中一周工作的计划安排,它比月计划表更为详细。一般来说,周计划的内容主要有:各类会议、报告演讲、参观访问、接待拜访、庆典、宴请、工作检查、公关活动、休假出差等。安排周工作计划要考虑领导的忙碌程度以及其他因素,如果领导临时事情太多,则可以将一个月内必须完成的已知事项,安排在当月其他周完成。周工作计划表应在周五前制订,并向领导汇报,得以确认。

(四)日计划表

日计划表也称为工作日志,它是根据周计划表中写出一天的预订计划,进一步以时间为单位,详细地安排从早到晚的业务活动。编写工作日志时时间最好具体到分钟,应标注需提醒的事项。工作日志应在前一天下午安排好。

**四、编制计划表的方法与注意事项**

(一)编制计划表的方法

(1)根据需要确定编制计划表的周期;

(2)收集并列出该阶段所有的工作、活动或任务;

(3)按事务的重要性、紧急程度进行排序,并为重要、紧急事务安排时间;

(4)评估剩余事务,酌情安排时间或决定是否授权他人完成;

(5)发现活动有冲突时,应主动与负责人协商,及时调整;

(6)按照时间顺序将任务排列清楚;

(7)绘制表格,标明日期、时间和适合的行、列项目;

(8)用简明扼要的文字将信息填入表格,包括内容、时间、地点等。

(二)编制计划表的注意事项

(1)计划表编写以记叙、说明为主要表达方式,不加评论,不做过多分析,简洁具体,使人一目了然。

(2)月计划、周计划、日计划不要安排得太满,尤其是后两者。因为环境随时变化,领导要根据不同的情况做出一定的改变,所以编写要留有余地。

(3)所有的日程安排都应按领导的意思去办,经领导审核通过打印成表,并送给相关部门,同时要留有备份。

(4)活动与活动之间要有一定的时间空隙,以避免时间过紧发生冲突。

(5)将相关的事务安排在一起处理。

(6)已经处理完毕的工作,一般应注明结果。

**五、有效管理工作日志**

文秘人员应坚持工作日志制度,通过对时间和活动的详细安排,认真分析,评估利用有效时间的程度,从而改进工作,不断进步。如表4-1所示。

表4—1　工作日志表

×× 经理工作日志

日期：　　年　月　日(星期)

| 时间 | 内容 | 地点 |
|---|---|---|
| 9：00～10：00 | 处理日常事务:如阅读文件、处理信件等 | 办公室 |
| 10：15～11：15 | 经理主管会议 | 1号会议室 |
| 11：30～12：00 | 给参加员工培训课的员工讲话 | 员工培训中心 |
| 12：30 | 与××公司的董事长及夫人共进午餐 | ××酒店××室 |
| 14：00～15：00 | 会见××公司的销售部经理王×<br>(所需材料在公文包中) | 会客室 |
| 15：45 | 前往××公司拜会市场开发部的经理李×<br>(××陪同,准备好礼品) | ××公司 |

1. 工作日志的类型

文秘管理的工作日志可以分为手工填写的工作日志和电子日志两种类型。

(1)手工填写的工作日志。

由于文秘人员的工作核心是服务于领导和上司,因而其工作日志实质上是对领导和上司工作时间和工作计划的安排,这就决定文秘人员在填写工作日志时不仅需要准备两份(一本供上司使用,一本供自己使用),而且还应全面了解领导或上司工作日志的内容。

领导或上司工作日志的内容一般涉及以下几个方面：

①各种接待、约会。包括接待和会见本单位员工、外单位来宾以及国外的来宾。

②商务旅行活动。当前各组织领导特别是企业领导经常到各地、各国去联系合作事宜,进行市场调研和参观学习。

③各类会议。各类组织都会经常举行不同类型的会议,如领导部署重要任务的指导性会议、听取员工建议的座谈会、组织内部召开的各类表彰会议等等。

④检查和指导。优秀的企业领导都较注重到生产一线实地了解本组织的生产、营销、资产运行等方面的情况,并做市场分析、产品分析、资产分析的工作。

⑤组织的各类重大活动的安排,如开业庆典、周年庆祝等。

⑥私人活动的安排。在西方国家,一般高级文员都要对领导的私人生活进行安排。如何时去休假,替领导安排好接待领导私人亲朋的日程表等。

文秘人员应提前填写工作日志，要准确、完整、简洁地标明时间、地点、工作内容等，并于当日一早再次确定和补充。秘书自己的工作日志除了包含上司工作日志的内容外，还需要包括上司各项活动中需要秘书协助准备的事项，并做到逐项落实，同时还要协助或提醒上司执行日志计划。

(2) 电子工作日志。

随着微型电子计算机的普及，一些企业和部门已使用计算机电子日志管理时间，如利用计算机中的 Microsoft Outlook 软件。该软件可以提供日历、日志和计划等功能，上面设有今日的时间、本月和下月日历等栏目板块，使用者只需输入工作任务即可，输入的方法和内容与手工填写日志基本相同。电子工作日志比手工填写日志信息承载量大，可以迅速修改和更新内容，便于搜寻和分类，并且可以应用于联网的计算机中，供多人同时查看。

Outlook2013 是该软件较新版本，它不仅具有电子日志管理的功能，还具有任务分配与接受、会议管理、财务分析、项目预测、宣传片制作、公司网站制作等功能。下面我们简单介绍一下该软件电子日志的使用程序。

①启动 Outlook2013。

在计算机上安装好 Outlook2013 应用程序，并完成账户的设置，登录软件主界面。

②切换至日历界面。

点击左侧窗格中的"日历"选项，将右侧区域切换到日历界面。在此界面中，默认状态以"天"为单位(显示当天的日期)，并且按照 24 小时制绘制出每小时对应的表格。如果以"周"为单位，则点击工具栏中的"工作周"选项，切换到"本周"的界面之下。

③填写当天工作记录。

可以通过手动和自动两种方式对当天的工作内容进行记录。自动方式由系统生成，手动方式主要顺序为：点击"文件"选项，在下拉菜单中选择"新建"，弹出"日记条目"对话框。在"主题"框中键入日记的标题，在"条目类型"框中选择"任务要求"，然后填写工作记录的内容，完成后点击工具栏的"保存并关闭"。

④查看日记条目，设置自动记录。

工作记录填写完成后，可随时查阅。点击菜单栏"转到"选项，在下拉菜单中点击"日记"选项,弹出"确认"对话框,要求确认打开日记,点击"是",进入查看。如果是第一次进行操作,会弹出"日记自动记录设置"对话框,选择"自动记录"项目,并点击"确定",程序会自动将其记录到日志中,以后进行所选操作时,不需要再进行手动操作。

默认状态下的视图是按类型显示的,如果不便于查看,可以通过左侧窗格中的"当前视图"改变显示类型,例如切换成"条目列表"。

双击其中一个条目,可以打开查看具体内容。如果有需要,可以对其内容进行修改并保存。

⑤设置工作提醒。

提醒的目的是防止因故出现工作疏漏,提醒的对象可以是本人,也可以是同一工作组中的其他同事,也可以对邮件进行提醒。

个人的提醒设置程序为:点击菜单栏"文件"选项,在下拉菜单中点击"新建",新建一个工作任务。在弹出的"主题"和"提醒内容"对话框中,键入相应文字,设置"开始""截止"日期,状态设置为"进行中",选中"提醒"并设置时间。为了引起注意,还可以设置声音提示,点击喇叭图标,在弹出的选择框中选择所要播放的声音文件,点击"保存并关闭"。

提醒时间到,软件将弹出对话框并播放声音文件,可以根据需要点击"消除"或设置再次提醒的时间。

2. 编制工作日志的注意事项

(1)工作日志应包括日期、时间、地点、工作内容等项目,信息要清楚准确,便于阅读;

(2)填写领导工作日志时,也应标出自己当日需完成的工作,要保持两本工作日志信息的一致和准确,同时要确保领导或上司日志信息的保密;

(3)应熟悉领导或上司工作方法、近期业务重点、身体状况、作息习惯及做事风格,主动适应其工作节拍;

(4)定期与领导或上司沟通,将双方要求、需求和可能会遇到的情况处理原则达成共识,以利于计划的安排;

(5)文秘人员要及时提醒领导或上司执行计划,如计划变更,应提前告知。

## 第二节　差旅安排

党政机关、企事业单位由于工作的需要,领导会经常出差、出访。很多出差任务甚至是临时性决定下来的。但无论是国内还是国外、短期还是长期,每次出差之前,文秘人员都应为领导做好相关工作。

### 一、差旅前的准备工作

(1) 向上司详细了解外出的目的与意图,以及日期、地点和随同人员,并做好记录。

(2) 与出差地相关人员沟通,落实相关事宜。如所到地地址、需要的路程时间、接待人员等信息。

(3) 征询领导或上司意见,确定行程及交通工具,预定车、船、机票,并及时取票。

(4) 酒店预订。一般来说,外出时间超过一天以上的,都应考虑预订酒店。酒店预订时,酒店位置和环境、价格是重点考虑的问题。文秘人员可以通过电话预订酒店,预定前应详细了解酒店的地理位置、周围环境、价格等事项,并要征得领导或上司同意,也可以委托所到地单位相关人员或携程网预订酒店。

(5) 预支差旅费。应根据出差信息,提前填表申请预支差旅费。如果是出国,还应提前兑换好外币。

(6) 准备出差相关文件及物品。根据领导或上司的工作安排和出差目的,准备出差需携带的相关文件及物品(参见物品携带表4-2)。

表4—2　差旅物品携带表

| 物品 | 份数 | 物品 | 份数 |
| --- | --- | --- | --- |
| 证件(含身份证、护照、港澳通行证等) | (若干) | 办公用品(含笔记本电脑、文具、移动硬盘、数码相机等) | (若干) |
| 往返车、机票 | (若干) | 名片、地图、交通图 | (若干) |
| 相关业务资料 | (若干) | 日程表 | (若干) |
| 准备现金或信用卡注款 | (若干) | 出访地联系人通讯录 | (若干) |
| 礼品 | (若干) | 个人用品及应急和常用药品 | |

(7)做好临行前工作安排。领导或上司出差时间较长时,应请领导对外出期间工作做出安排,并及时与各部门打好招呼,眼前急需审批的抓紧办理,一些定期的汇报可暂缓处理。同时电话通知随领导或上司出差的相关人员,提醒他们做好相关准备工作。

## 二、制订差旅计划

差旅计划是领导或上司出差期间能否顺利完成工作任务的重要前提。一份合理、周全、程序规范的差旅计划,能保证领导在最短的时间内完成工作任务。差旅计划主要包括以下几个要素:

### (一)时间

一是指出差出发、返回的时间,包括因公务或商务活动需要到两个或两个以上地点的抵离时间和中转时间;二是指旅行过程中各项活动的时间,包括就餐、休息时间。

### (二)地点

一是指抵达的目的地(包括中转地)。目的地名称既要写清楚具体通信地址,还要写清楚具体的单位名称,最好附上联系电话和联系人,以方便领导或上司查找;二是指差旅期间开展各项活动的地点;三是指食宿地点。

### (三)交通工具

一是指出发、返回时所乘的交通工具;二是指公务或商务活动中使用的交通工具。如果是利用本单位交通工具,要考虑配备什么档次的车辆,因为这不仅是为领导提供舒适的旅行,而且还代表着组织的形象。此外,还要考虑乘车时途经地点和沿途路线。

### (四)具体事项

具体事项主要是指外出期间需完成的各项任务,如参观访问、洽谈业务、会议交流、商务考察等。此外还包括一些私人事务活动,如宴请、娱乐活动等。

### (五)备注

记载提醒领导或上司注意的事项,诸如抵达目的地需要中转、中转站名称、休息时间、飞机起飞时间,或需要中转时转机机场名称、时间,会见会谈携带哪些有关文件材料,应该遵守的民族风俗习惯等。

计划制订好后,要报给领导或上司,征询意见。得到领导或上司的同意批准后,进行打印。差旅计划至少应打印3份,一份交出差领导或上司,一份由秘书留存,一份存档。

### 三、编制日程表

差旅日程表实际上就是差旅计划的具体细化实施表。格式要求和内容可参考表4—3：

**表4—3  王总经理差旅行程安排表**

| 日期 | | 时刻 | 交通 | 活动内容 | 备注 |
|---|---|---|---|---|---|
| 5/11 星期二 | 上午 | 7：00 | 轿车 | 赴虹桥机场 | 公司派车 |
| | | 8：40 | 乘飞机 | 离沪赴京 | ××××次航班 |
| | | 10：20 | 租车 | 到京，住××宾馆606房间 | 已预先订房（电话×××××） |
| | | 12：00 | | 与××总经理共进午餐 | 在宾馆 |
| | 下午 | 14：30 | | 与××总经理在该公司会议室洽谈 | 所需的文件在公文包中 |
| | | 18：00 | | 与××总经理共进晚餐 | 地点由对方安排 |
| 5/12 星期三 | 上午 | 9：30 | 租车 | 赴××公司与董事长洽谈 | 所需的PPT在笔记本电脑桌面上 |
| | | 11：30 | | 与董事长共进午餐 | 在该公司 |
| | 下午 | 15：00 | 租车 | 拜访×先生 | 礼品在手提箱内 |
| | | 18：00 | | 在宾馆用晚餐 | |
| 5/13 星期四 | 上午 | 8：50 | 乘飞机 | 离京返沪 | ×××次航班，机票已预定 |
| | | 10：25 | | 抵达上海虹桥机场 | ××接机 |

### 四、办理出国旅行手续的内容、程序

如果上司要出国考察或参加会议，文秘人员应提前协助办理出国旅行手续。出国申请手续办理主要有五项：递呈出国申请书、办理护照、申请签证、办理健康证书、办理出境登记卡。

（一）办理出国申请

持居民身份证或户口簿到本人户口所在地公安局出入境管理部门领取"中国

公民因私出国(境)申请审批表"，按表格内容如实填写相关内容。出国申请表的内容一般包括：出国事由、出国路线、出国日程安排(出国时间、在国外活动时间、地点、回国时间)、出国组团人数等，申请表后面要附上出国人员名单及外国组织的邀请函，出国人员名单应写清楚姓名、年龄、性别、职务、职称，经单位人事部门审核出具同意意见后，呈递给当地公安局出入境管理处办理相关手续。

(二)办理护照

护照是主权国家发给本国公民出入境及到国外办事旅行居留的合法身份证件和国籍证明。凡出国人员均应持有护照，持照者享有护照颁发国的外交保护。出国前要凭护照办理所去国家和中途经停国家的签证，凭护照购买国际航班机票或车船票。在国外，有关当局检验、住宿酒店时也必须出示护照。

目前，我国政府颁发的护照分为外交护照、公务护照和普通护照(包括因公普通护照和因私普通护照)三种。因公普通护照使用对象主要为中国国有企业、事业单位出国从事经济、贸易、文化、体育、卫生、科学技术交流等公务活动的人员，公派留学、进修人员、访问学者及公派出国从事劳务的人员等。因私普通护照使用对象主要为定居、探亲、访友、继承遗产、自费留学、就业、旅游和其他因私人事务出国和定居国外的中国公民。

护照的内容主要包括姓名、出生地、性别、发照日期、有限期等，护照均应印有持照人的照片。在我国，外交、公务和因公普通护照由外交部及其授权单位(各省、市、自治区的外事办公室)办理。因私普通护照由出国出境者本人携带有关证件和材料到当地公安机关出入境管理部门申办。

图4—1　中华人民共和国护照、签证

文秘人员办理护照时应注意以下几个事项:

第一,应提前办理护照,给申办护照以足够的时间,不可临近出国日期才匆匆办理,以免误事。

第二,携带有关证件,指主管部门的出国任务批件、出国人员政审批件或所去国有关公司的邀请书等文件等。

第三,领取护照时,应认真检查核对姓名、籍贯、出生年月和地点,若是组团出国,则要检查护照上的照片是否与姓名一致,有无授权发照人的签字和发照单位的盖章;发照日期和有效期有无问题,使用旧护照再次出国者更应注意其有效期,若已过期,必须申请延长。

(三)申请签证

1. 签证的作用和种类

签证是一国官方机构对本国和外国公民出入国境或在本国停留、居住的许可证明。出国除了需要持有护照之外,还必须持有相应的签证。护照是持有者的国籍和身份证明,签证则是主权国家准许外国公民或本国公民出入或经过该国国境的证明。签证一般都签注在护照上,也有的签注在其他旅行证件上,或另纸签证。我国的签证签注在护照上。

签证也分为外交、公务和普通三种。根据不同使用情况可分为入境、入出境、出入境、过境签证,另外还有居留签证。我国政府规定,因公出国的公民出入国境凭有效护照,可不办理签证,而持因私普通护照出入国境的中国公民必须办理中国的签证。

2. 签证的办理

因公出国人员申办去往国的签证通常由外交部或由外交部授权,各省(直辖市、自治区)的外事机构统一向有关国家驻华使馆(或驻华总领馆)申办。因私出国人员申办去往国签证时,则由本人持有效护照、携带必要的证明、照片等材料,填写外国签证申请表,前往去往国驻华使领馆申请签证。

签证的有效期是签证的使用期限,在规定的期间内可入、出或经过该国。停留期是从入境当日计算的。有的国家的签证有效期和停留期一致,对停留期不另作规定。

(四)办理健康证书

健康证书即预防接种证书,因为它的封面通常是黄色的,所以惯称"黄皮书"。

为防止国际间某些传染病的流行,世界卫生组织正式通过的《国际卫生准则》规定,入境者在进入一个接纳国的国境前,要接种牛痘、霍乱、黄热病的疫苗。有些国家还要求在入境时出示不带艾滋病毒的检查证明。

我国的"黄皮书"统一由中华人民共和国卫生部印制。申请人出入国境,需办理"黄皮书",一律由各省、自治区、直辖市的卫生检疫局签发和注射疫苗。

(五)办理出境登记卡

在办妥了上述各项手续后,文秘人员还应携带出国人员的护照、户口簿、居民身份证办理临时出境登记手续。护照第一次使用时需要出示出境登记卡。出境登记卡由发照机关在颁发护照时同时颁发。持照人第一次出境时,需要核对持照人所获得的签证与出境登记卡上载明的前往国家是否一致,否则不能出境,需向发照机关申请更换出境登记卡。

**五、差后相关工作**

领导或上司出差期间,在家值班的文秘应落实好领导或上司临行前交办的各项事务,并详细记录领导或上司出差期间单位或部门发生的主要事件,同时还应随时掌握领导或上司的行踪,以便保持联系。

领导返回后,应及时向领导或上司汇报出差期间单位内部事务及业务进展情况;根据出差期间的原始记录及相关资料(包括合作方资料、会谈备忘、名片等),整理出报告,送领导或上司审阅,根据需要转交相关人员或存档;对在差旅期间给予帮助和照顾的有关单位和个人致函或去电表示感谢;整理出差票证,报销差旅费用。

# 第五章

# 信息与调研工作

## 第一节 文秘与信息处理

**一、信息概述**

当今社会处于信息时代,信息一词已经在社会各个领域,包括文秘工作中广泛应用,信息处理已成为文秘人员的一项经常的、重要的工作。

(一)信息的含义

信息一词,古已有之,但古代没有进入大规模信息流,其"信息"的含义与今天不同。现代意义上的"信息"是指与客观事物相联系,反映客观事物的运动状态,通过一定的物质载体被发出、传递和感受,对接受对象的思维产生影响,并用来指导接受对象的行为的一种描述。简而言之,信息就是用文字、数字、符号、语言、图像等介质来表示事件、事物、现象等的内容、数量或特征,从而向人们(或系统)提供关于现实世界新的事实和知识,作为生产、建设、经营、管理、分析和决策的依据。

(二)信息的特征

1. 客观性

信息不是物质,它是物质的产物,即信息是对客观事物的运动状态的描述。这也就是说先有信息反映的对象,然后才有对这一事物状态的描述。如果客观事物不存在,信息也就不存在,正所谓"皮之不存,毛将安附焉"。

## 2. 价值性

信息是对客观事物的运动状态的描述,它可以向人们提供关于现实世界新的事实和知识,因而具有使用价值。人们收集、加工、传递信息的根本目的就是要提高活动效益。信息的价值的体现,有赖于使用者对其进行正确的选择、理解,只有在与某种有目的的活动相联系时,其价值才能体现出来。

## 3. 时效性

信息的时效性是指信息从发出、接收到进入利用的时间间隔及其效率,它是信息的重要特征。信息的时效性与信息的价值性密不可分。任何有价值的信息,都是在一定的条件下起作用的,如时间、地点、事件等,离开一定的条件,信息将会失去应有的价值。从某种意义上讲,信息的价值取决于信息的时效性,特别是反映客观事物某种发展趋势、动向的信息,时效性越强,信息的价值越大,反之,信息就会失去作用。因此,信息价值的大小取决于信息的时效性。

## 4. 扩缩性

一切领域都会产生信息,随着时间的推移和事物的运动、发展、变化,信息经过不断开发利用,会扩充、增值,成为取之不尽、用之不竭的资源。同时,经过加工整理,又可使之精练、浓缩。

## 5. 共享性

信息能够同时为多个使用者所利用。信息在传递过程中,信息量不会因宿主的转换及数量的变化而递减或衰亡,这是信息与实物、能量的根本区别。通过传递,信息迅速为大多数人接收、掌握和利用,并会产生出巨大的社会效应。正因为信息具有这一特性,社会才会为保护信息开发者的合法权益,制定专利制度和知识产权制度,以补偿其在开发整理某些信息过程中付出的劳动价值。

## 6. 依附性

信息不是物质运动本身,而是物质的运动变化及相互作用、相互联系的一种特定表现形式,是以物质载体为媒介的物质运动状态的再现。信息离开物质载体就无法传递,而信息的内容又与物质载体无关。

### (三)信息的分类

信息广泛地存在于自然界和人类社会,而准确地给予信息类分,则有助于敏锐地获取信息以及有效地处理和运用信息。

1. 按时间划分,信息可分为历史信息和未来信息

历史信息是已知的信息。在认识事物时,有了历史信息,就可能预测未来。对历史信息进行科学的分析,可以预测事物的发展趋势。未来信息是指能够在一定程度上表现事物未来发展趋势的信息,是制定规划不可或缺的预测性信息。对未来的猜想不是预测性信息,预测性信息必须建立在科学分析、科学预见的基础上。

2. 按内容划分,可分为社会信息、自然信息

社会信息是指反映人类社会活动的信息,包括政治、经济、文化、军事、科技等方面的内容。人类依靠社会信息,认识和掌握事物的发展变化规律,达到认识世界、改造世界的目的。社会信息又可分为政务信息、经济信息、科技信息、文化教育信息和军事信息等。自然信息是自然界事物的特征、变化及事物之间内在联系的反映,是客观事物自身规律的反映和表现形式。

3. 按信息产生的先后和加工与否划分,可分为原始信息和加工信息

原始信息即通常讲的"第一手材料",这是最全面、最基本、量最大的信息资料,是信息工作的基础。对原始信息进行不同程度的加工处理,就可成为适应不同对象、不同层次需要的加工信息。

4. 按事物发展过程划分,可分为预测性信息、动态信息、反馈信息

预测性信息是指事物的酝酿、萌生等各产生阶段的信息,如某项决策之前的预料、构想、设计、规划等。动态性信息是事物的发展、成长的过程阶段的信息,包括事物的进展、经验、成就、范例和发展变化动向等。反馈信息是事物结束阶段或某一阶段完成后的信息,包括效果、影响和经验教训等。

5. 从信息的价值角度来划分,则分为有效信息、无效信息和干扰信息

6. 从表现形式分,信息又可分为语言信息、文字信息、声像信息、计算机语言信息和缩微信息等

(四)信息的作用

现代社会,信息之所以无处不在,是因为它在各个领域发挥着其他资源无法替代的重要作用。具体而言,信息的作用主要表现在以下三个方面:

1. 信息是构成生产力的重要因素

随着科技的进步,人类社会已进入到以知识经济为特征的信息社会,而信息社会最重要的生产要素则是信息,主要表现为知识或智力,从而使信息成为生产

力的重要因素。物质资料生产必须具备的三个要素，即劳动对象的发掘与加工、劳动资料的改进与变革、劳动者素质的提高，三者都离不开对信息的应用，可见，信息是知识型生产力。

2. 信息是实施有效管理的基础

人类的一切活动都离不开管理。从静态构成看，管理离不开人、财、物、事等因素。能否做到人尽其才、财尽其利、物尽其用，是管理是否有效的重要条件和标准。而有效的管理在一定的意义上取决于对信息的掌握程度，必须了解人、财、物、事的过去，分析其现状并预测其未来的变化趋势，而这正是管理信息的基本内容。

3. 信息是科学决策的重要依据

在现代社会，决策是否科学，是否符合客观规律，关键在于是否能够获取及时、准确、全面的信息。准确地掌握信息，正确地使用信息，可以大大提高各级部门领导决策的科学化、民主化水平。

**二、信息与文秘工作的关系**

信息在文秘工作中占据着十分重要的位置。邓小平同志曾经说过，做管理工作的人没有信息，就是鼻子不通，耳目不灵。他说的"做管理工作的人"，就是领导人，做决策的人。对文秘而言，我们的信息工作在某种意义上说决定了领导和决策者的正误和水平。在经济工作中，经济信息、商务情报甚至是企业和组织的生命。

（一）信息在文秘工作中的作用

现代文秘活动本质上是信息处理的过程，一方面，文秘活动中的电话接打，文件拟写、收发传递、立卷归档，各类会议的组织安排，各种宾客的迎来送往等事务性工作本身就同信息工作相互交融、相互依存。另一方面，信息也必须通过声音、文字、图像等载体，以电话、文件、会议等方式表现出来。因而作为一个文秘工作者，必须做到在信息工作领域内运筹帷幄，为决策者提供有效服务。

具体而言，信息在文秘工作中的作用表现为以下三方面：

1. 辅助领导科学决策必须依靠信息

信息是领导进行决策的依据和必要条件，没有信息，就没有科学决策。进行预测和确定目标，必须将过去和现在的各种信息进行收集、加工、传递和利用；拟定各种可供选择的决策方案,必须对收集到的各种信息进行归纳、推理、评价,也就是具体地利用信息;决策方案的选择、实施、修正等等,其客观依据依然是大量的信息。

2. 起草文件必须依靠信息

文秘人员撰拟公文,是在掌握各种信息的基础上,根据领导意图,经过分析、综合,形成更系统、更准确、更简明的管理信息,再用文字表述为公文,以便传输。在这个过程中,如果理解领导意图不全不准,掌握信息失实、文字表述不明,都有可能给整个撰拟公文工作带来影响,甚至产生严重后果。

3. 做好日常管理工作必须依靠信息

文秘要办好各项事务,不仅靠领导意图、个人学识,还必须依靠各种信息作依据、作借鉴。信息多了,综合判断、处理事务的能力就强。文秘人员必须会运用各种信息,把相关部门联系、协调起来,明确分工,消除矛盾,同步协作去完成共同的任务。

(二)文秘处理信息的基本原则

1. 保真性原则

即信息的内容要准确无误,真实可靠。准确是信息的生命,是信息的全部意义所在。保真性原则有两方面的要求:一是指文秘向领导系统或其他系统提供的信息要客观真实,准确无误,不能有半点虚假。二是指文秘在传递信息时,要采取一定的措施,保证信息传输的畅通无阻,使信息免受或少受干扰,最大限度地提高信息的保真度。

2. 及时性原则

即信息的收集、处理、传递、反馈要及时迅速,讲究时效。快节奏的城市生活和高速发展的市场经济对文秘工作的时效性提出了更高的要求,不仅传递要快,而且收集、加工、检索、输出都要高速度。信息处理不及时,就会失去信息的价值,甚至造成严重的损失。

3. 系统性原则

系统性原则体现在三个方面:一是要求提供的信息必须全面完整,能准确地、全面地反映事物的现象和本质,避免表面化和片面化;二是处理信息必须具有全局观念,即从全局和整体的高度去把握信息,而不能仅仅看到某个局部;三是要求所提供的信息具有连续性,能够反映事物发展变化的全过程,满足领导系统和其他系统对信息的动态需求。

**4. 适用性原则**

适用性原则也体现在三个方面：一是要服务于中心工作，就是要弄清本地区、本单位、本部门的工作进展情况和急需解决的问题；二是要根据不同领导机关和领导者的不同要求提供信息；三是要及时采报新发生的带有重要动向性、导向性、苗头性、政策性、突发性的信息，防止把按需要采报歪曲成为"按胃口喂报"。

**5. 预测性原则**

现代决策要求文秘系统提供的信息具有超前性和预测性，即不仅要反映已经发生了什么，而且还要预见将要发生什么，以便领导系统在决策中采取相应的措施，防患于未然。

### 三、文秘处理信息的工作流程

信息工作程序主要包括收集、整理加工、传递、存贮和开发。

（一）信息收集

收集信息是文秘处理信息的首道环节，其重点是要明确收集的范围、渠道和方法。

1. 收集的范围

文秘收集信息的目的是服务组织的各项工作，因此既要全面、有广度，又要有针对性：既要有上级的，也要有下级的；既要有内部的，也要有外部的；既要有国内的，也要有国外的。具体而言，应包括以下几个方面：

（1）中央和各级政府公布的方针、政策、法规性文件。

（2）上级机关或领导部门发布的直接与生产、工作有关的指挥性文件。

（3）本组织和所属各部门的机构、人员、财力、物力、工作、生产等情况，以及生产计划、指标、统计数据、改革状况、工作总结。

（4）本组织执行政策、推动工作或产品销售后的反馈信息。

（5）与本组织业务有关的外界情况或新近变动的信息，如社会动态、思想倾向、城市与农村经济改革。

（6）与组织业务性质相同的其他地区、单位以及国外同行业可供比较的情况材料。

（7）与本组织业务未来发展有关的科技成果（包括新产品、新工艺、新材料）

以及先进的经验、方法等信息资料。

2. 收集的渠道

文秘收集信息的渠道多种多样,主要包括以下几种途径:

(1)大众传播媒介,包括网络、报刊、广播、影视及其他文献载体,大众传播媒介是现代社会获取信息的重要途径。但是大众传媒所提供的信息凌乱无序,缺少系统性,甚至包含虚假信息,文秘人员要有鉴别地收集有价值的信息。使用网络收集信息时,应选择合适的搜索引擎,准确地输入关键词。

(2)社会专业信息机构,如各种类型和层次的图书馆、情报机构、档案馆、博物馆以及近年来成立的信息中心和各种咨询机构。信息机构肩负着信息传播的使命,是人们获取、利用信息的主要场所。文秘人员既可以通过查阅获取丰富的信息资源,也可以委托信息机构定向收集相关信息。

(3)贸易交流渠道,即利用各种贸易交流机会,如展销会、交易会、洽谈会了解市场需求信息和客户反馈信息等。

(4)关系渠道,指通过上下级、同级单位公文往来或其他系统交换资料获取信息。文秘的人际关系也是收集、获取信息的重要渠道之一。

3. 收集的方法

(1)观察法。

观察法是通过深入现场、参加生产和经营、实地采样、进行现场观察并准确记录(包括测绘、录音、录像、拍照、笔录等)调研情况。观察法既适用于对人的行为的观察,也适用于对客观事物的观察。采用观察法时,往往被调查对象不知情,所以获取的信息真实性较大。观察法应用很广泛,常和询问法、搜集实物结合使用,以提高所收集信息的可靠性。

(2)调查法。

调查法一般分为普查和抽样调查两大类。普查是调查有限总体中每个个体的有关指标值。抽样调查是按照一定的科学原理和方法,从事物的总体中抽取部分称为样本(Sample)的个体进行调查,用所得到的调查数据推断总体。抽样调查是较常用的调查方法,也是统计学研究的主要内容。

对于个体的调查,若是涉及人,则主要采用两种调查方式:访谈调查法和问卷调查法。

访谈调查法也叫采访法,是通过访问信息收集对象,与之直接交谈而获得有关信息的方法。它又分为座谈采访、会议采访以及电话采访和信函采访等方式。采访前需要作好充分准备,认真选择调查对象,了解调查对象,收集有关业务资料和相关的背景资料。采访法的主要优点是可以就问题进行深入的讨论,获得高质量的信息;缺点是费用高,采访对象不可能很多,因此受访者要具有代表性。它对采访者的语言交际素质要求较高。

问卷调查法是一种包含统计调查和定量分析的信息收集方法。这种方法主要考虑的问题是:所收集信息的内容范围和数量,所选定的调查对象的代表性和数量,问卷的精心设计,问卷的回收率控制等。问卷调查法具有调查面广、费用低的特点,但对调查对象无法控制,问卷回收率一般都不高,回答的质量也较差,受访者的态度具有决定性影响。

(3)实验法。

实验法能通过实验过程获取其他手段难以获得的信息或结论。实验者通过主动控制实验条件,包括对参与者类型的恰当限定、对信息产生条件的恰当限定和对信息产生过程的合理设计,可以获得在真实状况下用调查法或观察法无法获得的某些重要的、能客观反映事物运动表征的有效信息,还可以在一定程度上直接观察研究某些参量之间的相互关系,有利于对事物本质的研究。

实验法也有多种形式,如实验室实验、现场实验、计算机模拟实验、计算机网络环境下人机结合实验等。

(4)购买法。

购买法是指通过购买有关信息载体而搜集、获取信息的方法,如IT领域的赛迪顾问,每年会针对IT行业某个应用领域推出行业研究报告,而组织通过这种研究报告可以获取IT行业的整体情况与未来发展趋势。

购买法按购买的信息载体的类型不同,可分为文献信息载体购买和实物信息载体购买两种类型。文献信息载体购买的方式一般包括现购、邮购、托购、有偿征集等。图书、期刊、杂志、报纸,主要可到出版社、杂志社、报社、书店或邮局现购或订购;缩微型文献可通过特定的缩微中心购买;视听型文献可以到音像出版社、音像书店及有关文献信息机构购买;机读型文献一般是在市场上销售的记录在软硬磁盘、光盘上的应用软件或应用软件包,这主要可通过计算机技术开发公司或信息中心购买,但其中的有关信息中心的数据库系统,一般可供各种组织去检索利用,组织无须进行购买;而样本、专利、图纸、内部资料等则可以向研究开发机构或有关信息中心购买。实物信息载体主要是指样品或具体的产品等。购买实物搜集信息主要为组织的技术部门和科技信息部门所重视。如美国科罗拉多州一能源公司刚公布一项专利产品——减速器，很快就收到50份订单，该公司调查发现，半数以上订购者是竞争对手。

（5）文献检索法。

文献检索法就是利用信息资料检索工具，从浩繁的文献中检索出所需资料的方法。文献检索法根据检索工具的不同，可分为手工检索和计算机检索两种类型。

手工检索需要凭借检索工具。检索工具是了解和查找信息资料的入门依据。检索工具能够指明资料的存在，提供查找的线索；能够提示信息资料的内容，帮助人们比较、选择和鉴别。手工检索工具有四大类，它们分别为：目录、文摘、索引和信息资料指南。目录是对信息资料进行准确简化的再现，它的基本作用是用来识别或代替阅读原文。文摘可分两大类，一类是指示性文摘，又称简介，是一种篇幅简短的摘要；一类是报道性文摘，是原文要点的较详细的摘要。索引，也可分两种，一种是篇目索引，用来指明资料的出处，另一种是内容索引，即将资料中的事件、人名、地名等一一摘录出来，分别按顺序排列，并指明它们的出处。人们可以借助索引，查到隐藏于众多而庞杂的资料中有关信息的出处。信息资料指南是一种新的检索工具，目前正在陆续出现。如"手表行业指南"这种小册子，既有历史资料，又有近期资料。人们只要翻看它，就可以对手表的历史与现今发展状况有所了解。这是经过高度加工了的信息资料检索工具，实用价值很大。

计算机检索也称为数据库检索，是通过查询计算机数据库获取相关的信息资料的方法，如万方系列数据库、中国知网、重庆维普系列数据库等。计算机信息检索的基本原理与手工检索的基本原理是一致的，二者所不同的在于存贮与检索手段上的区别。计算机检索法简单便捷，目前已成为个人及单位进行信息检索的主要方式。

（6）交换法。

交换法是指组织的公关信息部门用自己拥有的资料、样品等与有关对口单位进行相应的交换，从交换得来的资料、样品等信息载体中获得所需信息的一种方法。交换法是组织获得自身所需的公关信息的重要方法之一，也是各兄弟单位之间进行信息交流的一种重要手段。它不仅能使组织获取许多难得的公关信息,而且能比通过其他各种有关途径获取信息节省许多搜集时间。由于公关信息交换通常是对口交换,因此,所得到的信息大部分都是及时的和适用的。公关信息交换可分为两大类型,即国内交换和国际交换。无论哪种类型,都应以对口、互利、合乎国家法律和有关政策规定为原则。在正式建立交换关系后,应印制交换卡,及时排检,并经常检查交换的情况和效果,对交换单位进行筛选,稳妥地终止不对口的交换关系,及时地与新的对口单位建立交换关系,不断改进信息交换工作,以提高信息交换的效益。

(7)智能监测收集法。

智能监测收集法是通过专业的智能网络信息监测系统收集网络公开信息的方法。智能网络信息监测系统主要依托于网络爬虫(或称网络蜘蛛、网络机器人)技术,自动跟踪和监测互联网上的目标网站,只要目标网站上出现与预先设定相匹配的关键词或关键词组,立即单篇或批量抓取下来,并经过过滤、剔除,提取出有价值的文字与正文图片信息,自动打包成文件保存到指定数据库中。该方法适合处理海量的信息资源,其速度快、效率高、时效性强。但要注意的是,它需要文秘人员预先知道目标站点,设定监测与抓取条件。由于抓取的信息数量大,往往会有失真现象,也有些不是我们想要的信息。

(二)信息的整理加工

信息的整理加工,是整个信息工作的核心。它是对收集到的原始信息在数量上加以浓缩,在质量上加以提高,在形式上加以变化,使之便于储存和转递的过程,亦即去粗取精、去伪存真、由此及彼、由表及里的改造制作过程。

信息整理加工的产物是信息资料,信息成为信息资料,一般需经过四道程序:

1. 筛选

信息的筛选是对收集到的大量繁杂的信息进行甄别的过程,即经过初步分析和研究,淘汰内容失真失实、贫乏无用的信息,提取内容新颖、有信息量的信息。概括地说,就是要力求选出的每条信息都符合"实、新、精、准"的要求。完全做到这一点虽然不大可能,但剔除无用的或用处不大的,只允许有价值的通过,这不仅可能而且应该做到。

筛选工作对于提高信息层次、质量、效益等起着关键的作用,因而,要做好信息的筛选工作,必须注意以下三方面的工作:

(1) 筛选的标准。

要"去伪存真"。信息的价值在于为领导决策提供依据,信息一旦失去真实性,不仅信息本身会失去价值,而且会造成管理、决策上的失误,并产生不良甚至严重后果。

要选择具有"新鲜度"的信息,这里所说的"新鲜度"不仅是指在时间上是新近发生的信息,而更多指向的是那些与组织管理活动相关的反映新情况、新问题、新做法、新成效的信息。

要选择带有倾向性、动向性或突发性的重要信息,这是因为带有倾向性、动向性或突发性的信息往往预示着事物的发展方向,而为领导提供具有前瞻性的高质量信息,是领导科学决策的根本保障。

(2) 筛选的原则。

第一,根据组织所需信息进行筛选。

作为一名文秘人员,对组织所需要的信息范围和内容应有清晰、全面的了解和把握。只有在这个基础之上,才有可能做好信息工作,尤其是信息筛选工作。一般来说,单位或组织需要的信息大致包括以下几个方面:一是单位或组织自身的信息,如企业概况、历史沿革、重大活动或事件、经营思路和方略等;二是所在行业的国内、国外市场行情,如市场动态及发展趋势、行业最新研究成果或先进生产技术(设备)等;三是各种展销、产品推广活动方面的信息;四是国内、国外金融政策和相关法律法规等方面的信息;五是常用的日常信息资料,如交通、黄页、通讯录、地图册等。

第二,根据信息服务对象的需求筛选信息。

单位的领导都各有分工,各个职能部门也有不同的职责,对信息的需求各有不同。文秘人员应清楚地了解各位领导、各个职能部门的职责,根据不同的职责和工作需要来提供他们各自所需的信息。

第三,根据工作重点、中心任务筛选信息。

每个单位或组织在某个时间段内都有特定的重点工作、中心任务。这些重点工作和中心任务一般对单位或组织的发展有举足轻重的影响,重点工作、中心任务做好了就意味着某一阶段的工作做好了。文秘人员应善于从诸多工作任务中找到工作的重点,围绕工作重点有选择性地收集相关信息,为完成重点工作和中心任务做好全方位的信息服务。

第四，根据工作难点筛选信息。

工作难点往往是指在特定工作中遇到的瓶颈，处理不好不仅会严重阻碍特定工作的进展，甚至会影响整个单位或组织的全盘工作开展情况。在遇到工作难点时，文秘人员应及时了解工作难点，分析造成工作困境的原因，在此基础上，围绕工作难点收集、筛选相关信息，积极寻求解决方案。

（3）筛选的工作程序。

文秘人员掌握一套行之有效的信息筛选程序，不仅可以节省时间和精力，提高办事成效，而且还有利于提升信息的准确率。

第一，看来源。不同来源的信息，重要性不尽不同。如上级形成的信息带有全局性、综合性、指导性和权威性，而平级或下级形成的信息主要起参考作用。

第二，看标题。常言道"看书先看皮、看报先看题"，信息的标题是对信息内容的简短概括，文秘人员可以通过阅读标题了解信息的主题，进而判断信息价值的大小。

第三，看正文。首先应初选，即快速浏览正文，了解其主要内容，初步确定是全部选用，还是部分选用，或者不用。初选后，对拟用信息再认真阅读，判断其价值大小。

第四，决定取舍。经过上述程序，从中挑选出能满足需求的信息，舍去虽真实但无用的信息。信息的取舍，要突出信息量，注重典型性、富有新意。

2. 校核

对经过初步甄别的信息作进一步的校验核实。任何信息都内含着自身的价值，其价值的大小，在于是否真实地反映了客观事物发展的状况，即是否具有真实性。由于信息的来源、信息的传播渠道中难免有客观的杂质和主观的因素干扰，因此文秘人员接触到的信息往往带有一定的模糊性、繁杂性、滞后性，有的含有虚假成分，有的可能完全是假象。信息中的不真实因素，一般表现为偏颇、夸张、拼凑、添枝加叶、捕风捉影等几种情况。如果说筛选是过粗筛子，把有用的信息挑选出来，而上述各种"掺假"的信息则可能因表面有用而漏网，校核就好比是再过一遍细筛子，把"无用"的细沙、灰尘筛掉，确保信息的质量。

校核最常见的方法有三种：

（1）分析法，即对原始信息中所表述的事实和叙述方法进行逻辑分析，发现其中的破绽和疑点，从而辨别其真伪。例如，同一材料中前后矛盾，就可以判断其中必有一个有错，或者两个都错。分析法的长处在于一般不需要借助于其他手段，仅从原始信息本身就能发现某些错误。

（2）核对法，即依据权威性的信息材料进行对照分析，发现和纠正原始信息中的某些差错。所谓权威性材料，即其本身的正确性是毋庸置疑的。比如，用《中国统计年鉴》来对照某一部门的年终统计材料；用国家颁布的标准化规定来对照某些产品的标准程度等。此法的关键是要掌握直接的、最新的权威性材料。

（3）调查法，即对原始信息中所表达的事物的运动变化情况，通过现场的调查来验证它的真实性和准确性。这种方法需要花费较多的人力和时间，一般只对重要的原始信息进行现场调查鉴别。

3. 分类

为了使筛选、校核出的信息条理化，便于查找利用，应对信息进行分类处理，分类的方法主要有：

（1）字母分类法：分类规则容易掌握，操作简单，不需要索引卡，能与地区或主题分类法结合使用。但查找信息须知道姓名或单位名称、标题，某个字母下排列的信息较多时，查找费时。

（2）地区分类法：便于查找具有地区特性的信息，分类方法容易掌握。

（3）主题分类法：能使相关内容信息集中存放，信息能按逻辑顺序排列，方便检索，但分类标准不好掌握，标题不能很好地反映主题时，归类不易准确。

（4）数字分类法：将信息按数字从低到高顺序排列，规则简单，通过在后面添加号码进行存储扩展，适宜电脑存储，适合于大型信息系统。

（5）时间分类法：可用作大型系统的细分，是按时间将案卷内部的信息排序。但需与索引系统配合使用，仅适合于时间性特强的信息。

经过分类的信息，应及时复印、剪裁或摘记，以便于日后的查找利用，并做好标注、注释或说明，注明信息资料的日期、出处。

4. 编制

编制是信息整理的最后步骤，是对信息进行有序化处理的过程。编制的质量如何，直接影响到信息作用的发挥。

（1）信息编制的方法。

①汇集法：围绕一个主题，把一定范围内的信息按一定标准汇集起来。

②归纳法：将反映某一主题的信息集中，进行系统综合分析，反映事物发展状

况或变化特征。

③纵深法:把若干具有内在联系的信息或不同时期的有关信息从纵向进行比较,从而发现客观现象之间的联系。

④连横法:按照某一主题,把若干不同来源的信息进行横向连接,做出背景分析,目的是探究客观事物的发展规律。

(2)信息编制的类型和要求。

①动态型信息主要以反映某项工作、活动、事件的发生、发展和变化为主,或侧重于说明该项工作、活动、事件已经发生或正在发生的客观情况。

编制动态型信息时,必须做到信息内容准确无误,信息标题简洁新颖,信息传播及时迅速。

②经验型信息所反映的是一个地区、一个部门、一个单位某一方面、某项工作重要经验的信息,它侧重于对事物发展规律性的认识和探索,对事物本质作深刻的揭示。

编制经验型信息时,应注意以下三方面的问题:一是编写者本身应具备较高的思想水平和观察分析问题的能力,既要知晓上级部门领导的工作意图,又要熟悉本地区、本单位工作存在的问题,要善于积累,勤于思考,深挖掘,精加工。二要提炼,既要对信息内容进行提炼,提炼出有价值的东西,又要对主题提炼,使主旨清楚,中心突出。三是写作重点应放在写出这一经验的针对性前提,采取的做法和已经取得的效果。

③问题型信息是对工作中出现的问题表现、影响或危害性的阐释,其重心是对问题产生的原因分析,以及解决情况的介绍。

编制问题型信息时,也应注意三方面的问题:一要反映问题发生的真实面目,一是一,二是二,不夸大,不缩小,不添油加醋,不道听途说,不背离事实,更不弄虚作假,要准确、客观、清晰地勾勒出问题、事件的真实面貌,还需要用朴实、简练的语言表达事件的起因、过程和现状,不搞刻意雕饰,不追求辞藻的华丽、修饰的完美。二是对于已经发生的问题,要写明问题的原因,已经造成的后果或影响,以及有关部门正在解决的情况,也可加上处理问题的建议;对于可能或将要发生的问题,要写清楚发生问题的原因,趋势以及可能造成的后果影响,还可加上避免发生问题的建议。三是要快写快发。

④建议型信息则是对工作中出现的问题或某一事件、活动提出的建议、意见,

其目的是为领导决策提供参考和依据。

编制建议型信息时,除了要遵循前面三类信息的一般编写要求外,重点是要写明建议的针对性或目的,建议采取的措施和方法,以及采取此项目建议后可以解决的问题等,写得具体明白,以便于领导参考利用。

(3)信息编制的表现形式。

①简报。单位内部用于汇报工作、反映问题、沟通情况、指导工作、交流经验、传递信息的一种简短的、有一定新闻性质的文书材料。

②索引。将文献中具有检索意义的事项(可以是人名、地名、词语、概念,或其他事项)按照一定方式有序编排起来,以供检索的工具书。如《手机4G技术论著索引》。

③目录编制。按照一定的次序编排而成,以供查考的事物名目。如图书目录、财产目录。

④文摘。中国国家标准GB3793-83规定:文摘是对文献内容作实质性描述的文献条目。具体地说,文摘是简明、确切地记述原文献重要内容的语义连贯的短文。

⑤信息资料册。对某类事物或事项的信息集合成册。

⑥简讯。篇幅简短的消息,比较注重时效性,能及时反映事物最新发展的状况。

⑦调查报告。是对某项工作、某个事件、某个问题,经过深入细致的调查后,将调查中收集到的材料加以系统整理,分析研究,以书面形式向组织和领导汇报调查情况的一种文书。

(三)信息传递

1. 信息传递的方法

信息的传递是以信息提供者(信源)为起点,通过传输媒介或载体(信道),传递给信息接收者(信宿)的过程。信息只有经过传递,才能将本身具有的潜在价值转化成实用价值,才能使之成为领导决策的依据、组织指挥的前提和控制的基础。

文秘人员在信息传递的过程中既是信源又是信宿。作为信宿,文秘工作者要接收、收集各种信息,以满足自身的需要;作为信源,又要将收集到的信息整理、加工,提供给组织领导系统。因此,传递信息是文秘处理信息的根本目的之一。

文秘传递信息的方法主要有:

(1)口头传递。

通过口说把信息传递给接收者。这种传递方法的好处是直接、简便、迅速、经济、可解释、可询问;缺点是容易因语音不清出现失误、除录音外不便贮存、只能一次性使用、发生差错也查而无据。

口头传递的主要方式有两种:一是电话传递。电话传递跨越空间,迅速方便,所以广泛使用,但受条件限制,容易出现拨不通、中转环节多、音质差、听不清等问题。二是录音传递。录音传递具有可保存、可多次使用的特点,但需要一定的费用,如配置录音和放声设备。

(2)书面传递。

书面传递是把信息用文字、数据或图表表示出来,借助一定的载体进行传递。这种传递方法的优点是规范、清晰、易于贮存、核查;缺点是由于环节多,如编写、打印、分发、投送等,费用较高,时效受到一定影响。

书面传递除了以纸质文件方式传递外,还有两种传递方式:一是传真。传真可以把信息产品按照原本面目顷刻之间由此达彼,不仅是有高速度、保真性强的特点,而且操作使用方便。二是电报。电报快捷,浓缩性强,根据密级要求可采用"明传电报""明码电报"和"密码电报"。这两种信息传递方式在信息容量上都会受到信道容量限制。

(3)影像传递。

所谓影像传递就是利用摄影和录像技术传递信息。这种传递方法的优点是真实性、直观性和感染力非常强,但是这种传输方式的成本较大,需配置相应的设备。

(4)电子计算机系统传递。

这是随着现代科学技术发展,而逐步进入政务、商务信息传递领域的传输手段。利用电子计算机,可以将双方收集、存贮在计算机内的信息资料直接进行交换和联网(包括脱机联网和在线联网),实现信息传递。

(5)机要交换。

凡上报、下发或横向传递信息材料,都可以通过机要部门进行交换传递。这种方式具有传递范围广的优点,也适合传递篇幅较长的信息材料。机要交换传递方式的缺点是速度较慢,不适合紧急情况的传递。

(6)专人传送。

对于绝密的紧急的信息材料,可以采取派专人递送的方式。横向部门比较重要的信息材料,也可派人专送。

2. 信息传递的原则

(1)迅速及时。

信息传递的迅速及时,是保证信息价值的根本要求。信息在传递过程只有迅速及时,才能确保其价值的体现。信息的价值与其传递速度之间的关系成正比,即传递速度越快价值就越大,传递速度缓慢价值则递减。

文秘人员要保证信息传递的迅速及时,首先应加强自身素质培养,建立完善的知识结构;其次,要熟悉各类现代化通信工具特点,熟练掌握其使用方法;第三,加强信道,即信息传递载体建设。如增加信道的承载量,使单位时间内传递的信息内容增加,就可以避免信息因积压而老化和失效。

(2)准确。

信息传递要准确,是指在信息传递过程中,信息内容不变形扭曲,不发生偏差,准确无误。

文秘人员如何在传递过程中确保信息的准确性呢?首先,应加大现代化信息设施和通信网络的建设,降低或杜绝因信道"噪音"而出现的失真失实。其次,根据信息的内容选择传递的方式、方法。如含有大量图表数据的信息,不宜使用电话传递,应选择书面或影像传递。第三,减少信息传递的中间环节。传播学有关实例证明,信息在传递的过程中,中间环节越多,越易于造成信息的失真失实,甚至还会出现信息传递"途中阻梗"现象的发生。

(3)保密。

信息传递要保密,主要是指信息传递者要根据信息内容的秘密程度、保密的有关规定,选择恰当的传递方式,严格控制传递范围,采取必要的保密措施,确保信息传递的安全。

(四)信息的存贮。

一条信息无论是否被领导采用,其最终归宿都应该存贮、归档。存贮的信息,一方面可以产生资料价值,另一方面,在某种特殊情况下也许仍然会产生信息价值。所以,文秘人员要树立信息存贮意识,建立完善的信息档案。

信息存贮的步骤如下:

1. 登记

文秘人员在获得各种形式和内容的信息资料后,首先要进行登记,以建立存入的信息资料的完整记录。做好信息登记工作,可以随时掌握藏入信息资料的变化情况,发现缺漏,便于补充配套。

信息资料的登记可分为总括登记和个别登记两类。总括登记一般只登记藏入册数、种类及总额等,反映一个信息库内所藏入的信息资料的全貌。个别登记是对每一类、每一份、每一册信息资料的详细记录,以便于掌握各类信息资料的具体情况。

2. 编码

信息资料的具体形成是多种多样的。为了便于管理和利用,特别是为了适应电子计算机处理信息的要求,需要对各类信息资料进行统一编码。信息资料的编码结构一般由字符(可以是字母,如26个英文字母;也可以是数字,如0~9阿拉伯数字)组成基本数码,再由基本数码结合成为组合数据。信息资料编码要能表现出信息资料的组成方式及其相互关系。

信息资料编码应注意以下几个原则:选择最小值的代码。因为代码值的增加,工作人员的工作量也就随之增加,势必会导致差错率上升,给工作造成困难。尽可能地使用现有的编码与通用符号,以便容易与其他方面衔接。编码要考虑到发展远景,以便适应社会生活的变化,在进一步充实信息时不至于发生紊乱,能保持编码的系列性。

一般来说,信息资料编码的步骤为:分析编码的信息资料→选择最佳的编码方法→确定数码的位数。为保证代码能包含较多的内容,并使代码的含义直观明确,在信息工作实践中,人们创造了信息资料编码的多种方法,运用最广泛的是分类编码法。如:

1000——××市场信息资料

1100——××市场纺织信息资料

1110——××市场化纤织品信息资料

1111——××市场纯涤纶销售信息

1112——××市场混纺织品销售信息

1113——××市场毛涤织品销售信息

这种方法是利用阿拉伯数字的十进位数,按后继数字来标示信息资料的大小类,进行单独的编码。采用这种编码方法,左边的数码表示大类,向右排列的数码依次标示更细的小类。

3. 存储

信息资料的存储方式主要有四种:

(1)手工存储。通过手工将信息保存在信息存储设备中。

(2)计算机存储。以数据库、电子表格、电子文档或其他应用程序形式形成的信息以计算机存储保存。

(3)电子化存储。利用电子文档管理系统存储信息,将文档存储在CD—WROM(光盘,一次写入,多次读出)盘上。

(4)缩微胶片存储。利用照相方法,将信息记录保存在缩微胶片上。

有序化保存的信息要定期或不定期进行清点,做到防火、防潮、防高温、防虫害,防失密、泄密、盗窃,及时剔除失去保存价值的信息,及时存储更新,不断扩充新的信息,建立查询、保管制度,实施科学、规范管理。

4. 存放排列

科学地存放排列信息资料,是为了便于查找利用。这对于信息资料丰富、服务对象较多的单位来说,尤为重要。存放信息资料的排列方法通常有三种:

(1)按来源部门排列。

按信息资料来源地区和部门(结合时间顺利)依次排列。这种排列的优点是便于查找信息源,但需较大的存放空间。

(2)按信息资料内容排列。

任何一件信息资料都有它确定的主要内容,将资料内容进行分类后依次排列,便于查找利用。

(3)按资料形式排列。

信息资料存在的形式多种多样,如图书、期刊、报纸、内部资料、录音带、光盘等。按资料的不同形式分类排列,便于整齐划一,但不利于查找同一主题或内容的资料。

5. 保管

信息资料应由专人保管,做到防火、防潮、防高温、防虫害、防泄密、防盗窃,定期或不定期进行清点。

（五）信息的反馈

信息反馈是指施控系统将信息输出，输出的信息对受控系统作用的结果又返回施控系统，并对施控系统的信息再输出发生影响的过程，起到调整未来行为的作用，达到预期的目的。

1. 信息反馈的作用

（1）有利于决策的正确实施，及时纠正实施中出现的偏差；

（2）有利于进一步完善决策本身存在的不完善方面；

（3）有利于在总结经验教训的基础上制定新的决策。

2. 信息反馈的形式

（1）正反馈，是指把某项决策实施后的正面经验、做法和效果，反馈回决策机关，决策机关进行分析、研究后，总结推广成功经验，使决策得到更全面，更深入的贯彻，从而使整个过程呈现一种顺利发展的状态。

（2）负反馈，是把某项决策机关实施中出现的问题或造成的不良后果，反馈给决策机关，经过决策机关的分析研究，修正或改变决策内容，使决策的贯彻更加稳妥，完善，从而使整个过程呈现出一种稳步发展的状态。

（3）前馈，在一项决策贯彻实施过程中，把预测中得出的将会出现偏差的信息，返送给决策机关，使决策机关在出现偏差之前采取措施，从而防止偏差的产生和发展。

3. 信息反馈的原则

准确、及时、全面，是信息反馈必须遵循的基本原则。

（1）准确，就是要如实地反馈客观实际情况，对某些局部特有的现象，一定要进行去伪存真、去粗取精的加工处理，务求通过某一动态折射出较大社会面的真实情况；

（2）及时，是要最迅速最灵敏地反馈各方面的信息，讲求信息的时效性；

（3）全面，是说信息要有广度、深度，要系统完整，能真实反映客观事物各方面的情况，对来自不同角度、不同方面的反馈信息要做到兼收并蓄。

## 第二节　文秘与调研工作

调研是文秘获取信息的基本手段之一，文秘调研的能力直接影响着信息的质量。

### 一、调研的含义

调研即调查研究，是指人们在社会实践中，有计划有目的地使用科学方法，对客观事物进行了解和分析研究，以认识其本质和发展规律的一种活动手段。调查研究是由调查与研究两个概念组合而成，二者既有先后之分，又是相互联系、相互渗透、协调运动的有机整体。调查是研究的基础和前提，如果没有充分真实的调查，研究就没有客观材料；研究是调查的深化和发展，如果没有科学有效的研究，调查就不会得出正确的结论。

### 二、调研在文秘工作中的地位和作用

（一）调查研究是文秘的基本职能

文秘工作最本质的特征就是处理信息，而调查研究本质上就是文秘如何认识并通过调研手段去获得信息。对于文秘而言，调查研究是其有效工作不可缺少的经常性手段和基本能力，或者说是文秘的一项基本职能任务。文秘只有做好调研工作，才能促进自身素养与工作水平的提高，才能保证更有效地完成辅助领导、参谋政务、协调关系、处理事务等项职责任务。

（二）调查研究是文秘做好各项工作的基础

调查研究贯穿于文秘工作的全过程和各个环节，离开了调查研究，文秘工作将寸步难行。文秘只有深入实际，到第一线去调查研究，了解和掌握真实情况，并对情况进行实事求是的分析和论证，采取相应的对策和办法，才能避免走弯路和减少失误，提高工作效率的质量，更好地为领导和领导工作服务。因此，调查研究是文秘的一项经常性工作，是文秘做好各项工作的基础。

（三）调查研究是文秘辅助领导科学决策的首要前提

任何决策都离不开调查研究，离不开在调查研究的基础上的科学预测。通过调查研究，掌握大量的第一手材料，对这些材料进行分析研究，探求其本质及发展趋势，这既是科学决策的客观基础，也是科学决策的客观依据和客观要求。

（四）调查研究是锻炼、提高文秘工作能力的必由之路

通过调查研究，向社会学习、向领导学习，提高思想政策水平，改进工作作风，工作能力就可得到不断的提高。通过调查研究，还可提高文秘人员的观察能力、

思维能力、交际能力、分辨能力、分析能力、概括能力、表达能力和自我完善的能力等。

### 三、文秘调查研究的特点

(一)针对性

文秘工作具有服从领导、围绕中心、把握全局、服务决策的特点。因而,文秘开展调研往往是受领导委托或根据领导的意图进行的,继而将调研所获信息提供给领导参考,这一过程决定了文秘调研带有很强的针对性。

(二)多样性

多样性是指文秘调研的内容和方法多种多样。从内容上看,既有政治、经济、科技、文化的,也有群众生活、社会舆论等,可谓是涵盖了社会的各个领域。针对不同的内容,文秘调研的方法也不同。文秘调研的方法形式多样,选择何种方法调研,既要根据调查的内容,也要根据调查的对象来确定。

(三)突击性

文秘工作往往会遇到在计划之外的事情,这些工作带有突发性、临时性的性质,需要在短时间内拿出解决问题的方案。因此,需要快速组织人员深入实地调查研究,了解情况并提出解决问题的相应措施。故文秘的调查研究又具有突击性的特征。

(四)科学性

调查研究的任务是探求客观事物的本质和规律,也就是要对事物全面的、完整的、辩证的、内在联系的、符合客观实际的认识,从而达到有效地指导人们的实践,并通过实践加以检验和印证,即文秘调研要具有科学性。

### 四、文秘调查研究的方法

(一)调查的方法

1. 个别访谈法

个别访谈是一种面对单个信息主体直接问答或交谈,以获取信息的调查方法。个别访谈的关键是选准访查对象并拟好访谈提纲,要选好访谈地点并注意谈话的态度和语气。

个别访谈适用各个层次、各种素质的信息主体对象,针对性强,易于集中,且可互相启发,便于及时深化追踪有效信息。不足之处在于:一般受时间限制,要预约预定。访谈效果较为直接地受到访查对象的综合素质以及文秘人员提问、引导、姿态等因素影响。

2. 集体座谈法

集体座谈是一种召集多个信息主体、调查者参与并主导会议以获取信息的调查方法。座谈的关键一是要组织充分,使会议紧凑切题;二是对象要选择恰当、准确,即参加座谈的都能畅所欲言,毫无顾忌,真实可信。

集体座谈相对节省时间和精力,便于多人相互启发、补充,深化主题,在比较和印证中发现问题。其缺点在于:众说纷纭,易出现莫衷一是的状态,且有影响的信息主体发言不当,易左右其他与会者人云亦云,影响座谈信息的有效程度。

3. 现场观察法

调查者亲临实际,亲自感受现实情况的调查方法。可用于定向调查,即带着明确命题观察了解情况;也可用于泛向调查,即无明确命题,为发现问题而观察掌握情况。

现场观察的优势是便于掌握一手材料,发现即时情况,所获信息可信度较高。其局限在于:易浮于表象,难以获得隐蔽、深层信息;易受主观左右,得出偏离客观的印象或结论。因而现场观察要注意客观性、连续性和深刻性,要善于做由表及里的联想和推论,要透过现象抓本质。

4. 问卷法

问卷法是调查者以问卷或表格为介质,最大范围地对调查对象进行单向的个别访问。一般在要获取大面积、内容相对集中的社情动态的变量信息时使用。

问卷法的优点是,可在同时、异地一次性地获取众多信息,甚为节省时间。其控制性强,调查内容有限定,问卷对象基本上是针对客体所需而作答。尤其便于定量分析问题,能通过统计得到有性、有量的较为科学、全面的信息。其缺点在于,方法不够灵活,显得呆板。信息的可信度易受问卷对象的道德、文化、认识水准左右。

用好问卷法的关键在于设计好问卷,调查目的要明确,同时要讲究问询水平和问询艺术,问卷中不得含有有意或无意的诱导、暗示。

5. 查阅资料法

查阅资料是一种通过查询翻阅各种载体的贮存信息以获得真实有效信息的调查方法。

文秘通过查阅资料获取有效信息，首先要心中有数，即要了解掌握调查对象的背景、明确查阅文献资料的范围，不能出现在浩渺无垠的资料中大海捞针的现象。其次，查阅资料要有重点，即重点查阅反映调查对象历史沿革、发展变化及工作现状的资料、与调查对象有关的统计数据等。第三，熟悉贮存主体的索引方法。需强调的是，文献调查所得只能作为调查先导，不能作为研究结论。

（二）研究的方法

在实际研究中，人们发明并实践着各种研究方法。下面主要介绍几种文秘在研究中常用的方法。

1. 度量研究方法

这种方法是着重研究事物规定性的定性研究与着重研究事物规模、范围、数目等数量关系的定量研究两种方法的综合。具体而言，就是通过对调查材料从质的界限到数量关系的情况及其变化的分析，最终对调查对象做出本质的结论。

2. 系统研究方法

这种方法是按照系统分析的原则和要求，将调研对象作为一个整体加以研究，探究其结构、功能、层次等要素及其相互关系和变化规律。这种研究方法，不仅考虑到将调研对象作为一个系统，还要将其放到一个更大的背景中，把它视为一个更大系统中的子系统，在事物及其各方面的互相影响与制约关系中认识分析调研对象的性质和作用，从而得到更为全面、客观的研究结果。

3. 动态研究方法

这是通过研究调研对象的发展变化过程来探究其本质和发展变化规律的方法。它既可以只关注事物、系统的某一状态，也可对事物、事件的由来和变化关系进行整体的探究。

4. 比较研究方法

这是对调查研究对象进行区分和比较，通过认识其差异，进一步认识其本质和特点的研究方法。比较研究是认识事物最基本的方法，其关键是要找准可比性比较分析。

除了以上四种研究方法外,实践中还有统计分析研究方法、历史研究方法、情景探讨方法、概率分析研究方法等等。针对某一次调查研究工作,选取正确的分析研究方法,是获取准确高层次信息的重要保证。

### 五、文秘调查研究的过程和要求

一般来说,文秘调查研究的过程可以分成四个阶段,即准备阶段、调查实施阶段、研究分析阶段和结论报告阶段。

(一)准备阶段

准备阶段包括六个主要环节:

1. 明确调研题目(或称课题、专题)

文秘的调研选题,通常有三种方式:一种是由领导者安排选题,即根据领导决策和工作的需要,由领导出题目,文秘人员分头去调查,然后写出单项的或综合的调研报告。另一种是由领导和文秘人员共同研究确定选题。这既可发挥领导的主导作用,又能体现文秘的辅助作用。还有一种是由文秘人员根据对形势发展与领导决策意向的理解和把握,自行确定调研选题。

无论采用何种方式,文秘人员都需要遵循以下的选题原则或趋向:要从对全局工作最有意义的新情况、新问题中去选题;要从群众普遍关心而又亟待解决的问题中去选题;要从各个时期带有倾向性和关键性的问题中去选题。只有这样,调研活动才会有较强的针对性和适用性,写出的调研报告才能反映时代的最强音,调研才能真正成为领导者决策的前奏和基础。

另外,还需要注意,不要把调研的"结论"作为调研的题目,结论只能产生在调研工作之后。如"北京市工薪阶层目前的消费状况"和"北京市工薪阶层目前生活远未及小康",前者是题目,是要考察了解的对象,而后者则是结论,是经过调研后得出的结论。

2. 选择调研对象

调研对象包括人、物、事三个方面,具体是指调研的地域、调研的具体单位和组织、调查的范围以及具体的被调查人员、现场现象和事物的发展过程等等。对于全面调研来说,一般无须选择调研对象,因为每一个有关的人、单位或方面都是调研对象。然而,对于一些单项调查,如某家具生产企业要对产品质量进行调查,由于各方面原因,不可能也没必要对所有用户进行调查,只能是对部分用户做抽样调查。因而在进行单项调研时,一定要选择具有代表性和典型性的人、物、事。

3. 选配调研人员

调研工作可以由文秘自己做,也可从各个有关部门抽调专门的调研人员来做。必要时,应对选调的调研人员要先期组织培训,培训的内容主要有两项:一是与调研内容有关的理论、政策、法律;二是与调研有关的业务知识。

4. 编制确认调研计划

在实际调研工作中,有时是一次计划直接报经领导审批,有时是先做提纲,经领导确认后再细化为计划。无论是编制提纲还是拟定计划,主要内容应包括八项,即:调研的目的、调研的对象、调研的项目、调研的要求与注意事项、调研所采取的方法、必要的表格与问卷、调研的组织分工、具体实施步骤。

制定调研计划既要严密周全,又要切实可行。从整个调研工作看,调查是研究的基础;从调查这个环节看,计划又是实施调查的基础,所以必须重视调研计划的质量。

5. 设计必要的调查问卷和表格

问卷和表格是调研工作获取具有普遍意义的数据和情况的最佳方法之一,也是发现问题、提出措施的最好契机。文秘人员设计问卷和表格时,应明朗、简洁、易答,以便于被调查者填写。同时,还应注意,问卷和表格设计逻辑性要强、选项应分明,以便于统计分析。

另外,还要为实施调研做具体准备:准备或者定制专门的文件袋、笔记本、空白卡片、采访笔等;准备必要的介绍信、证明函、调查员的胸卡、临时证件等;必要时还要准备给被调查者的小礼物、礼品,以表示酬谢。

(二)调查实施阶段

调查实施阶段主要有三大步骤:

1. 联系确认调查对象

与被调查者和有关的人员取得并建立联系,确认调查对象与调查方式的选择是否准确,必要时要向对方详细说明调查的内容、目的、时间、步骤和方式,商量互相配合的方法。

2. 实施调查

在具体实施中,一要注意点面结合;二要科学安排穿插调查时间,力争节省开支。调查中有一个从面到点、再从点到面的过程。在时间安排上,点、面可以有先后,也可以由大家分工同时进行。在调查范围上,点(如个别访问、个例调查等)也可以和面(如发放问卷、召开座谈会等)结合,交叉进行。

3. 阶段性小结并复查验证调查结果

阶段性小结可以随时保存调查人员在调查中产生的每一点感觉、感受和体会,也可以通过进一步的分析思考,复查验证前期的调查情况,以保证调查结果的真实、有意义。

文秘人员在整个调查阶段应遵守有关法律、法规和制度,严守有关保密纪律。

(三)研究分析阶段

研究分析阶段是调查研究工作的重要环节,是对调查所获得的大量情况、资料信息等进行分析、归纳、概括或联系、比较、推断,从中找出问题的实质和规律,得出对调查对象的分析结果。研究分析阶段主要包括四个工作环节:

第一工作环节,对调查材料的取舍、审定、核对和证实;

第二工作环节,分类整理,将初级信息通过技术手段转化为高层次信息;

第三工作环节,利用科学准确的研究方法,对调研内容进行研究分析统计;

第四工作环节,确定研究结果。

(四)结论报告阶段

结论报告阶段主要包括两项工作:组织撰写调研报告和调研的总结善后工作。

1. 撰写调研报告

真实的信息材料、细致的分析与科学的论证,是撰写调研报告的关键。调研报告的写作是应用文写作,是文秘必须掌握的重要写作技能之一。调研报告既讲究以人们认识问题的一般思路为逻辑结构,又提倡写作特色明显,形式多样,不拘一格。

2. 调查研究的总结

调查研究的总结善后工作是文秘对所组织的调研工作的行政事务总结善后,也是文秘事务性工作必有的一个环节。

### 六、调查问卷的设计

调查问卷是实现调研目的和收集数据的必要手段。在实际应用中,调查问卷不仅省时省力,而且还能对事物进行比较全面系统的调查,因而深受文秘人员的青睐。然而,如何设计调查问卷的项目、问题回答的形式,甚至问题的编排顺序都会影响资料的真实性。鉴于此,我们将对调查问卷的设计做一介绍。

(一)调查问卷的结构

调查问卷的结构一般分为三个部分:前言、正文和结束语。

1. 前言

前言是向被调查者简单阐释本次调查活动的目的、意义,以引起被调查者的重视和兴趣,获得他们的支持与合作。此外,前言还包括填写问卷的要求、方法和注意事项等的说明,回收问卷的方式和时间,以及调查的匿名和保密原则等。

2. 正文

正文是问卷的主体部分,包括三部分内容:

被调查者信息,主要是了解被调查者的相关资料,以便对被调查者进行分类。一般包括被调查者的姓名、性别、年龄、职业、受教育程度等。这些内容可以了解不同年龄阶段、不同性别、不同文化程度的个体对待被调查事物的态度差异,在调查分析时能提供重要的参考作用,甚至能针对不同群体写出多篇有针对性的调查报告。

调查项目,是调查问卷的核心内容,是组织单位将所要调查了解的内容,具体表现为问题和备选答案。

调查者信息,是用来证明调查作业的执行、完成,和调查人员的责任等情况,并方便于日后进行复查和修正。一般包括:调查者姓名、电话,调查时间、地点,被调查者当时合作情况等。

3. 结束语

结束语也称致谢语,一般放在调查问卷最后,主要对被调查者的合作表示感谢,也可以是对问卷设计和问卷调查方面的征询。

(二)问卷项目的设计

调查项目设计的好坏是关系到调查活动能否成功的关键因素,它对调查问卷的有效性、真实度等起着至关重要的作用。

1. 问题项目的类型

问卷项目按问题的内容和性质大致可以分为四类:一是背景性问题,主要是被调查者个人的基本情况,它是问卷进行分析研究的重要依据;二是客观性问题,是指已经发生和正在发生的各种事实和行为;三是主观性问题,是指人们的思想、感情、态度、愿望等一切主要世界观状况的问题;四是检验性问题,是为检验回答是否真实、准确而设计的问题。四类问题中,背景性问题是任何问卷都不可缺少的。

问卷项目按问题回答的形式又可以分为封闭式问题和开放式问题。其中封闭式问题包括两项选择题、单项选择题、多项选择题、李克特量表(即程度性问题,它要求受测者对每一个与态度有关的陈述语句表明他同意或不同意的程度)等。采用封闭问题是一种快速有效的问卷设计方式,它便于统计分析。其缺点是,所提供选择的答案本身限制了问题回答的范围和方式。这一形式的问卷所获得的信息价值主要取决于问题设计自身的科学性、全面性的程度。

开放式问题,是一种可以自由地用自己的语言来回答和解释有关想法的问题。即问卷题目没有可选择的答案,所提出的问题由被调查者自由回答,不加任何限制。使用开放式问题,被调查者能够充分发表自己的意见,活跃调查气氛,尤其是可以收集到一些设计者事先估计不到的资料和建议性的意见。但在分析整理资料时由于被调查者的观点比较分散,有可能难以得出有规律性的信息,并会导致调查者的主观意识参与,使调查结果出现主观偏见。

2. 设计问题项目的原则

设计问题项目除需要根据调查目的来选择合适的题型外,还需要注意以下几个方面:

(1)必要性原则。为避免被调查者在答题时出现疲劳状态,随意作答或不愿合作,问卷篇幅一般尽可能短小精悍,题目量最好限定在20~30道,每个问题都必须和调研目标紧密联系。并需要考虑题目之间是否存在重复、矛盾等问题。

(2)准确性原则。问卷用词要清楚明了,表达要简洁易懂,一般使用日常用语,避免被调查者有可能不熟悉的俗语、缩写或专业术语。如涉及被调查者有可能不太了解的专业术语时,需对其做出阐释。此外,语意表达要准确,不能模棱两可,避免使用"一般""大约"或"经常"等模糊性词语。

(3)客观性原则。调查问句要保持客观性,避免有引导性的话语。

(4)可行性原则。调查问题中可能会涉及一些令人尴尬的或有损自我形象的问题,对于这类问题,被调查者在回答时有可能不愿做出真实的回答。因此设计提问时,要考虑到答卷人的自尊,可将这类敏感性的题目设计成间接问句,或采用第三人称方式提问,或说明这种行为或态度是很大众化的,以减轻被调查者的心理压力。

(三)调查问卷设计的注意事项

1. 问卷中所提的问题,应围绕研究目的来编制,力求简单、明了、含义准确。不要出现双关语,避免片面和暗示性的语言。

2. 排列问题时,应需注意其内在的逻辑,一般次序为,按问题的难易程度先易后难排列,或按问题的时间先后顺序先远后近(或先近后远)排列。相同问题或同类问题应尽量集中排列。

3. 问题不要超过被调查者的知识、能力范围。

4. 问题形式可以采用封闭式和开放式相结合,数量要适度,一般应控制在30个问题以内,最好在20分钟内能答完。

5. 开放式问卷的答题处,一定要留出足够的空格以供被调查者填写;封闭式问卷的每一个给出的答案前都应有明显的标记。

6. 在展开大型调查活动前,最好预先在小范围内进行测试,以便对调查问卷进行修改完善。

调研方案示例

---

### 低价智能手机调研方案

一、调查背景

近年来,伴随3G网络的普及和移动互联网应用日益丰富,智能手机发展迅速,手机的配置也越来越高,拥有Wi–Fi、GPS和高分辨率摄像头的3G智能手机已经司空见惯。据美国市场研究公司IDC发布的报告,2012年中国将取代美国成为全球智能手机出货量最大的市场,而低价智能手机将是今年中国手机市场的最大热点。然而,由于国内低成本智能手机普遍存在性能较差,一些诸如电池续航能力差及触摸屏容易损坏等基本问题日渐凸显,影响了低价智能手机市场的发展和品牌的形成。

二、调查目的

××智能手机为了增加竞争力,了解低价智能手机使用者与潜在使用者的需求与建议,以作为研究升级低价智能手机的有效参照,组织对国内×个城市主流消费群体进行调查,以提高产品质量,扩大市场份额。

三、调查内容

(一)智能手机使用状况

(二)智能手机需求状况

四、调研地区、对象

××、××等城市18~50岁的市民作为抽样母体,并依抽样地区、性别、年龄等3个变数进行分层比例抽样,分配各组样本数。

五、调研方式、方法(由官方店面抽样)

(一)采用问卷调查、电话访问、会员访谈等调查方式

(二)问卷发放数量与投放方式

按样本数量发放问卷×××份,采用网站公布及送发问卷形式

六、资料整理与分析的方法

对网站投票、合格的问卷及访谈记录进行登记、计算,得出可供分析使用的初步计算结果,进而对调查结果做出准确描述及初步分析,为进一步的分析提供依据。

七、调研时间

20××年×月×日—×月×日

八、调研组织及人员安排

由市场营销部全面负责规划与实施

九、调研经费预算

(包括问卷制作费、人员工资、交通费、通讯费、调查实施费等)

十、调研报告提交方式

将本次调查的实施情况、调查结果及分析结果付诸文字,形成《低价智能手机市场分析调研报告》,作为本次调查的最终结果。

调查问卷示例

## 低价智能手机用户调查问卷

尊敬的客户：

您好，为了能更好地为您提供3G优质服务，了解您在智能手机选择方面有哪些需求，解决您使用智能手机上的烦恼，我们需要您配合填写以下表格，并反馈给我们，我们将按照您的期望调整我们的产品，提供您真正需要的服务。

您所填的资料只用于问卷分析，我们会严格遵守保密原则。

××公司

性别：□男　□女

年龄：□18—22岁　□23—35岁　□36—40岁　□41—50岁　□51—70岁

职业：□教师　□公务员　□工人　□学生　□自由职业者　□退休人员　□其他

学历：□博士　□硕士　□本科　□大专　□高中　□其他

您选购智能手机时主要考虑的因素是(多选)：

□品牌知名　□款式好　□质量好　□配置高　□待机长　□热门机　□价格便宜　□其他

您选智能手机理想价位是(单选)：

□1000元以内　□1000~2000元　□2000~4000元　□4000元以上

您喜欢智能手机什么功能(多选)：

□看新闻　□听音乐　□看电影　□拍照　□下载软件　□聊天　□游戏　□办公　□其他

您主要怎么用智能手机(单选)：

□就是打电话　□没人教不太会用　□会用一些但不经常装软件　□我是超级玩家

如果帮您定期更新软件、教您使用、组织有趣活动、优惠购机，您愿意吗(单选)：

□非常有兴趣　□还行要看具体情况　□不用我喜欢自己研究　□我已在别处花钱参加

如果上述服务收费,您愿意(单选):
□必须免费　□少点可以接受　□主要看优惠力度　□多少无所谓关键要有用
……
谢谢您的宝贵建议!

　　　　　　　　　　　　　　　　　　　　调查日期:
　　　　　　　　　　　　　　　　　　　　调查地点:
　　　　　　　　　　　　　　　　　　　　调查人员:

# 第六章

# 文书档案管理

## 第一节 文书与档案

### 一、文书概述

(一) 文书的概念

日常生活中,"文书"一词包含有三种含义:一是指文字材料;二是指文字书写;三是指从事秘书工作的人。这里所讲的文书主要是指第一种含义,即文字材料。文书是人们在社会实践活动中为了传递、记载信息,而形成并使用的具有应用性和特定格式的文字材料,是以文字形式处理各种事务的凭证性工具。

(二) 文书的分类

1. 根据使用的范围,文书可以分为通用文书和专用文书

通用文书,是指党政军各级机关、社会团体、企事业单位在工作中普遍使用的文书。根据2012年4月6日中共中央办公厅、国务院办公厅联合印发的《党政机关公文处理工作条例》有关规定,我国党政机关常用公文文种主要有决议、决定、命令(令)、公告、公报、通告、意见、通报、通知、报告、请示、批复、议案、函、纪要。

专用文书,是指具有专门职能的机关,在其专门的业务范围的工作活动中,根据特别需要而专门形成和使用的文书,如财务报表。

2. 根据行文方向,文书可以分为上行文、下行文、平行文

上行文,是指下级机关向它所属的上级领导机关发送的文书,如报告、请示等;下行文,是指上级领导机关对所属的下级机关发送的文书,如命令、通知等;平

行文,是指平行机关或不相隶属机关之间发送的文书,如函、介绍信等。

3. 根据涉及机密的程度,文书可以分为绝密、机密、秘密、普通四个级别。

(三)文书的稿本

文书的稿本是指文书形成过程中产生的多种文稿和文本,主要包括草稿、定稿、正本、副本、存本等。

1. 草稿是原始的非正式稿,常标有"讨论稿""草稿"等字样,供讨论、征求意见、修改审核时使用,不具备正式文件效用,一般不需要归档保存。

2. 定稿是内容已经确定,且已履行法定生效程序(签发或会议讨论或批准)的最后完成稿,具备正式文件的效用,可随存本一同归档。

3. 正本有完整的生效标识(印章或签署),是收文机关办事的依据,具备正式文件的效用,属归档范围,收文机关将其归档。

4. 试行本是正本的一种特殊形式(文种后注明"试行"),在规定的推行期具有正式文件的效用。办理完毕的公文正本由收文机关将其归档。

5. 暂行本是在规定的暂行期间具有正式文件的效用(文种后注明"暂行"),属归档范围,收文机关将其归档。

6. 修订本是已发布生效的文件,经实践检验重新予以修正补充后再发布的文本(标题后或标题下注明"修订本"),具备正式文件的效用,属归档范围,收文机关将其归档。

7. 副本是正本的复件,供抄送机关阅知。它与正本同时印刷,且有完整的生效标识,具备正式文件的效用,属归档范围,收文机关将其归档。

8. 存本用于发文机关留存备查,有完整的生效标识,随定稿一同归档。

## 二、文书处理

根据 2012 年 4 月 6 日中共中央办公厅、国务院办公厅联合印发的《党政机关公文处理工作条例》有关规定,公文处理工作是指公文拟制、办理、管理等一系列相互关联、衔接有序的工作。

(一)公文拟制

公文拟制包括公文的起草、审核、签发等程序。

1. 公文起草

公文起草是指公文的撰制。它是集体意图和领导思想的体现,直接反映一个单位和机关领导的政策水平、管理能力和工作作风,因而必须严肃认真,不可马虎轻率。

撰制者草拟公文时,不仅要了解、掌握国家法律法规和党的路线方针政策,熟悉本地区、本部门的客观实际情况,而且还应正确领会本机关发文意图。

2. 审核

公文文稿签发前,应当由发文机关办公厅(室)进行审核。审核的重点是:

(1)行文理由是否充分,行文依据是否准确。

(2)内容是否符合国家法律法规和党的路线方针政策;是否完整准确体现发文机关意图;是否同现行有关公文相衔接;所提政策措施和办法是否切实可行。

(3)涉及有关地区或者部门职权范围内的事项是否经过充分协商并达成一致意见。

(4)文种是否正确,格式是否规范;人名、地名、时间、数字、段落顺序、引文等是否准确;文字、数字、计量单位和标点符号等用法是否规范。

(5)其他内容是否符合公文起草的有关要求。需要发文机关审议的重要公文文稿,审议前由发文机关办公厅(室)进行初核。

经审核不宜发文的公文文稿,应当退回起草单位并说明理由;符合发文条件但内容需作进一步研究和修改的,由起草单位修改后重新报送。

3. 签发

公文应当经本机关负责人审批签发。重要公文和上行文由机关主要负责人签发。

(二)公文办理

公文办理包括收文办理、发文办理和整理文档。

1. 收文办理的主要程序

(1)签收。对收到的公文应当逐件清点,核对无误后签字或者盖章,并注明签收时间。

(2)登记。对公文的主要信息和办理情况应当详细记载。

(3)初审。对收到的公文应当进行初审。初审的重点是:是否应当由本机关办理,是否符合行文规则,文种、格式是否符合要求,涉及其他地区或者部门职权范围内的事项是否已经协商、会签,是否符合公文起草的其他要求。经初审不符合规定的公文,应当及时退回来文单位并说明理由。

（4）承办。阅知性公文应当根据公文内容、要求和工作需要确定范围后分送。批办性公文应当提出拟办意见报本机关负责人批示或者转有关部门办理；需要两个以上部门办理的，应当明确主办部门。紧急公文应当明确办理时限。承办部门对交办的公文应当及时办理，有明确办理时限要求的应当在规定时限内办理完毕。

（5）传阅。根据领导批示和工作需要将公文及时送传阅对象阅知或者批示。办理公文传阅应当随时掌握公文去向，不得漏传、误传、延误。

（6）催办。及时了解掌握公文的办理进展情况，督促承办部门按期办结。紧急公文或者重要公文应当由专人负责催办。

（7）答复。公文的办理结果应当及时答复来文单位，并根据需要告知相关单位。

2. 发文办理的主要程序

（1）复核。已经发文机关负责人签批的公文，印发前应当对公文的审批手续、内容、文种、格式等进行复核；需作实质性修改的，应当报原签批人复审。

（2）登记。对复核后的公文，应当确定发文字号、分送范围和印制份数并详细记载。

（3）印制。公文印制必须确保质量和时效。涉密公文应当在符合保密要求的场所印制。

（4）核发。公文印制完毕，应当对公文的文字、格式和印刷质量进行检查后分发。

3. 归档管理

需要归档的公文及有关材料，应当根据有关档案法律法规以及机关档案管理规定，及时收集齐全、整理归档。由于公文归档工作程序严格，并涉及档案管理工作，本章第二节将专门介绍。

（三）公文管理

公文管理的目的是使公文正常运行和合理利用，并确保安全。

公文管理的主要内容有：

（1）建立健全本机关公文管理制度。党政机关公文应由文秘部门或者专人统一管理。设立党委（党组）的县级以上单位应当建立机要保密室和机要阅文室，并按照有关保密规定配备工作人员和必要的安全保密设施设备。

(2)公文确定密级前,应当按照拟定的密级先行采取保密措施。确定密级后,应当按照所定密级严格管理。绝密级公文应当由专人管理。公文的密级需要变更或者解除的,由原确定密级的机关或者其上级机关决定。

(3)公文的印发传达范围应当按照发文机关的要求执行;需要变更的,应当经发文机关批准。涉密公文公开发布前应当履行解密程序。公开发布的时间、形式和渠道,由发文机关确定。经批准公开发布的公文,同发文机关正式印发的公文具有同等效力。

(4)复制、汇编机密级、秘密级公文,应当符合有关规定并经本机关负责人批准。绝密级公文一般不得复制、汇编,确有工作需要的,应当经发文机关或者其上级机关批准。复制、汇编的公文视同原件管理。复制件应当加盖复制机关戳记。翻印件应当注明翻印的机关名称、日期。汇编本的密级按照编入公文的最高密级标注。

(5)公文的撤销和废止,由发文机关、上级机关或者权力机关根据职权范围和有关法律法规决定。公文被撤销的,视为自始无效;公文被废止的,视为自废止之日起失效。不具备归档和保存价值的公文,经批准后可以销毁。销毁涉密公文必须严格按照有关规定履行审批登记手续,确保不丢失、不漏销。个人不得私自销毁、留存涉密公文。

(6)机关合并时,全部公文应当随之合并管理;机关撤销时,需要归档的公文经整理后按照有关规定移交档案管理部门。工作人员离岗离职时,所在机关应当督促其将暂存、借用的公文按照有关规定移交、清退。

**二、档案与档案工作**

(一)档案的定义

1988年1月1日实施的《中华人民共和国档案法》第二条对"档案"作了如下表述:"档案是指过去和现在的国家机构、社会组织以及个人从事政治、军事、经济、科学、技术、文化、宗教等活动,直接形成的对国家和社会有保存价值的各种文字、图表、声像等不同形式的历史记录。"

这一定义体现了档案六个方面的基本特征:档案是直接形成的历史记录、档案的形成者众多、档案的来源渠道广泛、档案的形式多种多样、档案以价值为保存目的、档案是历史的再现。其中,历史再现性是档案的本质属性,因此,我们也可将档案的定义简要地表述为：档案是再现历史真实面貌的原始文献。

（二）档案的作用

档案的作用主要体现在两个方面：一是凭证作用；二是参考作用。

1. 凭证作用

档案的形成过程及其本质属性决定了档案具有凭证作用。档案是社会组织历史活动的真实记录，档案的价值就在于真实。档案是由当时记录机关、单位等组织活动的文书直接转化而来的，不是随意收集，也不是事后任意编造的，而是令人信服的历史证据，可以为日后的工作提供可靠的凭证，具有毋庸置疑的法律效用。

2. 参考作用

档案记录了本组织各种智能活动的情况、工作成果及经验教训，其容量大、涉及面广，而且档案内的文件资料是一个有机的体系，能系统地反映问题的正反面情况，因而档案对以后的工作具有重要的参考价值。

（三）档案的分类

所谓档案分类，就是依据一定的标准，按照档案来源、时间、内容和形式特征的异同点，对档案进行有层次的区分，并组成一定的体系。

（1）按照档案形成者可分为：国家机构档案、党派团体档案、企业单位档案、事业单位档案、军队档案等。

（2）按照档案内容性质可分为：立法档案、行政档案、诉讼档案、军事档案、外交档案、经济档案、科学技术档案、艺术档案、宗教档案等。

（3）按照档案的载体形式可分为：石刻档案、泥板档案、甲骨档案、金文档案、简牍档案、缣帛档案、纸质档案、纸草档案、羊皮档案、蜡板档案、棕榈叶档案、桦树皮档案、胶片档案、磁带档案等。

（4）按照记录信息的方式可分为：文字档案、图形档案、声像档案。声像档案又分为照片档案、录音档案、录像档案、影片档案。

（5）按照档案形成的历史时期可分为：新中国成立前档案和新中国成立后档案。前者通常称为历史档案，后者通常称为现实档案。目前，我国普遍认可的现实档案种类是文书档案、科学技术档案和专门档案三大类别。

（6）按照档案所有权形式可分为：国家所有档案、集体所有档案和个人所有档案。在外国通常分为公共档案和私人档案。

(四)档案工作

1. 档案工作的内容

档案工作就是用科学的原则和方法管理档案,为党和国家各项工作服务的工作。它的工作内容从广义上说主要包括档案业务管理和档案事业管理,档案事业管理包括档案馆工作、档案室工作、档案行政工作、档案教育工作、档案科学技术研究工作、档案宣传工作、档案国际交流与合作工作、档案信息化工作等。从狭义上说,是指档案业务管理工作,即档案的收集、整理、鉴定、保管、统计、检索、编研和利用等工作。我们通常将其称为档案管理的八大环节,其中,前六个环节为基础工作,后两个环节为信息开发工作。本章所讨论的档案工作,主要是指狭义上的档案工作,即档案业务管理工作。

具体而言,档案业务管理是指在遵循档案工作原则的基础上,利用来源原则、文件生命周期理论、档案鉴定等基本理论管理档案,以满足利用者需求的工作。档案业务管理的主要内容包括对档案实体管理和档案信息资源开发两个方面,档案实体管理是档案信息资源开发的基础,信息资源开发工作则是档案基础工作的目的,两者是互相依存、辩证统一的关系,只有同时做好这两个方面的工作,才能科学合理地管理档案。

2. 档案工作的基本原则

《中华人民共和国档案法》第五条从法律高度对我国档案工作的基本原则作了规定:统一领导、分级集中地管理国家全部档案,维护档案的完整与安全,便于社会各方面的利用。

(1)统一领导、分级管理。

国家全部档案由各级档案行政机构分别集中管理。首先,各机关单位的档案由档案室集中统一管理,不得分散在各个部门和个人手中保存;其次,机关档案室在规定保管期满后,必须把长期和永久保管的档案移交给各级国家档案馆集中管理,任何机关单位都不得拒绝移交;再次,一切档案未按规定程序办理批准手续,均不得任意转移、分散、销毁和买卖。

全国档案工作,由各级档案行政机关统一、分层、分专业进行指导和监督。首先,国家档案事业由国家档案局负责统筹规划,组织协调,统一制度、指导、检查和监督;其次,地方各级档案局,负责对该行政区域内的档案工作进行指导、检查和监督;再次,各专业系统档案主管机关对该系统档案工作实行指导、监督和检查。

实行党政档案和档案工作的统一领导、档案行政和档案业务的统一领导(即局馆合一,两块牌子,一套人马,两种职能)的体制。

(2)维护档案的完整与安全。

维护档案的完整。所谓完整,是指档案数量和质量的统一。数量上,要求做到档案齐全,即应归档的文件材料都必须及时向本机关档案室归档,该向国家档案馆移交的档案都必须按时移交,任何单位或个人都不得拒绝归档和移交。质量上,不应归档的文件材料一份也不准归档,不该移交的档案一份也不得移交,并且归档的文件材料必须做到按照形成规律保持一定的联系性和系统性。

维护档案的安全。所谓安全,包括了档案的物质安全和政治安全两个方面。物质安全是指档案实体不能受到任何人为的或自然的损毁。政治安全是指档案内容的机密不被盗窃和泄露。

维护档案的完整与安全是有机的统一,完整是安全的物质基础,安全是完整的有力保证,即做到完整是安全的完整,安全是完整的安全。

(3)便于社会各方面对档案的利用这条原则体现了档案工作的根本目的,是检验档案和档案工作质量的重要标准。利用是档案工作的出发点和归宿,因此,既要反对重藏轻用,又要围绕利用做好各个环节的业务工作。

## 第二节　文档管理

### 一、文书与档案

档案是由文书转化而来的。"今天"的档案就是"昨天"的文书,"今天"的文书将是"明天"的档案。这句话简洁明了地概括了档案与文书之间的转化关系,即文书是档案的前身,档案是文书的归宿;文书是档案的基础,档案是文书的精华;文书是档案的素材,档案是文书的组合。需要说明的是,这里的"文书"是指一切由文字、图表、声像等形式形成的各种材料。

档案和文书是同一事物在不同价值阶段的不同形态,两者具有同源性和阶段性的共性。然而,并不是所有文书都需要或可以转化成档案。文书转化为档案一般需要具备以下三个条件:

（一）现时使用完毕或办理完毕的文书才能归入档案

正在办理中的文书不是档案,文书具有现行的效用。档案一般是完成了传达和记述等现行使用作用而备留查考的历史文件。"办理完毕"是指完成了文书处理程序,即在文书处理程序上告一段落,不能理解为把文书中涉及的事情全部办完了就算"办理完毕"。

办理完毕的文书,也并非全是失效的文件。文书办理完毕存档后,按其行政和法律效力来说,可分为两部分:一部分失去现行效力,但有其他方面的保存价值;一部分仍具有时效,如办完签署手续的协议书,虽立案归档,但并不失其行政和法律效力。

（二）对日后实际工作和科研具有一定查考利用价值的文书才有必要作为档案

机关或单位在办理事务的过程中,形成的文书数量庞大,任何组织都不可能也没有必要将其全部作为档案保存,档案应是经过鉴别挑选出来的,有留存价值的文件。办理完毕的文书,由于功能上发生了变化,分化成两个部分:一部分随着办事工具的现行功能结束而失去存在的留存价值而被淘汰;一部分因仍有查考价值而留存起来成为档案。档案和现行文书,虽然从它们的内容和形式构成来说是同一的,但它们的社会职能却不相同。

（三）按照一定规律集中保存起来的文书才能最后成为档案

档案虽然是由文书转化而来的,但是文书不能自动地成为档案。文书是日积月累、逐份逐件地产生的,只有把这些文件按照一定的程序和条理集中保管起来,才能转化成档案。科学意义上的档案,是经过立卷归档并集中保存起来的文书。归档和保存,既是文书向档案转化的程序和条件,又是文书转化为档案的一般标志和界限。

综上所述,文书是档案的前身,是档案形成的素材。同时,文书也是文秘工作的主要产品,而公文办理又是文秘工作的主要职责,因而文书将文秘工作和档案管理工作紧密联系在一起。现代文秘工作是档案管理工作的前提和基础,如果没有文秘工作,档案工作就失去了存在的理由和意义;而文秘人员通过档案工作,则可以进一步提升公文质量,规范公文处理程序,并且能获取大量信息资源。可见,作为文秘人员,只有将文书和档案两项工作有机结合起来,才能为办公室各项工作正常运转提供必要的保证。

**二、文档管理**

文档是对文书档案的简称,文档管理是指文秘部门或文秘工作人员将工作活动中办理完毕后具有保存价值的文件材料系统整理,移交给档案馆(室)保存的过程。

在一个具体的单位中,文档管理是一项涉及文秘和档案两个部门的工作。文秘部门在文档管理中要做的工作是对处理完毕的文件进行鉴定和整理,档案部门则是接收文秘部门移交的档案。

文档管理的基本程序如下:

(一)归档文书的收集

要收集归档文书,首先应明确归档文书的范围。2006 年 12 月 18 日,国家档案局发布的《机关文件材料归档范围和文书保管期限规定》(第 8 号令)规定了文件材料归档的范围。

1. 文件材料归档的范围

(1)反映本机关主要职能活动和基本历史面貌的,对本机关工作、国家建设和历史研究具有利用价值的文件材料。

(2)机关工作活动中形成的在维护国家、集体和公民权益等方面具有凭证价值的文件材料。

(3)本机关需要贯彻执行的上级机关、同级机关的文件材料;下级机关报送的重要文件材料。

(4)其他对本机关工作具有查考价值的文件材料。

2. 文件材料不归档的范围

(1)上级机关的文件材料中,普发性即不需本机关办理的文件材料,如任免、奖惩非本机关工作人员的文件材料,供工作参考的抄件等。

(2)本机关文件材料中的重份文件,无查考利用价值的事务性、临时性文件,一般性文件的历次修改稿、各次校对稿;无特殊保存价值的信封,不需办理的一般性人民来信、电话记录,机关内部互相抄送的文件材料,本机关负责人兼任外单位职务形成的与本机关无关的文件材料,有关工作参考的文件材料。

(3)同级机关的文件材料中,不需贯彻执行的文件材料,不需办理的抄送文件材料。

(4)下级机关的文件材料中,供参阅的简报、情况反映、抄报或越级抄报的文件材料。

(二)归档文书的整理

收集起来的文书若不经过科学的整理,始终是处于零乱、无序的状态,这为档案的利用造成了阻碍。为了更好地发挥档案的作用,同时也为整个档案管理工作奠定基础,立卷单位应在遵循文书之间形成规律的基础上,对处于分散零乱状态的文书进行分类立卷。所谓立卷单位,是指承担立卷任务的机关、部门。较大的机关、单位里,内设机构比较多,所形成和运转的文书材料也比较多,因而可以将各业务部门作为立卷单位,实行分散立卷。选择立卷单位应根据机关、单位的大小和立卷文书材料的多少而定。

文秘人员通常按问题特征、作者特征、文种特征、时间特征、地区特征、通讯员特征立卷。

1. 按问题特征立卷

按问题特征立卷,可以保持文书在内容方面的具体联系,反映出一个问题处理的全貌,便于利用者按问题进行查找和利用。

2. 按作者特征立卷

将属于同一作者的文书一同立卷。此种立卷方法便于从作者角度查阅利用档案,同时,由于作者的职能和地位不同,按作者特征立卷又能适当区分文件的重要程度和保存价值。

3. 按文种特征立卷

将种类名称相同的文书一同立卷,将不同种类名称的文书分别立卷。文种反映了文书的效能和作用,能较好地区分文书的重要程度和保存价值。

4. 按时间特征立卷

将属于同一个时期或时间阶段的文书一同立卷。这种立卷方式能反映出组织工作全貌。这种方式不适于工作内容庞杂、制发的文件较多的组织。

5. 按地区特征立卷

将内容涉及同一地区的文书一同立卷,将内容涉及不同地区的文书分别立卷。此种方法多用于下属单位的某些行文、调查材料或下属单位的来文。

6. 按通讯者特征立卷

将本单位与某单位就某个问题或几个问题的来往文书一同组成案卷。需要指出的是,按通讯者特征立卷与按作者特征立卷不同,按通讯者特征立成的案卷,卷内应是两个单位就特定问题相互往复的文书,不应包括这两个单位各自的其他行文。

上述六个特征从不同方面反映了文书的内容和有关联系。但在实际立卷工作中,人们又不能只从文书某一方面的特征去考虑如何组卷,而是应该灵活地采取多种立卷方法,做到几种特征的综合运用。

(三)归档文书价值的鉴定

归档文书价值鉴定是指鉴定文书有无保存利用的价值,并鉴定其保管期限的长短。因而,对归档文书价值的鉴定贯穿于文档管理的收集和立卷阶段,它是解决档案庞杂和精练之间矛盾的主要途径。鉴定工作开展得好,可以节约档案保管成本,提高工作效率,一旦遇到天灾人祸对档案的突袭还可以有所主次,保证重点档案的保护和抢救。

1. 归档文书价值鉴定的基本原则

(1)来源原则:指按文件的形成机构划分和管理档案。用于档案鉴定时,来源一词可理解为广义概念,它可指机关来源、人物来源、项目来源等。

(2)内容原则:指档案记载内容的重要性、典型性对档案价值的影响。

(3)功能原则:亦可称为效用原则,是指档案具有的主要功能对其价值的影响。功能原则对档案价值的影响,实质是时间因素对改变档案价值形态的作用。

(4)高龄原则:指档案因形成时间久远对档案价值的影响,对形成年代久远的档案一般免于鉴定。

(5)经济原则:指保存档案的代价对档案价值鉴定工作的影响。

2. 影响归档文书价值的因素

影响归档文书价值的因素主要有两个:一是文书所含的信息量;二是本组织和社会对文书的需要。对于一份文件来说,单位和社会利用的次数越多、时间越长,其价值就越大,保管期就应当长。反之,利用次数少、时间短,其价值相对就小,保管期就应当短。

根据《机关文件材料归档范围和文书档案保管期限规定》(国家档案局第8号令),机关文书档案的保管期限定为永久、定期两种。定期一般分为30年、10年。

(1)永久保管的文书档案主要包括:

本机关制定的法规政策性文件材料;

本机关召开重要会议、举办重大活动等形成的主要文件材料；

本机关职能活动中形成的重要业务文件材料；

本机关关于重要问题的请示与上级机关的批复、批示,重要的报告、总结、综合统计报表等；

本机关机构演变、人事任免等文件材料；

本机关房屋买卖、土地征用,重要的合同协议、资产登记等凭证性文件材料；

上级机关制发的属于本机关主管业务的重要文件材料；

同级机关、下级机关关于重要业务问题的来函、请示与本机关的复函、批复等文件材料。

(2)定期保管的文书档案主要包括：

本机关职能活动中形成的一般性业务文件材料；

本机关召开会议、举办活动等形成的一般性文件材料；

本机关人事管理工作形成的一般性文件材料；

本机关一般性事务管理文件材料；

本机关关于一般性问题的请示与上级机关的批复、批示,一般性工作报告、总结、统计报表等；

上级机关制发的属于本机关主管业务的一般性文件材料；

上级机关和同级机关制发的非本机关主管业务但要贯彻执行的文件材料；

同级机关、下级机关关于一般性业务问题的来函、请示与本机关的复函、批复等文件材料；

下级机关报送的年度或年度以上计划、总结、统计、重要专题报告等文件材料。

(四)档案文书的装订

归档文书的装订是指采用符合档案保护要求的装订材料将归档文书以"件"为单位固定在一起。每份文件为一件,但有紧密关系的两份或多份文件,如请示与批复、来函与复函、正件与定稿等可以作为一件。

装订前要去掉文件上的金属物,破损和装订线内有字迹的文件材料要进行裱糊。复制字迹模糊的文件,折叠超大纸张。横排文件材料一律在左侧装订。装订文件没有统一规定,但应符合档案保护要求,要能起到固定文件页次、防止纸张散失,便于保管利用的作用。

（五）归档文书的分类

分类就是在文件收集齐全的基础上,将文件按一定的属性逐项分开的过程。日常工作中,我们对归档文件的分类主要采用两种方法,即常用分类法和复式结构分类法。

1. 常用分类法包括年度分类法、组织机构分类法、问题分类法、保管期限分类法。

（1）年度分类法。

年度分类法是根据形成及处理的文件年度对档案进行分类,每一年设一类。这种方法分类标志客观、明确,操作简便易行;符合现行的组织按年度归档的制度,文件归类时界限清楚;便于反映组织历年工作的特点和发展变化的历史情况。

采用年度分类法归档时,应准确判定文书日期所属的年度。常见的情况和判定方法如下:

第一,标有不同年度的文书归类。这是指有些文书上标有属于不同年度的几个日期,需根据文书的特点,选择一个最能说明文书特点的日期归类。一般按照以下规则处理:

收文的制发日期与收到日期属于不同年度时,一般归入收到日期所在年度;

内部文件和一般的发文,以成文日期为准;

文件本身存在几个不同年度的日期,如制发日期、批准日期、生效日期不在同一年度时,一般以制发日期为准;法律法规性文件一般以批准、通过或生效日期为准;

指示、命令等指令性文件,以签署日期为准;

计划、总结、预算、决算、统计报表等,其内容所针对的时间与制发时间属于不同年度时,应归入内容所针对的年度中;

如计划、总结、预算、决算、统计报表等内容涉及若干年度（跨年度）时,跨年度的计划归入开始的年度,跨年度的总结归入最后的年度;

关系密切、不可拆散的一组文件的形成日期属于不同年度时,一般归入办结年度;

几份不同年度文书作为一"件"时,"件"的日期以装订时排在前面的文书日期为准。

第二,按专业年度形成的文书归类。专业年度是某些行业、部门在专门工作中使用的与自然年度的起止时间不一致的年度,如教学年度的一学年,是从每年的 9 月 1 日至次年的 8 月 31 日。这种情况下,如果其所有的工作都按专业年度运行,那么文书也按照专业年度分类、归档;如果其专业工作按专业年度运行,而日常行政工作按自然年度运行,则应将专业年度与自然年度结合在一起进行归类。如高校的文书归档,2013 自然年度的行政文书与 2013~2014 学年的教学文书为一类。

第三,无具体时间的文书归类。由于各种原因,一些文书上的日期特别是年度没有标明,给文书按年度归类造成障碍。对此,应分析文书的内容、格式、标记、制成材料等要素,判定所属年度。如果经考证后仍不能确定其所属年度,则应将其归入可能性最大的相关年度中。

(2)组织机构分类法。

组织机构分类法是按组织内部各个机构的名称进行分类,可直接采用组织内部机构的名称作为类名。因而,按组织机构分类能集中地反映组织内部各个部门的工作情况,便于查找档案。

组织机构分类法适用于组织内部设立一定数量的内部机构,且内部机构比较稳定;内部机构之间的文书界限清楚,便于识别和区分。如果组织内部机构数量太少或内部机构不稳定,又或是内部机构的文书残缺不全,混淆在一起,则不适于采用组织分类法。

(3)问题分类法。

问题分类法也称为"事由分类",是按照组织工作、管理活动的性质和任务进行分类,以文书内容所涉及的主体为标准,将其分成各个类别,是一种逻辑性质的分类方法。如人事类、公关类、技术类、安全类等。

问题分类法适用于组织内部机构变动频繁,职能分工界限不清;或内部机构数量较少,组织内部机构的档案混淆,难以区分;或文书数量不多的情况。一个组织应根据组织的具体情况来确定类别。

(4)保管期限分类法。

保管期限分类法就是根据国家档案局《机关文件材料归档范围和文书档案保管期限规定》划定的不同保管期限对文书档案进行分类。

2. 复式结构分类法。在实际的档案分类过程中,单纯采用一种分类方法的情况是较少的,多为将几种分类方法结合起来运用,这种结合被称为复式结构分类法。根据工作实践,一般可以组合成七种复式分类法,即年度—机构—保管期限分类法;保管期限—年度—机构分类法;年度—问题—保管期限分类法;保管期限—年度—问题分类法;问题—年度—保管期限分类法;年度—保管期限分类法;保管期限—年度分类法。七种复式结构分类法中,最为常用的有保管期限—年度—组织机构分类法和保管期限—年度—问题分类法。

(六)归档文书的排列

归档文件的排列是指在分类方案的最低一级类目内按照一定的方法确定归档文件的先后顺序。

文件的排列分两步:首先,按事由原则将属于同一事由的文件集中在一起;其次,按照时间方法或重要程度方法排列。

文件排列的顺序是:正件在前,附件在后;存本在前,定稿在后;重要法规性文件的历次修改稿按时间顺序排在定稿之后;批复在前,请示在后;转发件在前,被转发件在后;结论性、综合性、决定性文件在前,查证性、依据性、专题性文件在后;方针、政策性文件在前,业务性、事务性文件在后。

排列时还应注意:不同年度的文件一般不得放在一起,但跨年度的请示与批复应放在复文年立卷;没有复文的,放在请示年立卷;跨年度的规划放在针对的第一年立卷;跨年度的总结放在针对的最后一年立卷;跨年度的会议文件放在会议开幕年。

(七)归档文书的编号

归档文件应依分类方案和排列顺序逐件编号,在文件首页上端的空白位置加盖归档章并填写相关内容。如归档文件有发文签发单或收文处理单(有领导实质性意见时,收文处理单才归档),可放在这份归档文件的首页,并在其上盖归档章。归档章不得压文件字迹,不宜与批示文字或收文章交叉,并填写相关内容。

归档章必备项目为:全宗号、年度、保管期限和件号;选择项目为:机构(问题)(参见表6—1)。填写归档章内容时,应用碳素墨水、蓝黑墨水或印泥油、原子印油。

全宗号是档案馆给立档单位所编制的代号;

年度指归档文件的形成年度,以四位阿拉伯数字标注公元纪年,如2012;

保管期限是归档文件保管期限的简称或代码;

件号指归档文件的排列顺序号,包括室编件号和馆编件号,分别在归档文件整理和档案移交进馆时编制;

机构(或问题)是作为分类方案类目的机构(或问题)名称或规范化简称。

表6—1　归档章样式

| 全宗号 | 年度 | 室编件号 |
|---|---|---|
| 机构或问题 | 保管期限 | 馆编件号 |

（八）归档文书的编目

归档文件应依据分类方案和室编件号顺序编制归档文件目录及其封面。

归档文件目录位于卷首，用于介绍文件的成分和内容，便于查阅和统计。归档文件目录以件为单位，一件占一个条目，逐类、逐件编制。归档文件目录包括件号、责任者、文号、题名、日期、页数和备注等项目（参见表6—2）。

表6—2　归档文件目录表

| 件号 | | 责任者 | 发文字号 | 文件题名 | 日期 | 页数 | 备注 |
|---|---|---|---|---|---|---|---|
| 馆编件号 | 室编件号 | | | | | | |
| | | | | | | | |
| | | | | | | | |

归档文件目录应单独装订成册，并编制归档文件目录封面。目录封面内容包括全宗名称、年度、保管期限、机构（或问题）（参见图6—1）。

```
         归 档 文 件 目 录
         全宗名称_____
         年    度_____
         保管期限_____
         机    构
         （或问题）_____
```

图6—1　归档文件目录（封面）

（九）归档文书的装盒

归档文件装盒就是将已整理好的归档文件按件号顺序装入档案盒，并编制档案盒封面及盒脊项目、填写备考表等内容。

1. 装盒的要求

以件立卷的文件材料要严格按照件号的顺序装盒,排列顺序应与归档文件目录中相应的条目一致;

不同形成年度的归档文件不应放入同一档案盒;

不同保管期限的归档文件不应放入同一档案盒;

按机构(问题)分类的归档文件,不同机构(问题)形成的归档文件不应放入同一档案盒。

2. 档案盒封面和盒脊的编制

档案盒封面的全宗名称应当使用全称或规范化简称,下加双横线(参见图6—2)。全宗名称一般在制作档案盒时先行印制。档案盒必须经久耐用,一般采用无酸纸制作,外形尺寸为:310mm(长)×220mm(宽)×20mm/30mm/40mm(高)。

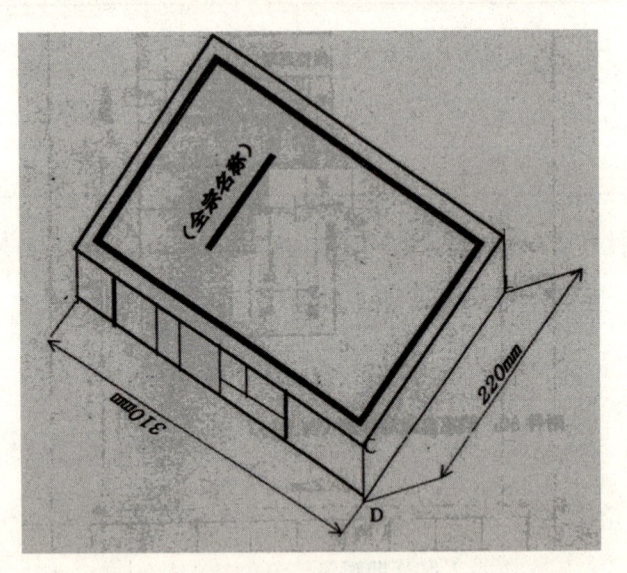

图6—2 档案盒封面

档案盒盒脊处需填写的项目包括全宗号、年度、保管期限、机构、起止件号、盒号。

| 全宗号 |
|---|
| 年度 |
| 保管期限 |
| 机构 |
| 起止件号 （室）／（馆） |
| 盒号 |

**图6—3　档案盒盒脊样式**

3. 备考表的填写

档案盒内应附卷内备考表,置于盒内文件之后,项目包括盒内文件说明、整理人、检查人和日期(参见表6—3)。

**表6—3　卷内备考表**

| 备考表 |
|---|
| **盒内文件说明** |
| （盒内文件齐全完整程度;盒内文件缺损、修改、补充、销毁等情况;备注项内容。） |
| 整理人:_____<br>检查人:_____<br>　　　年　月　日 |

（十）文档的移交与销毁

1. 文档的移交

(1)档案的移交过程。

档案的移交有两个过程：一是各级机关、企业、事业单位的文件形成部门应将本部门形成的档案移交给本单位档案室保管；二是各级机关、企业、事业单位应将整理好的档案移交给综合档案馆保管。

(2)移交的范围及时间。

各单位的文件形成部门应按照国家法律的规定向本单位档案室移交档案。移交周期一般是一年一次。《档案馆工作通则》第7条规定：档案馆接收档案的期限：省级以上档案馆接收立档单位保管20年左右的档案；省辖市(州、盟)和县级档案馆接收立档单位保管10年左右的档案。

(3)移交的要求。

①档案齐全完整；

②经过系统整理；

③移交档案时必须有一式两份的纸质"档案目录"，已使用档案管理软件的单位还应将计算机数据一并移交，并保证能正常检索；

④关于其他检索工具和参考资料，应一并移交；

⑤要有一定的交接手续，按规定编制移交清册，交接双方签字。

（二）文书档案的销毁

经过鉴定,应将保管期满、无须继续保管的文书档案及无保管价值的文书档案拣出销毁。档案一经销毁便无法挽回，因此，一定要慎重。

销毁档案应按有关规定，执行严格的审批手续，未经批准销毁的档案不得销毁。销毁前必须编制销毁清册，还须附上一份立档单位和全宗情况的简要说明。

准备销毁的档案，在未批准前应单独系统保管，以便审批时检查和未批准时拿出保存。为保守档案的机密，严禁将要销毁的档案作其他用途，更不允许出卖。无论采用什么方法销毁，均须指派两人以上监销，并在销毁清册上注明"已销毁"字样和销毁日期，并履行签字手续，以示负责。

## 第三节 电子文档的管理

### 一、电子文件

（一）电子文件的定义

电子文件是指在数字设备及环境中产生,以数码形式存储于磁盘、光盘等载体,依赖计算机系统阅读、处理,并可在通信网络上传送的文件。电子公文是电子文件的一个特殊组成部分,专指国家机关、企事业单位通过由国务院办公厅统一配置的电子公文传输系统处理后,形成的具有规范体式的文件。

电子公文有特定的载体——磁盘、光盘等,有构成信息的特定形式——数码形式,必须依赖计算机软、硬件设备才可以阅读处理,通过现代化的网络技术可方便快捷地查找、传输所载信息,这是电子公文共有的特点。

（二）电子公文处理的特殊规则

由于电子公文传递、查阅方便迅捷,且能有效地降低办公成本,目前已被广泛运用于现代化办公系统之中。但是电子文件从形成到归档,要跨越多个部门,并且可以在不同载体上同时存在或相互转换,极易造成公文的信息失真和内容缺损。因而电子公文的处理既要遵行公文处理的一般规则和程序,同时也要遵行其自身的特殊规则。

1. 确保公文的真实性

电子公文信息可以在不同载体上同时存在或相互转换的性质,使其公文信息具有易更改性,控制不当就会造成信息失真。另外,电子公文对计算机系统软硬件的依赖性,使其在系统迁移过程中,极易造成信息的变化或者丢失。为此,在电子公文处理中,一定要注意以必要的身份识别、权限管制、设置操作日志（随时自动记录对电子公文实时操作的人员、时间、设备、项目、内容等）、加注防错漏和防调换标记、设置电子印记、以纸制公文备份等方式,全力维护公文的真实性。

2. 确保公文的完整性

电子公文的易更改性和频繁的系统迁移特性,也使公文的完整性面临挑战。

能否保证公文内容、结构和背景信息没有缺损,事关重大。为此,应当在电子公文处理中以各种管理的和技术的措施,维护公文的完整性,特别注意使处理公文的软硬件系统具备完善的文件完整性保障。

3. 确保公文的长期有效存在

电子公文的物质载体几乎都呈现不够耐久的特点。电子公文计算机软硬件系统的频繁更新,又使公文在一定时间范围内的实际可读性也出现困难。而一些公文,特别是重要程度较高的公文,在相当长的时间内具有留存价值。为此,确保电子公文的有效存在要比纸质公文困难得多,也更重要得多。这需要我们在建构电子公文处理系统时,必须解决好文件跨平台(软硬件)有效运转的问题,以及维护电子公文处理系统安全的问题。同时,要以有效措施(备份、定期复制等)减少不耐久的电子公文载体造成的信息损失。

**二、电子文档的管理**

(一)电子文档

电子文档是指通过电子计算机将整理好的电子文件和它生存的环境条件一并转存在磁性记录材料或光盘等载体上储存。电子文件归档后即形成电子档案。

(二)电子文档管理工作的内容

电子文档管理工作通常由收集整理、鉴定检测、归档移交、存储保管等环节构成。

1. 电子文档的收集整理

(1)归档范围。

电子公文的归档范围与一般公文的归档范围是基本一致的。本机关工作活动中形成和处理的、有查考利用价值的、已经办理完毕的公文都在归档范围之内。

(2)电子文档收集时的技术处理。

由于电子公文对软件系统具有较强的依赖性,因而在归档时要对文本进行技术处理,将相关支持性软件或文件材料一并保存下来。

①对用文字处理技术形成的文本电子文件,收集时应注明文字存储格式、文字处理工具等,必要时可同时保留文字处理工具软件。文字型电子文件以 XML、PDF、RTF、TXT 为通用格式。

②对用扫描仪等设备获得的采用非通用文件格式的图像电子文件,收集时应将其转换成通用格式,如无法转换,则应将相关软件一并收集。扫描型电子文件以 JPEG、TIFF 为通用格式。

③对用计算机辅助设计或绘图等设备获得的图形电子文件,收集时应注明其软、硬件环境及相关数据。对用视频或多媒体设备获得的文件以及用超媒体链接技术制作的文件,应同时收集其非通用格式的压缩算法和相关软件。视频和多媒体电子文件以 MPEG、AVI 为通用格式。

④对用音频设备获得的声音文件,应同时收集其属性标识、参数和非通用格式的相关软件。音频电子文件以 MAV、MP3 为通用格式。

⑤对通用软件产生的电子文件,应同时收集其软件型号、名称、版本号和相关参数手册、说明资料等。专用软件产生的电子文件,原则上应转换成通用型电子文件;如不能转换,收集时则应连同专用软件一并收集。

此外,电子公文的收发登记表、机读目录等也应与相对应的电子公文一同归档保存。同一工作活动中形成的非电子形态的纸质公文、缩微胶片文件等,如果是与电子公文共同反映一个工作过程,而且具有相同价值的,要与电子公文一并归档,如果能以一定手段将其电子化的,最好转换成电子公文。需要注意的是,若对文本进行转换后,电子签名或签章失效,则不能进行转换归档。

2. 电子文件的归档鉴定

由于电子公文信息具有易更改性,因而其鉴定的内容不仅包括价值鉴定,还包括真伪性鉴定、完整性鉴定。

(1) 保存价值鉴定。

保存价值鉴定是指电子文件材料有没有保存价值、保存价值大小的鉴定,并依此确定文件材料归不归档、保管期限的长短。

(2) 真伪性鉴定。

立档单位所保管的电子档案,应当是电子公文的原件或真实的电子公文,否则,电子档案就失去了凭证价值。公文制发单位必须将电子文件的原件归档,以保证该电子文件的原始性,维护电子公文的凭证性和依据性。档案部门则应当将电子公文的隐形条码与文件一同归档,以维护电子公文的权威性。电子公文的复制件归档要注明原件制发单位和复制人,使之与原件相区别。

(3) 完整性鉴定。

完整性鉴定主要包括电子公文的内容是否完整、文件制发法律手续是否完整、文件办理过程是否完整，以及文件材料签章、页数、图幅及底稿是否完整。

3. 电子公文的归档移交

(1) 归档方式。

电子公文的归档方式有逻辑归档与物理归档两种。逻辑归档是指在计算机网络上将电子公文的管理权限向档案部门进行移交，在归档工作中，原存储格式和位置暂时保持不变。物理归档是指把电子公文集中下载到可脱机保存的载体上，向档案部门移交的过程。

单纯的逻辑归档实际上是不多见的，因为一旦网络瘫痪、系统崩溃时，公文的完整性、真实性都失去保障。为此，多数情况下，还需要脱机保存备份。现在通行的做法，具有长期保存价值的电子公文，都需要制成纸质公文，两种形式的公文一并归档。

(2) 归档程序。

在采取逻辑归档的情况下，首先要由公文形成部门对归档公文进行标识；系统自动将归档信息告知档案部门；档案部门加注管理信息(编号等)。在采取物理归档方式的情况下，交接双方清点公文；全面验收，形成验收记录。

验收电子公文时，要对公文进行全面检查。检查项目包括：与相应的纸质公文的内容、形态是否一致，审核电子公文收发登记表、操作日志等，检查电子公文及相关的信息和软件有无缺损，电子公文处理过程有无差错、是否被非正常改动。

(3) 归档时间。

与一般公文不同，电子公文的归档有实时归档和定期归档两种。一般情况下，逻辑归档是实时的，物理归档中网络归档可以实时，也可以定期。从发展趋向上看，实时归档利多弊少，有更高的应用价值。在定期归档时，电子公文的归档时间应比传统公文早，一般以办理完毕后三个月内归档为宜。

(4) 移交。

①直接将经过整理的应归档的电子公文存入磁、光载体介质上，移交给档案部门；

②采用数据压缩工具对网络上应归档的经过整理的电子公文进行压缩，然后刻入磁、光介质上，移交给档案部门，但仍需履行相应的手续；

③一般在局域网或其他网络环境下可采用备份系统归档的方法,将要归档的电子公文在网上进行一次备份操作。

正式移交前,双方均应对归档电子公文的载体及其技术环境进行检验,确保载体清洁、无划痕、无病毒等。检验合格后,填写《归档电子文件移交、接收检验登记表》(参见表6—4)。登记表一式两份,一份交电子文件形成单位,一份由档案保管部门自存。

表6—4 归档电子文件移交、接收检验登记表

| 检验项目 | 单位名称 | |
| --- | --- | --- |
|  | 移交单位 | 接收单位 |
| 载体外观检验 |  |  |
| 病毒检验 |  |  |
| 真实性检验 |  |  |
| 技术方法和相关软件说明 |  |  |
| 登记表、软件、说明资料检验 |  |  |
| 有效性检验 |  |  |
| 填表人(签名) |  |  |
| 审核人(签名) |  |  |
| 单位(印章) |  |  |

4. 电子文档的存储、保管与利用

(1)存储。

归档电子公文应存储到符合保管期限要求的脱机载体上。归档保存的电子公文一般不加密,但应写保护,禁止写操作。如需加密时,应与其解密软件一同归档。

归档的电子公文,同一全宗内的电子文件按照"年度——保管期限——机构(问题)",或"保管期限——年度——机构(问题)"进行分类,方法与纸质文书档案相同,并拷贝至耐久性好的载体上,一式三套,一套封存保管,一套提供利用,一套异地保存。

对需要长期保存的电子公文,应在每一个存储载体中同时存有相应的符合规

范要求的机读目录。

电子公文归档移交完成后,电子公文形成部门应将已作归档处理的电子公文在原址保存至少1年,以备移交归档的电子公文出现问题后进行补救。

(2)保管。

电子文档的保管除符合纸质档案的所有要求外,还应符合下列条件:

①归档载体应作防写处理,避免擦、划、触摸记录涂层;

②单片载体应装盒,竖立存放,且避免挤压;

③存放时应远离强磁场、强热源,并与有害气体隔离;

④环境温度选定范围:17~20℃;相对湿度选定范围:35%~45%。

归档电子公文的形成单位和档案保管部门每年均应对电子公文的读取、处理设备的更新情况进行一次检查登记。设备环境更新时,应确认库存载体与新设备的兼容性;如不兼容,应进行归档电子公文的载体转换工作,原载体保留时间不少于3年。保留期满后对可擦写载体清除后重复使用,不可清除内容的载体应按保密要求进行处置。

对磁性载体每满2年、光盘每满4年进行一次抽样机读检验,抽样率不低于10%,如发现问题应及时采取恢复措施。对磁性载体上的电子文档,应每4年转存一次。原载体同时保留时间不少于4年。档案保管部门应定期将检验结果填入《归档电子文件管理登记表》(参见表6—5)。

表6—5 归档电子文件管理登记表

| | | | | |
|---|---|---|---|---|
| 文件特征 | 形成部门 | | | |
| | 完成日期 | | 载体类型 | |
| | 通讯地址 | | | |
| | 电话 | | 联系人 | |
| 设备环境特征 | 软件环境(型号、版本等) | 操作系统 | | |
| | | 数据库系统 | | |
| | | 相关软件(文字处理工具、文字浏览器、压缩或解密软件等) | | |

续表

| | | | | | | |
|---|---|---|---|---|---|---|
| 文件记录特征 | 记录结构（物理、逻辑） | | 记录类型 | ☐定长<br>☐可变长<br>☐其他 | 记录总数 | |
| | | | | | 总字节数 | |
| | 记录字符及图形、音频、视频文件格式 | | | | | |
| | 文件载体 | 型号：<br>数量：<br>备份数： | | ☐一件一盘<br>☐一件多盘 | ☐多件一盘<br>☐多件多盘 | |
| 文件交接 | 送交部门 | | | | | |
| | 通讯地址 | | | | | |
| | 电话 | | 联系人 | | | |
| | 送交人（签名） | | | | | |
| | 接收部门 | | | | | |
| | 通讯地址 | | | | | |
| | 电话 | | 联系人 | | | |
| | 接收人（签名） | | | | | |

（3）利用。

电子文档的利用需注意以下事项：

①电子文档的封存载体不应外借；

②未经批准，任何单位或人员不允许擅自复制电子文件；

③利用时应使用拷贝件；

④利用时应遵守保密规定；

⑤对具有保密要求的电子文档采用联网的方式利用时，应遵守国家或部门有关保密的规定，有稳妥的安全保密措施；

⑥要严格界定电子文档的利用范围，利用者对电子文档的使用应在权限规定范围之内。

### 三、电子文档的鉴定销毁

到保管期限的电子档案要经过鉴定,确认没有保存价值后,经合法程序审定后进行销毁,具体办法参照国家关于档案鉴定销毁的有关规定执行。

属于保密范围的电子文件,如存储在不可擦除载体上,应连同存储载体一起销毁,不属于保密范围的电子文档可进行逻辑删除。

# 第七章

# 保密工作

## 第一节 保密工作概述

近年来，随着我国改革开放和社会主义市场经济的不断深入，以经济建设为中心已成为各单位的重要工作内容，不少单位只强调抓经济工作，认为只要经济工作搞上去了，其他工作都是次要的，特别是对保密工作也不是很重视，认为可抓可不抓，部分文秘人员则更是认为保密工作仅仅就是管好文件，只要加强文件的管理，不丢失带秘级性的文件、资料就不会出大事，不会对国家和单位造成重大损失，因此，对保密工作制度、措施的贯彻落实和监督检查也是可做可不做。在这种思想影响下，近年来我国各类泄密事件频频发生，尤其是商业领域，更是成为重灾区。据有关部门调查，浙江省某市工业园区内近60%的企业曾发生过泄密事件，泄密内容包括化工配方、核心技术、工艺流程等。调查结果显示，单位无保密制度、涉密人员缺乏保密意识是造成泄密事件频发的主要原因。

文秘部门处于机关中枢地位，参与机要事务，保管机密文件资料，组织并参加重要会议，涉密范围广、涉密等级高。因而，培养文秘人员保密意识，规范文秘保密工作，就显得尤为重要和必要。

### 一、保密和保密工作

顾名思义，保密就是保守秘密。它是一种社会行为，是人或社会组织在意识到关系自身利益的事项如果被他人知悉或对外公开，可能会对自己造成某种伤害时，对该事项所采取的一种保护行为。

保密工作是围绕保护好秘密而进行的组织、管理、协调、服务等职能活动，通过法律手段、行政手段、技术手段和必要的经济手段，来约束和规范组织和个人的涉密行为，使他们的行为能够符合保密要求。

**二、秘密的范围和密级**

保密的对象是秘密，因而，研究、划定秘密的范围和等级，是保密工作的重要课题之一，也是做好文秘工作的重要条件之一。

（一）秘密的范围

秘密的范围因组织和个人的层次、系统和职业的不同而不同。对于文秘而言，秘密的范围主要有两大类内容：一是国家秘密；一是工作秘密。

1. 国家秘密

所谓国家秘密就是关系国家的安全利益，依照法定程序确定，在一定时间内只限一定范围的人员知悉的事项。国家秘密的基本范围包括：

（1）国家事务的重大决策中的秘密事项；

（2）国防建设和武装力量活动中的秘密事项；

（3）外交和外事活动中的秘密事项以及对外承担保密义务的事项；

（4）国民经济和社会发展中的秘密事项；

（5）科学技术中的秘密事项；

（6）维护国家安全活动和追查刑事犯罪中的秘密事项；

（7）其他经国家保密工作部门确定应当保守的国家秘密事项。

党政事务活动中的秘密事项，凡符合《保密法》有关规定的，也属于国家秘密范围。

2. 工作秘密

所谓工作秘密，就是组织在公务活动中产生的，不属于国家秘密而又不宜于对外公开的秘密事项。工作秘密可分为两类：一是商业技术秘密；二是组织内部秘密。

根据《中华人民共和国反不正当竞争法》第十条规定，商业秘密是指不为公众所知悉的，能为权利人带来经济利益，具有实用性并经权利人采取保密措施的技术信息和经营信息。它主要包括：商业工作规划、计划，重要商品的储备计划、库存数量、购销平衡数字，票据的防伪措施，财务会计报表；军用商品的库存量、供应量、调拨数量、流向;商品进出口意向、计划、报价方案、标底资料、外汇额度、疫病检验数据;特殊商品的生产配方、工艺技术诀窍、科技攻关项目和秘密获取的技术及其来源,通信保密保障等。这类秘密一旦泄露,会给企业和当事人造成一定的经济损失。

组织内部秘密是指一个组织内部尚未确定或已经确定,一旦泄露会给该组织的工作和利益带来损害的非技术信息和非经营信息。如正在酝酿而尚未确定的干部人事任免、领导人之间的意见分歧等。这类秘密一旦泄露,往往会给领导工作造成极大的被动。

(二)秘密的等级

我国《保密法》第九条规定,国家秘密分为绝密、机密、秘密三个等级。划分秘密的等级,有利于对不同等级的国家秘密采取相应的保密措施,也有利于执行保密纪律。划分三个等级的原则标准是:

"绝密"是最重要的国家秘密,泄露会使国家的安全和利益遭受特别严重的损害;

"机密"是重要的国家秘密,泄露会使国家的安全和利益遭受严重的损害;

"秘密"是一般的国家秘密,泄露会使国家的安全和利益遭受损害。

根据我国《保密法》有关规定:国家秘密的保密期限,除另有规定外,绝密级不超过三十年,机密级不超过二十年,秘密级不超过十年。商业秘密和组织内部秘密,其密级和保密期限由该企业或组织确定。

### 三、保密工作的特点

1. 政治性

政治性是保密工作最突出的特点。这是因为,保密工作是随着国家的发展而发展起来的,而国家是阶级斗争不可调和的产物。作为国家的保密工作,在外御强敌、内保社会安定方面,起着十分重要的作用。在我国,保密工作是为社会主义制度服务的,具有明显的政治性和阶级性。特别是党的十一届三中全会以来,随着党和国家工作重心的转移,为改革开放和社会主义现代化建设提高安全的环境,成为我国保密工作的中心任务,其政治色彩更加鲜明。

2. 封闭性

保密的封闭性是由秘密的本质属性决定的。秘密是在一定的时间内只能让极少数人晓知的事务,如果不加以保守或保护,一旦被外人(不该知密的外部势力)知晓,就不再是秘密。保密就是对秘密加以封锁,防止泄密。实践告诉人们,在保密的期限和范围内,封闭得越严密,产生泄密的概率就越小。

3. 相对性

相对性是对保密工作的时间性与一定的区域性(即保密范围)而言。任何秘密总是局限在一定的时间和范围之内。再核心的秘密,仍有一定的涉密范围。世界上没有绝对的、永恒的秘密。时过境迁,情况变化,原来的秘密事项就可能降密或解密。

4. 利益性

从根本上说,保密就是保护某种利益,使之不受或少受损害。国家实行保密是保护国家利益,企业实行保密是保护企业利益。因此,保密具有很强的利益性——保护自身的各种利益。如果保密无利益可保,泄密也无利益可损害,那么保密也就失去了意义。

**四、保密工作的原则**

1. 积极防范

积极防范,是指保密工作要把立足点放在预防上,以预防为主,防患于未然。从保密工作的特点看,保密具有很强的封闭性和排他性,保密与窃密是一种隐性的斗争,必须注意预防。另外,从保密工作的教训看,不注意防范,或一味地消极防范,泄密就会发生,损失也难以补救。

2. 突出重点

秘密的范围比较广泛,涉及各级各类机关、各个部门、各个行业和各个领域。但保密工作不可能,也不应该事无巨细、面面俱到。只有突出重点,并确保重点,保密工作才能卓有成效。

3. 有保有放

有保有放,保放结合,既确保秘密又便于各项工作,是保密工作的又一重要原则。这一原则要求:该保的秘密一定要保住、保好;不该保守的一定要放开、公开。在保密工作中既有保密不严的问题,也有保密过严的问题。

4. 内外有别

内外有别有三层意思:国内国外有别,即在涉外活动中,做到友好归友好,保密归保密,处理好保密与友好的关系;党内党外有别,只要党内知悉的事项绝不扩大到党外,处理好保密工作与群众工作的关系;上级下级有别,做到决策者与执行者有别,领导者与被领导者有别,处理好保密与公开的关系。

## 第二节 文秘的保密工作

文秘人员处于机关、单位的中枢地位,参与机要事务,保管机密文件,组织并参与重要会议,尤其是在领导身边工作的秘书人员知密时间早、知密内容多、知密程度深。因而,文秘人员了解泄密的渠道,掌握保密的方法和保密工作的范围,对做好保密工作意义重大。

**一、文秘泄密的渠道和方式**

(一)泄密的渠道

(1)人员泄密。如在私人交往和通信中泄露秘密、在公共场所泄密、违规操作泄密等。

(2)通信设备泄密。如用无线电设备召开内部电话会议、传达秘密文件。

(3)传媒泄密。伴随信息公开化及组织发言人制度的不断深化,传媒泄密已成为我国党政机关、企事业单位泄密的主要渠道之一。

(4)科技泄密。如在涉密会议上使用无线话筒。

(二)窃密方式

(1)通过窃听和截取通信网络搜集情报;

(2)利用考察、参观的机会搜集情报;

(3)窃取出差技术人员的资料;

(4)收买内部人员搜集情报;

(5)以签订优惠合同为诱饵骗取情报;

(6)打入组织内部搜集情报;

(7)内部人员盗窃出卖情报;

(8)通过形形色色的展览会搜集情报。

## 二、文秘保密的方法

### (一)树立保密意识

文秘工作人员在日常工作中必须树立保密意识。比如在阅读文件时,切勿将文件、资料摊满办公桌,以免别人来办事时错拿和夹带。要警惕思想的麻痹和疏于防范的苗头、倾向。

### (二)严格遵守保密制度和纪律

文秘人员如何做好保密工作,最重要的一点就是要在行动中自觉遵守保密制度和纪律,严格做到:

不该说的机密,绝对不说;

不该问的机密,绝对不问;

不该看的机密,绝对不看;

不该记录的机密,绝对不记录;

不在私人通信中涉及国家、单位机密;

不用普通电话、传真、电子邮件传递秘密信息;

不在公共场所及家人、亲友面前谈论机密;

不在不利于保密的地方存放秘密文件和资料;

不携带机密材料游览、参观、探亲、访友和出入公共场所。

### (三)掌握一定的保密知识

熟悉《保密法》及相关规章制度,要明确和把握秘密等级的含义,一件事情、一份文件要不要列入保密范围,要有依据和标准,要保证划分秘密等级的准确性和统一性。不经过原确定密级和保密期限的机关、单位同意,不得变更保密等级和保密期限。

### (四)讲究保密艺术

#### 1. 熟记范围

密与非密,核心秘密与非核心秘密,都是事先加以确定,应熟记秘密的范围,以便保守秘密。

#### 2. 按章办事

由于秘密关系到国家或集体的利益,凡需要对外公开的事项,包括解密和降密,都必须按照制度办事,履行规定的程序和手续。

3. 弄清身份

为了只密不泄,文秘人员在交往中要通过正式或非正式的,直接的或间接的渠道,首先弄清对方的身份,以便确定交往中哪些该说,哪些不该说,以及说到什么程度。

4. 判断用意

如果觉察对方旨在试探秘密,套取情报,就要及时采取对策,防止落入圈套。

5. 以礼拒绝

在某种场合下,为了不损害友谊,采用一定的拒绝方法,如直言拒绝、婉言谢绝等。

6. 佯装不知

探听秘密的人,有些是文秘人员的朋友、亲属、同学、同乡等,为了不使对方产生误会,可假装不知,或转移话题。

**三、文秘保密工作的范围**

就文秘工作而言,其保密工作的范围具体体现为:文件保密、通信保密、会议保密、人事保密、公共宣传保密、经济情报保密、计算机网络安全保密。

(一)文件保密工作

大量的秘密事件往往是通过文件的形式传递、传达和贯彻执行的。文件按其所涉及内容的重要程度和阅读范围,可以分为内部文件、秘密文件和公开文件三类。其中,内部文件和秘密文件属保密的范围。保密文件一旦泄密,势必会给机关、单位带来不同程度的损失和影响,甚至会危害国家的安全。因而,文秘人员必须加强管理,以确保文件的安全。

1. 准确地标明密件的密级和保密期限

对于制发文件机关来说,首要的问题是必须准确地标明文件密级,即在文件首页版心左上角位置标注秘密等级和保密期限。有的秘密文件还有附件(单独装订),在附件首页也要相应标注秘密等级和保密期限。

根据《保密法》规定:确定国家秘密的密级,应当遵守定密权限。中央国家机关、省级机关及其授权的机关、单位可以确定绝密级、机密级和秘密级国家秘密;设区的市、自治州一级的机关及其授权的机关、单位可以确定机密级和秘密级国家秘密;县级机关、单位不具有定密权。

秘密文件的密级一经确定,就应标注相应的保密期限。公文的保密期限从公文的成文日期起算。

2. 限定密件的阅读范围

秘密文件应实行限级发文,规定明确的阅读极限和阅读范围,如"此件发至县团级",其他人未经批准不得接触秘密文件。

3. 加强密件的印制管理

秘密文件要由专门的印刷厂或一般印刷厂的保密车间负责印制,并由专人监印,份数较少的可由机要人员专门打印。印刷份数要严格按照批准的份数印制,不得多印私留。印刷完毕之后,对原稿、重要修改稿必须与正式文件一样妥善保管,对清样、废页、废件、胶版或蜡纸、衬纸都要及时销毁,不得随意堆放或任其散失。绝密文件要逐份打上印刷序号。

4. 控制密件的印刷权限

翻印或复印、汇编机密级、秘密级文件时,应当符合有关规定并经本机关负责人批准。绝密级文件一般不得翻印或复印、汇编,确有工作需要的,应当经发文机关或者其上级机关批准。翻印或复印时,应当注明翻印的机关、时间、份数和印发范围,并按原件的密级和保密期限进行管理。

5. 严格密件的收发管理

秘密文件封发要使用专门封袋,封袋的封面要显著标明适用于所装文件的秘密等级,封口要贴密封条。袋内所装文件要由发文人员逐件填写清单,以便收文查核。秘密文件的收发、分送、传递、借阅、移交、销毁等各个环节都应建立严格的登记制度,履行签收手续,明确工作责任。

6. 规范密件的递送查阅

密件传阅要由专人负责,阅读密件应在办公室或阅文室进行,任何人不得将密件带回家,也不得在公共场所阅读密件。秘密文件应由机要管理人员专送、专取,不能由非保密人员往来传递。对密件档案要建立查阅审批制度,未经批准,不准查阅、不许公开、不许复制。

7. 保证密件存放安全

密件必须存放在机要室或有保密保障的房间内,要有专门的保险柜,并经常检查安全情况,严格控制进入机要室的人员。密件管理人员在工作调动时,要将文件造册、核对,移交时要办理签字手续。

8. 建立密件的清退制度

对分散在各部门或个人手里的密件,要定期清理、回收。清退时,应仔细检查文件份数,注意有无少篇短页,发出与清退密件的份号是否一致。核对无误后要造册、登记。如发现丢失现象,要及时追查处理。

9. 按年度上缴或销毁

办理完的密件要认真鉴定分类,并按年度清理上缴或销毁。销毁秘密文件要严格手续,登记造册,不准擅自处理。销毁前,要经领导批准,由两人以上专人监销,现场严密监护,直到销尽为止。

(二)通信保密工作

(1)邮寄秘密文件、资料或其他物品必须通过机要通信部门传递,严禁使用普通邮政传递。

(2)严禁在无保密措施的普通电话、移动电话、网络即时聊天工具里谈论秘密事项。

(3)禁止使用普通传真机收发秘密材料。使用具有保密功能的传真机接收秘密资料时,接收人应等在传真机前即时收取。

(4)电子邮件传输秘密资料时,应向上级核对,以免传输给未被授权的人,并使用电子邮件加密软件。

(5)禁止使用无保密措施的有线、无线通信设备召开涉及国家秘密内容的电话会议。严禁在涉及国家秘密内容的会议上使用无线话筒。

(6)对保密通信设备要定期进行技术安全检查,使之达到规定的技术标准,确保通信质量和通信安全。

(三)会议保密工作

会议保密工作不仅关系到机关、单位的安定团结,甚至涉及国家的发展稳定。作为文秘工作者,必须以对国家和人民利益高度负责的精神和态度,切实做好会议保密工作。会议保密工作可分为会前、会中、会后三个阶段。

1. 会前保密准备

(1)对会议的秘密程度要进行恰当的评估,并依此确定参会人员,严格控制列席人员,不得随意扩大范围;

(2)对与会人员要进行保密教育,严格规定保密纪律和保密事项;

(3)会前应对会场进行安全检查;

(4)会议发放的文件,要确定专人管理存放,统一编号登记、分发,严格履行文件领取手续,不得托他人代办、代领。

2. 会中保密管理

(1)会议文件一律不许带出会议场所,休会期间由专人集中妥善保管;

(2)对传达文件和领导讲话,未经同意不得记录或录音、录像;对经同意录音、录像的音像材料要视同同等密级文件一样管理;

(3)会议需翻印、复印有关领导的内部讲话、资料时,允许记录的,要用保密手册记录,按保密管理办法处理。

3. 会后保密工作

(1)认真清理会议文件,并将应收回的文件如数收回;

(2)根据会议的密级和规定的范围传达会议精神,没有传达任务的不能传达,要求传达的内容不得擅自扩大传达范围;

(3)会议记录要妥善保管和存放,严防丢失和泄露。查阅会议记录,必须经主管领导的允许和批准,并办理相关手续,对无关部分不得查阅。

(四)人事保密

(1)对未公布的下级领导团队的调整意见和方案,以及审批中的干部任免和机构变动,必须严格保密。

(2)对于组织建设、领导团队建设方案、人事变动、上下级领导调整,在未公布前不得将其形成过程和会议讨论意见泄露出去。

(3)对干部考察、人事档案管理资料、考察时的谈话内容等,决不允许随便透露出去,尤其不允许透露给被考察对象;考察材料、记录考查内容的笔记本及个人档案要妥善保管,严禁无关人员翻阅。

(五)公关宣传保密工作

所谓公关宣传是指文秘部门及公关人员利用大众传播媒介向外宣传本组织,提高本组织的知名度,树立良好形象,争取公众好感的一种活动。因其具有主导性强、时效性强、传播面广、推广组织形象效果好等特点,而成为现代机关、单位开展政务、商务活动的重要手段之一。为了避免在公关宣传过程中泄露相关秘密,文秘部门和公关人员应特别注意以下几个方面:

(1)弄清本组织、本机关应当保密的事项及范围,准确地划定密与非密的界限、一般秘密与核心秘密的界限。对于不宜公开宣传的事项或介于密与非密之间的事项,原则上都不宣传报道。必须公开宣传报道时,应按照程序报请上级领导批准,不得擅自行事。

(2)要树立全局观念和保密观念,既要熟练掌握公共关系学基础知识和相关技能,又要确保国家和组织秘密的安全。不能只顾宣传本组织、本单位的成绩而不顾保密,更不能为了单位和个人的名誉、利益而泄露国家和组织的秘密。

(3)凡是各级党委、政府或本组织尚未决定,或虽经决定但尚未公布或不准公布的有关外交、军事、政治、经济、科技等方面的方针政策和重要措施,都不得擅自公开宣传报道。

(4)凡组织内部会议、活动等形成的秘密文件、讲话、资料及情况等,未经审查批准,一律不得擅自公开报道。公开发行的刊物、书籍不得登载秘密文件、内部资料等。如确需登载的,要事先征得发文机关同意,并对有关秘密部分进行删节、摘编等技术性处理。

(5)文秘部门应负责对报送新闻传媒单位宣传报道的文字稿件、录音、录像、照片等材料进行保密审查,对不宜宣传报道的内容,要进行删节和修改,并向有关人员解释清楚。如发现有涉及其他部门的保密事项,要及时向新闻单位提出意见,送有关部门再审,以防泄露其他方面的秘密。

(六)经济情报保密工作

开展经济情报的保密工作是维护本组织经济利益的需要。一个组织的经济情报,特别是重要的经济情报,反映着该组织的经济实力,如果被竞争对手掌握,就会使该组织在竞争中处于不利地位,甚至遭受经济损失。经济情报的保密对于一个国家来说更是意义重大,因为经济形式的变化常常触及民众的切身利益,影响着社会的稳定和发展。因而,文秘人员应特别注意做好经济情报的保密工作。

(1)准确划定经济情报的保密范围和密级,并规定相应密级经济情报由相关人员查阅。划定经济情报密级时,既要防止将秘密经济情报作为一般经济情报传递,损害组织利益,又要防止将一般经济情报划定为秘密经济情报,从而影响信息的正常传播。

(2)组织的经济工作的重要政策和重大改革措施,从讨论酝酿阶段直到出台之前,一定要严守秘密,确保顺利实施。

(3)凡有涉外任务的机关、单位,要准确划定保密情报的范围。在确需提供秘密情报时,要本着确保核心秘密和有领导、有控制地放宽对非核心秘密限制的原则,办理审批手续。

(七)计算机网络安全保密工作

当今社会已进入信息时代,计算机及其互联网络的日益普及,使计算机信息系统的安全保密问题显得非常突出,也给文秘人员提出了新的要求。

(1)加强对涉密计算机工作人员的培训,使他们具备相关的保密知识,增强防范意识,自觉执行保密规定。

(2)涉密的计算机不上互联网。使用互联网络接收和发送涉密信息时,必须严格履行审批手续,按照同等密级文件的管理规定传送和办理。对机密级、秘密级涉密信息,应当分别做出"机密""秘密"标志,加密后传输。

(3)非专门用于处理涉密信息的计算机硬盘上保存的涉密信息处理完毕后,应当立即将硬盘中的涉密信息(含备份信息及相关的其他涉密信息)进行不可恢复性删除。需要保存的涉密信息,可以转存到光盘、移动硬盘或者其他可移动的介质上。

(4)存储涉密信息的介质应当按照所存储信息的最高密级标明密级,并按相应密级的文件管理。存有涉密信息的存储介质不得接入或安装在非涉密计算机或低密级计算机上。

(5)计算机打印保密材料要人不离机,并由专人负责保存和传递。

(6)涉密计算机的显示器应放置在他人看不到屏幕的地方,如果来访者走近,应迅速关闭页面或关小亮度,或关闭显示器。

(7)涉密的计算机系统进行维护检修时,需保证所存储的保密信息不被泄露,对涉密信息应采取转存、删除、异地转移存储媒体等安全保密措施。若无法采取上述措施时,安全保密人员和涉密计算机使用人员必须在维修现场,对维修人员、维修对象、维修内容、维修前后状况进行监督,并做详细记录。凡需外送修理的涉密计算机,必须经主管领导同意,并将涉密信息进行不可恢复性删除处理后方可实施。

(8)计算机必须经常进行查毒、杀毒。为安全起见,不要安装借来的程序。

(9)加强计算机房、终端室、数据库和控制中心的安全保卫工作,条件许可的话,应安装警报系统,防止信息被盗。